区块链+智慧物流生态体系建设与应用研究

杜　鹏　周语嫣　著

哈尔滨工程大学出版社

Harbin Engineering University Press

内 容 简 介

本书全面解析区块链技术与智慧物流的融合应用,从概念特点、技术演变到实际应用案例,深入剖析两者如何相互促进,提升物流效率与数据安全。通过丰富的案例与实现方法,本书可帮助读者理解并掌握区块链技术与智慧物流的落地应用。同时,展望未来发展趋势,为行业提供前瞻性的研究思路与方向。

本书适合物流从业者、技术爱好者及行业研究者参考与使用,读者可深入解析智慧物流区块链的应用与发展。

图书在版编目(CIP)数据

区块链+智慧物流生态体系建设与应用研究 / 杜鹏,周语嫣著. -- 哈尔滨:哈尔滨工程大学出版社,2024.6. -- ISBN 978-7-5661-4415-7

Ⅰ. F252.1-39

中国国家版本馆 CIP 数据核字第 2024SF8697 号

区块链+智慧物流生态体系建设与应用研究
QUKUAILIAN + ZHIHUI WULIU SHENGTAI TIXI JIANSHE YU YINGYONG YANJIU

选题策划	夏飞洋
责任编辑	夏飞洋
封面设计	李海波

出版发行	哈尔滨工程大学出版社
社　　址	哈尔滨市南岗区南通大街 145 号
邮政编码	150001
发行电话	0451-82519328
传　　真	0451-82519699
经　　销	新华书店
印　　刷	哈尔滨午阳印刷有限公司
开　　本	787 mm×1 092 mm　1/16
印　　张	14.75
字　　数	272 千字
版　　次	2024 年 6 月第 1 版
印　　次	2024 年 6 月第 1 次印刷
书　　号	ISBN 978-7-5661-4415-7
定　　价	62.00 元

http://www.hrbeupress.com
E-mail:heupress@ hrbeu.edu.cn

前　　言

随着信息技术的飞速发展,智慧物流已成为现代物流行业的重要发展方向。区块链技术作为一种颠覆性的创新技术,正逐渐在智慧物流领域展现出其独特的优势和应用潜力。本书旨在全面、深入地探讨区块链技术与智慧物流的结合,以及其在现代物流业中的应用、演变和发展趋势。本书从多个维度对智慧物流和区块链技术进行了系统介绍,经过3年的酝酿、编撰和反复修改才得以成书。本书共分为14章,约272万字。前8章由杜鹏负责完成,约14.2万字;后6章、前言以及参考文献部分由周语嫣负责完成,约13万字。

第1章和第2章概述了研究的背景、方法和智慧物流的基本概念、发展历程及研究意义,为后续章节提供了理论基础。

第3章至第6章详细介绍了智慧物流涉及的关键技术,如物联网、云计算、大数据、人工智能、智能硬件,以及区块链技术的基本原理、特点、应用场景和未来发展趋势。这些章节为读者提供了对智慧物流和区块链技术的全面认识。在介绍完智慧物流和区块链技术的基础知识后,本书进一步聚焦于区块链在智慧物流领域的应用。

第7章至第10章分别探讨了区块链在数字货币、数字证书、数字版权和数字文物等数字化技术领域的应用,以及国外智慧物流区块链应用案例的启示。这些章节展示了区块链技术在智慧物流领域的广阔应用前景。

针对国内智慧物流区块链应用案例,本书在第11章进行了详细剖析,包括京东、阿里巴巴、顺丰等国内知名企业的智慧物流实践。这些案例不仅展示了区块链技术在智慧物流领域的实际应用效果,也为其他企业提供了宝贵的借鉴和参考。在深入分析了智慧物流和区块链技术的基础上,本书进一步探讨了区块链+智慧物流生态体系的构建和应用方案。

第12章和第13章分别介绍了区块链+智慧物流生态体系的构建阶段、步骤和需要考虑的方面,以及业务链、供应链和产业链融合的智慧物流区块链应用方案。这些章节为物流企业和相关从业者提供了实际操作和应用的指导。

最后,本书在第14章展望了智慧物流区块链应用的未来趋势,包括电商物流高效流通融合、瓶颈突破等方面。这些未来的发展趋势为物流行业的发展提供了重要的参考和启示。

总之,本书是一本全面、系统、深入地研究智慧物流区块链应用的著作,既适合物流行业从业者、研究人员和管理人员阅读,也可作为高校电商物流管理和信息技术相关专业的教材或参考书。我们希望通过本书的出版,能够推动智慧物流与区块链技术的更好融合,为现代物流业的发展贡献智慧和力量。

改革开放以来,智慧物流领域的研究学者站在理论与实践相结合的角度,积极做好自身的本职工作,发挥好理论引导和智力的支持作用,坚持实现我国智慧物流领域,特别是智慧物流及农村电商领域的深入研究,集思广益,总结分析,提出一系列的建议和实施措施,以此来促进我国智慧物流健康、创新、快速、稳定的发展。

编者们作为工作在高等教育一线的教师,特别是电商物流领域的研究人员,希望通过这次机会,把近几年的研究成果和体会进行系统全面的总结概括,展现给大家,进行学术上的交流。2019年出版的学术专著《"互联网+"背景下河北省农村全覆盖电子商务体系建设与创新发展研究》为电子商务领域研究的系列之一;2020年出版的学术专著《互联网+带来的机遇与挑战——农村电商平台服务体系的建设与应用》为电商物流领域的系列之二;本书为电商物流领域研究的拓展和升华,主体研究为区块链技术和智慧物流的融合,为系列之三。若本书内容中有不足之处,恳请各位读者批评指正,并提出宝贵意见,我们将不胜感激。

本书的撰写工作得到电子商务协会、电子商务研究会、宿迁学院、欧美同学会等机构与高校各位专家、学者的大力支持,特别是宿迁学院经济管理学院电子商务以及物流管理教研室各位同人的大力支持与帮助。本书能够顺利出版,还要特别感谢哈尔滨工程大学出版社编辑的宝贵修改意见,在此,对所有支持本书出版的相关人员所给予的帮助表示衷心的感谢。

本书的研究撰写工作得到宿迁学院2022年度京东学院开放基金项目"区块链视角下京东农村电商物流高效流通体系建设与应用研究"(105-CWJ0080/002);宿迁学院2024年度横向课题"区块链技术视角下电商与物流协同发展研究"(H2024063);宿迁市2023年度社科研究课题"大数据推进宿迁政府现代化治理路径研究"(23SYC-99);宿迁学院人才引进科研启动基金项目"江苏省农村电子商务模式优化及创新路径选择研究"(106/CK00042/053)及"区块链视角下江苏省电子商务服务指标体系构建及创新路径研究"(106/CK00042/006)项目的大力支持,在此表示感谢。

著 者

2024 年 1 月

目　　录

第1章 研究的背景和方法

随着全球经济一体化的加速推进,物流行业作为连接生产、分配、消费等各个环节的纽带,其重要性日益凸显。然而,传统物流体系在效率、透明度和安全性等方面存在的瓶颈,已成为制约行业发展的关键因素。在这个背景下,区块链技术的崛起为物流行业的转型升级提供了新的契机。

区块链技术的核心特性——去中心化、信息不可篡改、高度安全等,与智慧物流的需求不谋而合。通过将区块链技术与物流行业深度融合,我们不仅能够实现物流信息的实时共享和验证,提高物流运作的透明度和效率,还能有效减少物流成本,提升物流安全。这对于推动物流行业的可持续发展,满足日益增长的复杂物流需求,具有重大的理论价值和实践意义。

本书将深入探讨区块链技术在智慧物流生态体系中的应用价值,分析当前物流行业的痛点与需求,提出基于区块链的智慧物流生态体系建设方案。通过文献研究、案例分析、模型构建和实证研究等多种方法,我们将全面揭示区块链技术与智慧物流的内在联系,以期为物流行业的未来发展提供有益的理论支撑和实践指导。

在这一章中,我们将详细介绍研究的背景、目的、意义,以及所采用的研究方法,为后续章节的深入探讨奠定坚实的基础。

1.1 研究的背景

随着科技的飞速发展和全球化的深入推进,物流行业正面临着前所未有的机遇与挑战。传统物流体系在效率、透明度和安全性等方面存在诸多不足,已难以满足日益增长的复杂物流需求。与此同时,区块链技术的崛起,以其去中心化、不可篡改、高度安全等特性,为物流行业的转型升级提供了全新的思路。

区块链技术与智慧物流的结合,不仅能够实现物流信息的实时共享和验证,提高物流运作的透明度和效率,还能有效减少物流成本,提升物流安全。因此,构建基于区块链的智慧物流生态体系,不仅符合当前物流行业的发展趋势,也是应对未来物流挑战的关键所在。

在此背景下,本书旨在深入探讨区块链技术在智慧物流生态体系中的应用价值,分析当前物流行业的痛点与需求,提出基于区块链的智慧物流生态体系建设方案,以期为物流行业的可持续发展提供理论支持和实践指导。

1.1.1 背景分析

随着经济全球化趋势的加强和科技的不断进步,物流行业成了连接世界各地经济活动的关键纽带。传统的物流体系在效率、透明度和安全性上已难以满足现代商业的需求。特别是在全球供应链中,信息的不透明、传递的滞后及信任缺失等问题,都成了制约物流行业发展的瓶颈。因此,急需一种新技术或模式来推动物流行业的转型升级。

区块链技术,作为一种新兴的信息技术,以其去中心化、数据不可篡改和高度安全等特性,受到了广泛关注。在物流领域,区块链技术可以提供一个可靠、透明的信息记录平台,确保物流信息的实时共享和验证。通过将区块链技术与智慧物流相结合,可以大幅度提高物流运作的效率和透明度,减少物流成本,并增强物流的安全性。

1.1.2 举例分析

考虑一个跨国电商平台的物流场景。在这个场景中,商品从生产到最终送达消费者手中,需要经历多个环节,包括生产、仓储、运输、配送等。在传统的物流模式下,各个环节之间的信息流通不畅,容易出现信息滞后和失真的情况,导致物流效率低下,消费者体验不佳。

引入区块链技术后,每一个环节的信息都可以被实时、准确地记录并共享在区块链上。例如,当商品从生产线上下来,这一信息会被记录在区块链上,并被所有相关方实时查看。当商品进入仓库,其存储位置、数量等信息也会被记录在区块链上。在运输过程中,运输车辆的位置、速度、预计到达时间等信息也会被实时更新到区块链上。

这样一来,无论是电商平台、物流公司还是消费者,都可以实时查看商品的物流状态,大大提高了物流的透明度和消费者的满意度。同时,由于区块链的去中心化和不可篡改的特性,也确保了物流信息的真实性和可信度,有效减少了欺诈和纠纷的发生。

基于区块链的智慧物流生态体系建设,不仅是应对当前物流行业痛点的有效手段,也是推动物流行业未来发展的关键所在。通过深入研究区块链技术在智慧物流中的应用,可以为物流行业的可持续发展提供理论支持和实践指导,推动物流行业向更高效、更透明、更安全的方向发展。

1.2　研究的方法

本书的研究方法可以包括以下几个步骤。

1.2.1　文献综述

收集与区块链技术和智慧物流相关的文献资料,了解行业现状、发展趋势和相关理论,为后续研究提供理论依据。

文献综述作为一种研究方法,提供了对相关主题的全面理解和分析,并帮助研究者确定研究的焦点和方向。

1. 理解研究背景和意义

通过文献综述,可以了解智慧物流生态体系建设与应用的最新发展、相关技术和应用场景等背景信息。这有助于确定研究的背景和意义,为后续研究提供基础和指导。

2. 确定研究问题

通过对相关文献的梳理和分析,可以发现智慧物流生态体系建设与应用中存在的问题、挑战和不足之处,进而确定研究的问题和目标。

3. 提供理论框架和分析方法

文献综述可以提供相关的理论框架和分析方法,为研究提供指导和支持。这有助于研究者构建合理的理论模型和分析框架,并对研究问题进行深入的探讨和分析。

4. 推动创新和发展

文献综述可以帮助研究者了解最新的研究成果和发展趋势,进而推动研究的创新和发展。通过对比和分析不同文献中的观点和方法,可以提出新的见解,做出创新性的研究成果。

5. 评估研究质量和贡献

文献综述可以帮助研究者评估所研究课题的质量和贡献。通过对相关文献的梳理和分析,了解已有研究成果的优点、缺点和创新点,进而评估研究的价值和贡献。

综上所述,文献综述提供了对相关主题的全面理解和分析,并帮助研究者确定研究的焦点和方向。它有助于研究者了解最新的研究成果和发展趋势,提出新的见解和创新性的研究成果,并评估所研究课题的质量和贡献。

1.2.2 案例分析

选取典型的区块链+智慧物流应用案例,对其实际运行情况、技术方案、实施效果等方面进行深入剖析,总结经验教训。下面使用例子说明如何使用案例分析。

通过具体的案例分析,可以生动地展示区块链技术在智慧物流生态体系建设中的应用效果和实际运行情况,从而为其他企业和机构提供借鉴和参考。

以京东物流为例,通过对其区块链+智慧物流应用的深入剖析,我们可以了解到京东物流在构建智慧物流平台、实现物流信息的实时共享和溯源等方面的具体做法和实施效果。这些具体案例可以说明区块链技术在智慧物流生态体系建设中的重要作用,以及对于提高物流效率、降低成本、增强透明度和安全性等方面的积极作用。

此外,通过对其他成功案例的分析,还可以发现其中的经验教训和最佳实践,从而为其他企业提供参考和借鉴。例如,可以分析阿里巴巴的区块链+智慧物流应用,了解其在物流信息溯源、供应链金融等方面的应用情况和实际效果。这些案例分析可以帮助企业了解区块链技术在智慧物流生态体系建设中的多种应用场景和实施要点,从而为其自身的实践提供指导。

总之,案例分析可以帮助企业深入了解区块链技术在智慧物流领域的应用情况和实际效果,从而为其自身的实践提供借鉴和参考。

1.2.3 技术研究

技术研究是对区块链技术本身及其在智慧物流中的应用进行深入研究,包括技术原理、性能优化、安全性分析等。

1.技术原理

区块链技术是一种分布式数据库技术,通过去除中心化的方式,实现了数据的去信任、去中心化存储和验证。区块链技术的基本原理包括以下几个方面:

(1)去中心化:区块链技术通过去除中心化的方式,实现了数据的去信任存储和验证。在传统的中心化系统中,数据由单一的机构或节点进行管理和验证,而区块链技术则将数据分散存储在多个节点上,实现了数据的去中心化。

(2)分布式数据库:区块链技术采用分布式数据库的方式,将数据存储在多个节点上,实现了数据的冗余备份和协同管理。这种分布式数据库的存储方式可以提高数据的可靠性和耐攻击性。

（3）密码学算法：区块链技术利用密码学算法对数据进行加密和解密，保证了数据的安全性和完整性。常见的密码学算法包括哈希函数、对称加密算法、非对称加密算法等。

（4）智能合约：区块链技术中的智能合约是一种自动执行合约条款的协议，可以根据预设的条件自动执行合约中的操作。智能合约可以应用于物流领域中的各种场景，例如运输、仓储、配送等。

2. 性能优化

区块链技术在智慧物流中的应用需要面临大量的数据处理和操作，因此性能优化是非常重要的。以下是性能优化的几个方面：

（1）优化共识机制：共识机制是区块链中的重要组成部分，负责协调多个节点之间的数据一致性。优化共识机制可以提高区块链的运行效率和安全性。常见的共识机制包括工作量证明（proof of work）、权益证明（proof of stake）等。

（2）分片技术：通过将数据分成多个片段，不同的节点可以分别处理不同的片段，从而提高整体的处理效率。

（3）并行计算：通过将任务分解成多个子任务，并在多个节点上同时进行处理，可以提高整体的处理效率。

（4）优化智能合约：通过优化智能合约的代码和逻辑，可以提高智能合约的执行效率和安全性。

3. 安全性分析

区块链技术在智慧物流中的应用需要保证数据的安全性和完整性。以下是安全性分析的几个方面：

（1）加密算法的安全性：区块链技术中使用的密码学算法需要保证其安全性和可靠性，以防止被攻击或被破解。

（2）共识机制的安全性：共识机制需要保证节点之间的数据一致性和安全性，以防止恶意节点对数据造成破坏或篡改。

（3）智能合约的安全性：智能合约需要保证其执行的安全性和正确性，以防止合约条款被篡改或被恶意执行。

（4）网络安全防护：区块链系统需要配备完善的网络安全防护措施，以防止外部攻击对系统造成破坏或数据泄露。

综上所述，对区块链技术本身及其在智慧物流中的应用进行深入研究是非常重要的。通过深入了解区块链技术的原理、性能优化和安全性分析等方面，我们可以更好地应对实际应用中的挑战和问题，从而推动区块链技术在智慧物流生态体系建设中的应用和发展。

1.2.4 系统设计

根据智慧物流的实际需求,结合区块链技术的特点,设计出适合的区块链+智慧物流生态体系架构,包括各功能模块的设计和相互之间的连接方式。

1. 架构设计

区块链+智慧物流生态体系架构可以分为以下几个层次:

(1)数据层:该层主要负责数据的存储和验证,包括物流数据、交易数据等。通过区块链技术的分布式数据库和密码学算法,可以实现数据的去中心化和安全性保障。

(2)网络层:该层主要负责节点的连接和通信,包括 P2P 网络、共识机制等。通过区块链技术的 P2P 网络和共识机制,可以实现节点之间的数据一致性和安全性保障。

(3)应用层:该层主要负责具体的业务逻辑和智能合约的执行。通过区块链技术的智能合约,可以根据预设的条件自动执行合约中的操作,实现物流流程的自动化和智能化。

2. 功能模块设计

区块链+智慧物流生态体系架构中包括以下几个功能模块:

(1)物流管理模块:该模块主要负责物流信息的采集、存储和管理,包括货物信息、运输信息等。通过区块链技术的分布式数据库和密码学算法,可以实现物流信息的去中心化和安全性保障。

(2)交易模块:该模块主要负责交易的发起、验证和结算,包括订单信息、支付信息等。通过区块链技术的智能合约和数字货币,可以实现交易的自动化和安全性保障。

(3)安全认证模块:该模块主要负责节点的身份认证和数据完整性校验,包括数字签名、数据加密等。通过区块链技术的密码学算法和共识机制,可以实现节点的身份认证和数据完整性的保障。

(4)智能合约模块:该模块主要负责智能合约的编写、部署和执行,包括自动化执行、条件触发等。通过区块链技术的智能合约和数字货币,可以实现合约的自动化执行和安全性保障。

3. 连接方式

区块链+智慧物流生态体系架构中的各功能模块之间可以通过 API 接口进行连接和通信。API 接口可以提供标准化的数据格式和调用方式,使得各模块之间的数据交互更加便捷和高效。同时,API 接口也可以实现模块之间的去中心化交互,避免了单一节点的瓶颈和故障问题。

综上所述,根据智慧物流的实际需求和区块链技术的特点,我们可以设计出适合的区块链+智慧物流生态体系架构。该架构包括数据层、网络层、应用层等多个层次,以及物流管理模块、交易模块、安全认证模块和智能合约模块等多个功能模块。通过各功能模块之间的 API 接口连接和通信,可以实现各模块之间的数据交互、去中心化交互和安全性保障。

1.2.5　系统实现

根据系统设计,开发出相应的软件和硬件系统,实现智慧物流的自动化、智能化和可视化。

本书中我们需要根据系统设计开发出相应的软件和硬件系统,以实现智慧物流的自动化、智能化和可视化。以下是具体的详细介绍:

1. 软件系统实现

区块链+智慧物流生态体系架构的软件系统主要包括以下几个部分:

(1)区块链平台:该平台主要负责数据的存储和验证,以及智能合约的部署和执行。我们可以选择成熟的区块链平台,如以太坊、Hyperledger Fabric 等,或者自行开发区块链平台。在区块链平台上,我们可以部署物流管理模块、交易模块、安全认证模块和智能合约模块等应用。

(2)物流管理模块:该模块主要负责物流信息的采集、存储和管理。我们可以开发相应的软件系统,如物流信息管理系统、货物跟踪系统等,以实现物流信息的自动化采集、存储和管理。同时,我们也可以将物流信息管理系统与区块链平台进行集成,实现物流信息的去中心化和安全性保障。

(3)交易模块:该模块主要负责交易的发起、验证和结算。我们可以开发相应的软件系统,如电子订单系统、支付系统等,以实现交易的自动化和安全性保障。同时,我们也可以将交易系统与区块链平台进行集成,实现交易的智能合约化和自动化执行。

(4)安全认证模块:该模块主要负责节点的身份认证和数据完整性校验。我们可以开发相应的软件系统,如数字签名系统、数据加密系统等,以实现节点的身份认证和数据完整性的保障。同时,我们也可以将安全认证系统与区块链平台进行集成,实现数据的密码学算法和共识机制保障。

(5)智能合约模块:该模块主要负责智能合约的编写、部署和执行。我们可以开发相应的软件系统,如智能合约编辑器、合约部署器等,以实现智能合约的自动化执行和安全性保障。同时,我们也可以将智能合约系统与区块链平台进行集成,实现合约的条件触发和自动化执行。

2. 硬件系统实现

区块链+智慧物流生态体系架构的硬件系统主要包括以下几个部分:

(1)节点设备:该设备主要负责数据的传输和存储。我们可以选择相应的硬件设备,如服务器、存储设备等,以实现数据的传输和存储。同时,我们也可以在节点设备上部署相应的软件系统,如区块链平台、物流管理模块等,以实现数据的去中心化和安全性保障。

(2)网络设备:该设备主要负责节点的连接和通信。我们可以选择相应的网络设备,如路由器、交换机等,以实现节点之间的数据传输和通信。同时,我们也可以在网络设备上配置相应的网络协议和安全策略,以保障节点之间的数据一致性和安全性。

(3)传感器设备:该设备主要负责物流信息的采集和管理。我们可以选择相应的传感器设备,如 RFID 标签、GPS 定位器等,以实现货物信息的自动化采集和管理。同时,我们也可以将传感器设备与节点设备进行连接,将物流信息传输到节点设备上进行存储和管理。

综上所述,根据区块链+智慧物流生态体系架构的系统设计,我们可以开发出相应的软件和硬件系统,以实现智慧物流的自动化、智能化和可视化。通过软件系统的开发和集成,我们可以实现物流信息的自动化采集、存储和管理,以及交易的自动化和安全性保障;通过硬件系统的实现和配置,我们可以提供稳定可靠的数据传输和存储设备,以及节点之间的连接和通信设备;最终通过整个系统的运行和优化实现在智慧物流领域的全面应用。

1.2.6 实验验证

通过实验测试和现场运行验证,对所设计的区块链+智慧物流生态体系进行评估和优化,确保其性能稳定、安全可靠。

区块链+智慧物流生态体系的实验验证可以通过以下步骤进行:

1. 确定实验目的和需求

首先需要明确实验的目的和需求,例如验证区块链技术在物流领域的适用性、性能和安全性等。

2. 选择合适的场景和参与者

选择一个典型的物流场景和相关企业作为实验对象,例如可以选择跨境电商物流、冷链物流或危险品物流等。同时,需要选择合适的参与企业和机构,包括国际物流公司、海关、港口、银行等。

3. 设计和搭建实验平台

根据实验需求,设计和搭建实验平台,包括硬件设备和软件系统。硬件设备包括服务器、存储设备、网络设备、传感器设备等;软件系统包括区块链平台、物流管理模块、交易模块、安全认证模块和智能合约模块等。

4. 数据采集和处理

在实验平台上采集和处理相关数据,包括物流信息、交易信息、安全认证信息等。可以使用现有的数据采集方法和工具,对数据进行清洗、整理和标准化处理。

5. 系统集成和测试

将各个软件系统集成到实验平台上,进行系统测试和调试,确保系统的稳定性和可靠性。同时,需要进行功能测试和性能测试,以验证系统的可行性和效率。

6. 实际场景应用和评估

将实验平台应用到实际场景中,进行实际操作和评估。可以模拟各种物流情景和交易场景,测试系统的实际运行效果和性能。同时,需要对系统的安全性、可靠性和效率进行评估,以验证区块链技术在物流领域的适用性和优势。

7. 总结和反馈

对实验过程和结果进行总结和反馈,分析实验中遇到的问题和不足之处,提出改进和优化建议。同时,需要将实验成果进行分享和推广,促进区块链技术在物流领域的广泛应用和发展。

需要注意的是,实验验证是一个复杂的过程,需要综合考虑技术、经济、政策、法律等多方面因素。因此,在实验过程中需要不断沟通和协调各方利益和需求,确保实验的顺利进行和取得预期成果。

结　　论

对整个研究过程进行总结,提炼出区块链技术在智慧物流中应用的核心问题和解决方案,为未来相关领域的研究提供参考。

研究区块链技术在智慧物流中的应用时,我们深入探讨了智慧物流所面临的核心问题以及区块链技术如何为解决这些问题提供解决方案。通过实验验证,我们对区块链技术在智慧物流中的实际应用效果进行了评估,并得出以下结论。

1. 信息透明度和互操作性得到显著提高

利用区块链的分布式账本特性,我们成功地解决了物流行业各参与方之间信息不透明和互操作性问题。通过构建一个共享的信息平台,区块链技术实现了各方的信息查询和验证,从而增强了信息的可信度和使用效率。

2. 数据安全性和信任问题得到有效解决

区块链的加密算法和智能合约确保了数据的隐私性和完整性,避免了数据泄露和篡改的风险。同时,智能合约的自动执行约束机制增强了各方的信任度,降低了交易成本和风险。

3. 流程协同和智能化水平得到提升

通过区块链技术和智能合约的结合,我们实现了物流行业各环节和参与方的流程协同与智能化运作。这大大提高了运作效率和质量,降低了成本和错误率。

4. 仍需解决技术和政策上的挑战

尽管区块链技术在智慧物流中展现出巨大的潜力,但仍存在一些技术和政策上的挑战需要解决。例如,如何确保数据的安全性、如何实现跨平台的信息共享以及如何制定相应的政策和规范以支持区块链技术在智慧物流的广泛应用。

综上所述,区块链技术在智慧物流中的应用可以带来显著的优势和效益。然而,为了实现这些优势,我们必须正视并解决当前面临的挑战。未来的研究应继续探索如何克服这些挑战,以进一步推动区块链技术在智慧物流领域的广泛应用和发展。

第2章 智慧物流

2.1 智慧物流概述

智慧物流(smart logistics)是指通过应用先进的科技手段,在传统物流模式的基础上,构建起一种高效、智能的物流体系,以满足人们日益增长的物流需求。随着国内外经济的快速发展和物流服务质量的不断提升,智慧物流成为当前物流行业重要的发展方向。

智慧物流的核心在于计划、管理、协调和控制物流活动,从而实现整个供应链的可视化、可追溯、高效和精准。在智慧物流系统中,物流信息、时间、成本和资源等一系列参数都会被数字化,通过各种物联网、大数据、人工智能等技术进行分析、加工和优化,从而实现全流程、全覆盖的管理和监控。

2.1.1 货物信息的标准化处理

货物信息的标准化处理在提升供应链运营效率中起着关键的作用。在智慧物流的运行流程中,要采集货物信息并进行标准化处理,以便后续各个环节的管理。

在物流或供应链管理中,需要收集货物的各种信息,并且将这些信息转化为统一的标准格式,以便于后续的各个环节能够准确、高效地处理这些信息。

以下用一个简单的例子来说明这个过程。

假设有一家电商公司,它从不同的供应商那里采购商品,并将这些商品存储在仓库中,然后通过自己的电商平台销售给顾客。为了更好地管理这些商品,公司需要采集并标准化处理货物的信息。

1.采集货物信息

采集货物信息表见表2.1。

表 2.1 采集货物信息表

商品名称	商品型号	生产日期	供应商信息	采购日期	价格	数量
苹果 iPhone 13	128GB	2022-10-01	供应商 A	2022-11-01	5 999 元	50 台

2.标准化处理

(1)将所有信息统一存储在数据库中,并确保数据库的字段和格式都是统一的。例如,所有的日期都采用"YYYY-MM-DD"格式。

(2)对于供应商信息,确保数据库中有一个标准的供应商列表,以便于快速匹配和查找。

(3)对于商品名称和型号,确保数据库中有一个标准的商品列表,避免出现重复或错误。

3.后续环节的管理

(1)在仓库管理环节,系统可以根据标准化后的商品信息快速找到对应的商品位置。

(2)在销售环节,当顾客下单购买时,系统可以快速匹配库存信息,确保有足够的商品供应。

(3)在财务环节,可以快速统计每个供应商的应付账款,以及每个商品的销售额和成本。

(4)在采购环节,可以根据销售数据和库存数据预测未来的需求,从而制订合理的采购计划。

通过这个例子可以看出,采集货物信息并进行标准化处理是整个供应链管理的基础,它确保了各个环节之间的信息传递准确、高效,从而提高了整个供应链的运营效率。

2.1.2 物联网技术在物流设施中的应用

利用物联网技术实时监控和管理车辆、船舶、飞机等物流设施,可以实现对物流过程的全面掌控,提高物流效率和安全性。下面是一个具体的例子:

假设有一家大型物流公司,负责将货物从 A 地运送到 B 地。为了确保货物的安全和运输效率,公司决定采用物联网技术实时监控和管理其运输车辆。

1.物联网设备部署

(1)在每辆运输车上安装物联网设备,包括 GPS 定位器、温度和湿度传感器、车况监测器等,这些设备可以实时收集各种数据。

(2)在运输路线上设置物联网路况监控器,可以实时监测路况信息,如交通拥堵、道路状况等。

2. 数据采集

（1）GPS 定位器可以实时采集车辆的位置信息，确保货物按时到达目的地。

（2）温度和湿度传感器可以监测货物的存储环境，确保货物在运输过程中不会受损。

（3）车况监测器可以实时监测车辆的各项参数，如发动机温度、油量、刹车系统等，确保车辆运行安全。

（4）物联网路况监控器可以实时采集路况信息，如车流量、道路状况等，为运输路径规划提供数据支持。

3. 数据传输和分析

（1）通过物联网技术收集到的数据可以实时传输到物流公司的数据中心。

（2）数据中心对收集到的数据进行分析，包括对车辆位置、车况、路况等的分析，从而实现对车辆的实时监控和管理。

4. 优化决策

（1）根据数据分析结果，物流公司可以及时调整运输路径，避开拥堵路段，提高运输效率。

（2）如果发现某辆车的车况异常，可以及时进行维修，确保运输安全。

（3）如果货物需要在特定温度和湿度下存储或运输，可以通过数据分析来监控环境条件，确保货物质量。

5. 远程控制和预警系统

（1）通过物联网技术，物流公司可以在远程控制中心对运输车辆进行控制，例如远程调节车厢温度、开启或关闭某些设备等。

（2）当某些参数超过预设范围时，预警系统会及时发出警报，通知相关人员处理。例如，当车厢温度过高或过低时，系统会发出警报并通知司机或远程控制中心进行处理。

6. 持续改进和智能决策

（1）随着数据的不断积累和分析，物流公司可以更好地了解运输过程中的各种问题和挑战，从而制定更加科学合理的运输策略和管理措施。例如，根据路况信息和货物特性优化运输路径，根据车况信息预测维修需求等。

（2）通过与人工智能技术的结合，物流公司可以实现智能决策和自动化管理。例如，利用机器学习算法分析历史数据和实时数据，自动调整运输计划、调度车辆、分配货物等任务。这不仅可以提高物流效率，还可以降低人工错误和提高决策的准确性。

2.1.3 RFID 与传感器技术的集成应用

下面是 RFID 与传感器技术在仓库货物实时监控、自动化管理与智能化分拣中的集成应用的具体例子。

假设有一个大型仓库,需要管理成千上万的货物,为了提高管理效率和准确性,仓库决定采用 RFID 技术和传感器技术。

1. RFID 标签

(1)在每个货物上都贴上 RFID 标签,标签中包含了货物的信息,如产品名称、数量、生产日期等。

(2)通过 RFID 读写器,可以快速读取货物上 RFID 标签的信息,实现货物的快速识别和跟踪。

2. 传感器技术

(1)在仓库的各个角落安装传感器,如温度传感器、湿度传感器、光照传感器等。这些传感器可以监测仓库的环境参数,如温度、湿度、光照度等。

(2)传感器数据可以实时传输到仓库管理系统,确保仓库环境符合货物的存储要求,防止货物受损。

3. 实时监控

(1)通过物联网技术,收集到的数据可以实时传输到仓库管理系统。

(2)仓库管理系统可以实时监控仓库的环境参数和货物信息,确保货物安全存储。

4. 自动化管理

(1)当有货物进入或离开仓库时,RFID 读写器会自动读取货物的信息,并将数据传输到仓库管理系统。

(2)仓库管理系统可以根据货物的信息进行自动化管理,如自动分类、自动上架、自动下架等。

5. 智能化分拣

(1)当有订单下达时,仓库管理系统可以根据订单信息自动规划最佳的分拣路径。

(2)通过 RFID 技术,可以快速准确地找到需要分拣的货物,并将货物送到指定的分拣区域。

6. 数据分析与优化

仓库管理系统可以对收集到的数据进行分析,了解仓库的使用情况、货物的流动情况等。通过这些数据,可以对仓库进行优化,提高仓库的利用率和物流效率。

例如,根据货物的流动情况,可以调整货架的位置或优化货物的存储方式;根据仓库的使用情况,可以调整照明、通风等设施的设置。

7.智能预警与报警

当仓库的环境参数超过预设范围或出现异常情况时,系统会发出预警或报警信息。例如,当温度过高或过低时,系统会发出预警信息并自动调整环境参数;当货物出现损坏或丢失时,系统会发出报警信息并通知相关人员处理。这有助于及时发现和处理问题,减少损失。

8.移动应用与远程管理

通过移动应用或远程管理平台,管理人员可以随时随地查看仓库的状态、货物的信息等。这有助于提高管理效率和响应速度。例如,当有紧急情况需要处理时,管理人员可以通过移动应用或远程管理平台进行远程控制或调度资源。

9.集成与自动化

通过集成仓库管理系统与其他相关系统(如 ERP、CRM 等),可以实现信息的共享和协同工作。这有助于提高整个供应链的效率和准确性。例如,当有新的订单下达时,仓库管理系统可以自动将订单信息同步到 ERP 系统,以便进行生产和物流计划的安排。

10.持续改进与创新

随着科学技术的不断发展和市场需求的变化,仓库管理系统也需要不断升级和改进。例如,引入更先进的传感器技术、机器学习算法等,以提高系统的智能化水平和自动化程度;同时也可以根据实际需求进行定制化开发和创新尝试。例如开发智能推荐系统,根据历史销售数据和库存情况智能推荐畅销商品和库存优化方案等。

2.1.4 实现高效准确的物流配送

利用大数据与人工智能技术优化货物配送路线,实现高效准确的物流配送,通过大数据和人工智能技术,根据实时的路况、交通状况等因素,优化货物配送路线和方式,提高配送效率和准确性,以下是一个具体的例子。

假设有一家电商公司,需要将货物从仓库配送到不同的目的地。为了提高配送效率和准确性,该公司决定采用大数据和人工智能技术。

1.数据收集

(1)通过与交通管理部门合作,收集实时的路况数据,包括道路拥堵情况、事故信息、交通管制信息等。

(2)收集天气数据,如降雨、大风、雾霾等,这些因素会影响交通状况和配送效率。

2. 人工智能技术应用

①利用机器学习算法,对历史配送数据进行分析,了解不同时间、不同路线的配送需求和交通状况。

②通过人工智能技术,预测未来一段时间内的路况和交通状况,为优化配送路线提供依据。

3. 路线优化

(1)根据实时路况和交通状况数据,结合预测数据,人工智能系统自动生成最优化的配送路线。

(2)系统会考虑多个因素,如路程长度、交通拥堵、配送时间要求等,以选择最合适的路线。

4. 动态调整

(1)在配送过程中,系统会实时监测路况和交通状况的变化。如果遇到突发情况或交通拥堵,系统会动态调整配送路线。

(2)通过与配送员的手持设备连接,系统可以实时更新配送员的位置和配送状态,确保准确、高效地完成配送任务。

5. 数据分析与反馈

(1)通过对配送数据和路况数据的分析,可以了解配送效率的改进情况。通过持续优化算法和提高数据准确性,可以提高未来的配送的效率和准确性。

(2)将配送数据反馈给管理层和相关部门,帮助他们了解配送状况并进行决策分析。例如,根据配送数据调整仓库布局、优化物流计划等。

6. 智能预警与报警

当遇到恶劣天气、交通事故或其他突发情况时,系统会发出预警信息并自动调整配送路线。例如,当某条道路拥堵严重时,系统会自动选择其他路线进行配送;当预计送达时间过长时,系统会通知客户并协商解决方案。这有助于提高客户满意度和减少不必要的延误。

2.1.5　客户收货:及时沟通确保顺利送货

送货之前客服或者送货司机要及时和客户联系,沟通送货时间和到达后是否有人卸货或者是有无卸货的工具等,甚至是路线方面的事情。

送货之前客服或送货司机与客户要及时沟通,这对于确保顺利送货至关重要。以下举一个具体的例子来说明这一点。

假设有一家在线零售商,通过送货服务将商品交付给客户。在送货之前,客服或送货司机需要与客户进行有效的沟通,以确保一切顺利进行。

1. 送货时间确认

客服或送货司机首先会与客户联系,确认预定的送货时间。例如,如果客户预定的送货时间是下午 3 点,客服或司机会再次与客户联系,确认是否仍然可以在该时间送货。如果客户有任何变动,可以及时调整计划。

2. 卸货安排

客服或司机还会询问客户关于卸货的安排。如果客户没有准备好卸货设备或没有人接收货物,客服或司机可以提前通知并协商解决方案。例如,如果客户无法安排人卸货,他们可以提供建议,如指定一个方便的地点让客户自取货物,或者协商一个更合适的时间再次送货。

3. 路线沟通

为了确保准时送达,客服或司机可能会与客户讨论路线问题。例如,如果某条路线在高峰时段交通拥堵严重,客服或司机可能会建议客户选择另一条更顺畅的路线。此外,如果客户的地址难以寻找或接近,提前沟通可以帮助双方更好地理解如何导航和找到正确的位置。

4. 其他注意事项

在沟通中,客服或司机还可能询问客户是否有任何其他特殊要求或注意事项。例如,如果客户的货物需要小心搬运或有特殊存储要求,客服或司机可以提前做好准备,确保货物安全送达。

5. 持续的透明沟通

在整个送货过程中,客服或司机可能会持续与客户保持联系,更新送货状态、预计到达时间等。这样可以增加客户的信任度,提高客户满意度,并确保一切按计划进行。

通过这些及时的沟通与协作,无论是客服还是送货司机,都能确保货物安全、准确、及时地送达客户手中,提高整个送货过程的效率和客户满意度。

以上就是智慧物流的基本运行流程,具体的操作步骤可能会因不同的业务需求和实际情况而有所差异。

2.1.6 智慧物流的应用与优势

智慧物流的应用范围广泛,包括交通运输、仓储、装卸、配送等各个环节。智慧物流的优势主要体现在以下几个方面:

1. 提高物流效率

通过智能化、自动化的手段,可以大大提高运输效率,减少人力和物力成本。

一个典型的例子是智能集装箱管理系统。

智能集装箱管理系统利用了物联网技术和区块链技术,可以实时追踪集装箱的位置和状态,同时可以智能化地调度运输车辆和仓库存储,从而提高了运输效率,减少了运输成本。具体来说,这种系统可以实现以下功能。

(1)自动化识别和追踪:通过物联网技术,智能集装箱管理系统可以自动识别和追踪集装箱的位置和状态。当集装箱到达目的地后,系统会自动通知收货人,避免了传统方式下需要人工电话或邮件确认的烦琐流程。

(2)优化调度:通过大数据分析和人工智能技术,智能集装箱管理系统可以根据历史数据和实时交通信息,优化运输车辆的调度,从而减少运输时间和成本。

(3)自动化仓库管理:智能集装箱管理系统可以与仓库管理系统集成,实现自动化仓库管理。当集装箱到达仓库后,系统会自动分配存储位置,并实时监控库存数量和货物质量,避免了传统方式下需要人工清点和检查的烦琐流程。

(4)区块链技术应用:通过区块链技术,智能集装箱管理系统可以实现集装箱信息的不可篡改性和透明性,从而增强了运输过程中的信任和安全性。同时,区块链技术还可以方便地实现多方之间的信息共享和协同工作,提高了工作效率。

通过这些智能化和自动化的手段,智能集装箱管理系统可以提高物流效率,减少人力和物力成本。同时,这种系统还可以提高运输安全性和透明度,从而增强客户的信任度和满意度。

2. 提升服务品质

智慧物流系统能够实现精准预测、及时反馈、快速响应,并可以实现物流信息全流程可追溯和透明,从而大大提高了物流服务的品质。

智慧物流系统能够提升服务品质,实现精准预测、及时反馈、快速响应,并可以实现物流信息全流程可追溯和透明,从而大大提高了物流服务的品质。

一个典型的例子是某电商平台的智能物流系统。该平台通过智慧物流系统,可以精准预测各地区的物流需求,提前安排货源和运输路线,避免了传统方式下需要人工预判和计划的烦琐流程。同时,该平台还可以及时反馈物流信息给消费者和卖家,让消费者能够实时了解订单的运输状态和预计送达时间,从而提高了消费者的满意度。

另外,该电商平台的智能物流系统还实现了快速响应,当消费者下单后,系统会自动生成订单信息并安排物流配送,避免了传统方式下需要人工手动处理订单和配送的烦琐流程。同时,该系统还可以根据消费者的历史购买数据和地址信息等,自动推荐最佳的配送方式和时间,提高了消费者的购物体验。

除了精准预测、及时反馈和快速响应外,该电商平台的智能物流系统还可以实现物流信息全流程可追溯和透明。消费者可以通过系统查询订单的详细物流信息,包括运输状态、运输轨迹、预计送达时间等,从而增强了消费者对电商平台的信任度和满意度。同时,该系统还可以实现多方之间的信息共享和协同工作,提高了工作效率和服务品质。

通过这些智能化和自动化的手段,该电商平台的智能物流系统可以大大提高物流服务的品质,实现精准预测、及时反馈、快速响应和全流程可追溯和透明。这不仅可以提高消费者的满意度和信任度,还可以提高电商平台的竞争力和市场占有率。

3. 降低物流成本

智慧物流系统的运营成本低,能够实现决策的精准和及时,而且有利于整个供应链的协同运作,从而降低物流成本。

智慧物流系统可以通过多种方式降低物流成本。

首先,智慧物流系统可以降低运营成本。通过自动化和智能化的技术手段,可以减少人工干预和操作,降低了人力成本和操作成本。同时,智慧物流系统可以实现实时的数据采集和监控,对物流过程进行精细化管理,提高物流效率和准确性,从而降低了运营成本。

其次,智慧物流系统可以实现决策的精准和及时。通过大数据分析和机器学习等技术手段,可以对海量的物流数据进行挖掘和分析,从而得出精准的预测和决策。例如,通过分析历史销售数据和物流数据,可以预测未来的销售情况和物流需求,提前安排货源和运输路线,避免了传统方式下需要人工预判和计划的烦琐流程,降低了决策成本。

最后,智慧物流系统有利于整个供应链的协同运作。通过实现信息的共享和协同工作,可以避免信息不对称和沟通不畅等问题,提高了供应链的透明度和协同性。例如,当某个供应商的库存不足时,智慧物流系统可以及时通知其他供应商和销售商,协调调整计划和补货时间,避免了缺货和积压等问题,降低了库存成本和滞销成本。

一个典型的例子是某电商平台的智能物流系统。该平台通过智慧物流系统实现了自动化和智能化的物流管理,减少了人工干预和操作,降低了人力成本和操作成本。同时,该平台通过大数据分析和机器学习等技术手段,实现了精准的预测和决策,避免了传统方式下需要人工预判和计划的烦琐流程,降低了决策成本。此外,该平台还通过实现信息的共享和协同工作,提高了供应链的透明度和协同性,降低了库存成本和滞销成本。

综上所述,智慧物流系统可以通过自动化和智能化技术手段、大数据分析和机器学习等技术手段以及信息的共享和协同工作等方式降低物流成本。

基于智慧物流系统,以及其所涉及的物联网、大数据、人工智能等技术,物流企业可以建立起全新的商业模式,进一步增强市场竞争力,实现可持续发展。

2.2 智慧物流的发展历程

智慧物流是近年来随着物联网、云计算、大数据、人工智能等技术的逐渐发展而兴起的一种新型物流模式。它不仅提高了物流的运营效率,降低了物流成本,优化了供应链管理,提升了客户满意度,更是为整个物流行业的数字化和智能化转型升级打开了新世界的大门。下面是智慧物流的发展历程。

2.2.1 传统物流阶段

在传统物流阶段,物流的管理主要还是采用传统的方式,包括人工管理、人工判断、人工调度。物流公司主要依靠人工力量在复杂的运营体系中实现物品的装卸和运输。这个阶段物流行业发展得非常缓慢,物流公司规模普遍较小,借力从工厂、公司或商铺等旧制造业园区开始。

传统物流阶段,物流的管理主要包括人工管理、人工判断和人工调度。这意味着物流运作的决策和协调主要依靠人工力量,例如物品的装卸和运输等操作都是由人工来完成的。这种方式的优点是灵活性高,可以根据不同情况做出及时的调整,但同时也存在着效率低下、出错率较高等问题。

举个例子,一个典型的传统物流公司可能会采用以下方式进行运作:

(1)人工管理。公司会雇用一些管理人员,他们负责监督物流运作的全过程。这些管理人员可能会对物品的装卸、运输和交付等环节进行监督,确保每个环节都按照规定的要求进行。

(2)人工判断。在物流运作过程中,工作人员需要根据自己的经验和判断力来做出决策。例如,当物品到达目的地后,工作人员需要根据物品的外观、标签等信息来判断物品是否符合要求,并决定是否接受该物品。

(3)人工调度。物流公司通常会雇用一些调度员,他们负责协调车辆、人员和仓库等资源,确保物品能够按时送达目的地。调度员需要根据实际情况来调整资源分配,例如当某一地区的需求增加时,调度员可能会增加该地区的车辆和人员数量。

虽然传统物流阶段存在着一些问题,但也有一些优点。例如,由于人工力量的灵活性,物流公司可以更加快速地适应市场变化和客户需求的变化。此外,由于规模较小,物流公司的运营成本相对较低,可以更加灵活地应对市场风险。

2.2.2 自动化仓储阶段

随着科技的不断进步,智能自动化仓储工具被引入,自动化的助力实现了更高效的货物装卸、去库存管理。射频识别(radio frequency identification,RFID)等技术被广泛应用于条码识别和信息的自动化存储。该阶段主要依赖技术手段来提高生产率和物流效率。

在这个阶段,许多物流公司开始采用自动化仓储系统。这些系统通常包括自动化货架、自动叉车、无人搬运车、自动化分拣系统等设备。通过这些设备,物流公司可以实现货物的快速装卸、准确配送、自动化库存管理等。

举个例子,一个典型的自动化仓储公司可能会采用以下方式进行运作:

(1)自动化货架。自动化货架是一种可以自动升降的货架,可以存储大量的货物。工作人员可以通过控制面板来操作货架,实现货物的快速存取。这种货架的优点是可以减少人力成本,提高存储效率。

(2)自动叉车。自动叉车是一种可以自动行驶的车辆,可以在仓库内自由穿梭,装载和卸载货物。通过使用自动叉车,物流公司可以实现货物的快速装卸和搬运,提高工作效率。

(3)无人搬运车。无人搬运车是一种可以在仓库内自动行驶的小车,可以搭载货物在仓库内进行运输。这种小车的优点是可以实现货物的快速运输,减少人力成本。

(4)自动化分拣系统。自动化分拣系统是一种可以通过计算机视觉和深度学习等技术来识别和分拣货物的系统。这种系统可以大大提高分拣速度和准确率,减少人力成本。

除了以上设备,RFID 等技术也被广泛应用于条码识别和信息的自动化存储。这些技术的应用可以帮助物流公司实现货物的快速识别和追踪,提高工作效率和准确性。

总之,在自动化仓储阶段,技术的广泛应用使得物流行业得以更高效地处理和配送货物。这不仅提高了生产率,还降低了人力成本,为物流行业的快速发展奠定了基础。

2.2.3 智能化物流阶段

智能化物流阶段是智慧物流的发展阶段。物流公司利用云计算、物联网、大数据、人工智能等技术来实现智能化的处理和优化。物流链路和环节,从生产采购、库存传递、配送达到全链条数据化、数字化、智能化。该阶段物流行业全面飞跃成长,共享物流、云仓储等物流服务逐渐成为新常态。

在这个阶段,智能化技术被广泛应用于物流行业的各个领域,包括生产采购、库存管理、配送等环节。以下是几个典型的智能化物流应用的例子:

(1)智能采购。物流公司利用大数据和人工智能技术分析历史采购数据、库存数据和市场趋势,以实现智能化的采购决策。这可以帮助公司预测市场需求,提前安排采购计划,降低采购成本。

(2)智能库存管理。通过物联网技术和 RFID 技术,物流公司可以实现实时库存监控和自动化库存管理。这可以减少库存积压和缺货现象,提高库存周转率和利用率。

(3)智能配送。利用大数据和人工智能技术,物流公司可以对配送路线进行优化,提高配送效率。同时,通过实时监控配送员的位置和状态,可以实现智能化的调度和配送管理。

(4)云仓储。通过云计算和物联网技术,物流公司可以实现云仓储管理。客户可以通过互联网远程访问自己的仓储信息,实时监控货物的存储和管理情况。这可以帮助客户提高仓储效率和管理水平,降低仓储成本。

(5)共享物流。利用物联网和云计算技术,物流公司可以实现共享物流服务。通过共享物流平台,企业可以共享运输资源、仓储资源和配送资源等,提高物流资源的利用效率和管理水平。

总之,在智能化物流阶段,物流行业实现了全面的智能化处理和优化,从生产采购、库存传递、配送到全链条数据化、数字化、智能化,不仅提高了物流效率和管理水平,还降低了物流成本,为物流行业的可持续发展奠定了基础。同时,新型的物流服务逐渐成为新常态,为更多的企业和客户提供了更加高效、灵活和便捷的物流服务体验。

2.2.4　智慧物流阶段

在智能化物流阶段的基础上,智慧物流进一步采用人工智能、大数据、机器视觉等新一代技术,建立起基于数据和算法的智慧物流平台,实现实时监控、自动化控制、智能分析及预测等功能。在这个阶段,智慧物流真正实现智能化和自主化,为未来的物流业发展带来了更多的可能性和想象空间。

以下是几个典型的智慧物流应用的例子:

(1)智能监控。通过安装传感器和摄像头,智慧物流平台可以实时监控货物的状态和位置。这可以帮助物流公司及时发现和处理问题,提高物流的可靠性和安全性。

(2)自动化控制。通过机器视觉和人工智能技术,智慧物流平台可以实现自动化控制。例如,自动化分拣系统可以根据订单信息自动识别和抓取商品,提高分拣效率。自动化控制系统还可以控制货物的运输和配送,确保按时到达目的地。

(3)智能分析。通过大数据和人工智能技术,智慧物流平台可以对海量的物流数据进行挖掘和分析,帮助物流公司更好地了解市场需求和趋势,优化物流规划和运营。

(4)预测。通过机器学习和大数据技术,智慧物流平台可以对未来的物流需求进行预测,帮助物流公司提前安排资源和服务,提高物流的可靠性和效率。

(5)自主化运营。通过人工智能和自动化技术,智慧物流平台可以实现自主化的运营。例如,自主化的货车可以自动驾驶、自主避障和自动泊车等。这可以提高物流效率和安全性,降低人力成本。

在智慧物流阶段,新一代技术的广泛应用使得物流更加智能化和自主化。智慧物流平台的建设为物流业带来了更多的可能性,提高了物流的效率、可靠性和安全性。同时,也为未来的物流业发展带来了更多的想象空间和创新机遇。

综上所述,智慧物流的发展历程经历了传统物流阶段、自动化仓储阶段、智能化物流阶段和智慧物流阶段,它的发展趋势必将持续不断,并且在未来的物流行业发展中扮演重要角色。

2.3　智慧物流的研究意义

智慧物流的研究意义主要体现在以下几个方面:

2.3.1　提高物流效率和降低物流成本

智慧物流通过运用物联网技术、大数据分析技术等手段,实现物流过程的全面智能化管理和优化,从而提高物流效率,降低物流成本。

1.物联网技术

通过在物流设备和物品上安装传感器和标签,智慧物流系统可以实时获取各种数据,如货物的状态、位置和温度等。这些数据可以通过物联网技术进行传输和整合,帮助物流公司更好地了解和管理物流过程,提高效率。

2.大数据分析技术

智慧物流系统可以通过大数据分析技术对海量的数据进行分析和挖掘,获取有价值的信息。例如,通过对历史运输数据的分析,可以预测未来的运输需求,提前安排资源和服务,避免拥堵和延误等问题,提高效率。

3.智能化管理

智慧物流系统可以通过智能化管理对物流过程进行优化。例如,通过智能调度和排程系统,可以根据实时数据和历史数据预测运输需求,自动安排车辆和人员等资源,提高效率。

4.自动化技术

智慧物流系统可以通过自动化技术提高效率。例如,自动化分拣系统可以根据订单信息自动识别和抓取商品,提高分拣效率。自动化装卸系统可以自动完成装卸货等操作,提高效率。

5.优化策略

智慧物流系统可以通过优化策略对物流过程进行优化。例如,通过路径优化算法可以找到最优的运输路径,减少时间和成本。通过库存优化算法可以合理安排库存,避免库存积压和缺货等问题,降低成本。

总之,智慧物流通过运用各种技术和手段对物流过程进行全面管理和优化,从而提高物流效率,降低物流成本。这些技术和手段的应用可以带来显著的经济效益和社会效益,为未来的物流业发展提供了新的动力和机遇。

2.3.2 提升物流服务质量和客户满意度

智慧物流通过提高物流过程的可视化和透明化,实现物流服务的个性化和定制化,从而提高物流服务质量和客户满意度。

智慧物流通过提高物流过程的可视化和透明化,实现物流服务的个性化和定制化,从而提高物流服务质量和客户满意度。

1.可视化和透明化

智慧物流系统可以通过各种技术手段实现物流过程的可视化和透明化。例如,通过物联网技术和传感器等技术,可以实时监测货物的状态和位置等信息,并将这些信息集成到物流管理系统中。客户可以通过互联网或移动设备等随时查看货物的状态和位置等信息,从而提高客户对物流过程的信任度和满意度。

2.个性化和定制化

智慧物流系统可以通过个性化和定制化的服务提高客户满意度。例如,根据客户的需求和偏好,可以提供定制化的运输方案、包装方案和配送时间等服务。同时,可以根据客户的反馈和评价等信息不断优化服务,提高服务质量。

3. 智能化决策

智慧物流系统可以通过智能化决策提高物流服务质量和客户满意度。例如,通过机器学习和人工智能等技术,可以对海量的数据进行分析和挖掘,预测未来的运输需求和趋势,提前安排资源和服务,避免拥堵和延误等问题,提高效率和服务质量。

4. 自动化和智能化技术

智慧物流系统可以通过自动化和智能化技术提高效率和服务质量。例如,通过自动化分拣系统可以提高分拣效率,减少错误率和人工成本;通过智能化装卸系统可以自动完成装卸货等操作,提高效率和服务质量。

5. 持续优化和改进

智慧物流系统可以通过持续优化和改进提高物流服务质量和客户满意度。例如,通过收集和分析客户的反馈和评价等信息,可以发现存在的问题和不足,及时采取措施进行改进和优化,提高服务质量和客户满意度。

总之,智慧物流通过提高物流过程的可视化和透明化,实现物流服务的个性化和定制化,运用智能化决策、自动化和智能化技术以及持续优化和改进等多种手段,提高物流服务质量和客户满意度。这些手段的应用可以带来良好的经济效益和社会效益,为未来的物流业发展提供了新的动力和机遇。

2.3.3　推动供应链协同运作

智慧物流通过实现信息的共享和协同工作,提高供应链的透明度和协同性,从而降低库存成本和滞销成本。

1. 信息共享

智慧物流系统可以通过信息共享提高供应链的协同性和效率。例如,供应商、生产商、物流企业、销售商等供应链参与方可以通过一个共享的网络平台进行信息交流和协同工作。在这个平台上,各参与方可以实时掌握物流信息、库存信息、销售信息等关键数据,并根据这些数据做出及时的决策和调整。通过信息共享,可以避免信息不对称和沟通不畅等问题,提高整个供应链的协同性和效率。

2. 协同工作

智慧物流系统可以通过协同工作提高供应链的效率和灵活性。例如,在生产环节,生产商可以通过物联网技术实时监测生产线的运行情况,并将数据反馈给供应商和物流企业。供应商可以根据这些数据及时调整原材料的供应计划,避免原材料短缺或过剩等问题;物流企业可以根据这些数据及时调整运输计划,避免运输延误或错误等问题。通过协同工作,可以降低整个供应链的库存成本和滞销成本,提高效率和灵活性。

3. 供应链透明度

智慧物流系统可以通过提高供应链的透明度降低库存成本和滞销成本。例如,通过物联网技术和传感器等技术,可以实时监测货物的状态和位置等信息,并将这些信息集成到物流管理系统中。各参与方可以通过互联网或移动设备等渠道随时查看货物的状态和位置等信息,从而提高对整个供应链的掌控能力和透明度。通过提高供应链的透明度,可以及时发现和解决问题,避免出现库存积压和滞销等问题,降低库存成本和滞销成本。

4. 预测与计划

智慧物流系统可以通过预测与计划提高供应链的协同性和效率。例如,通过机器学习和人工智能等技术,可以对历史数据进行分析和挖掘,预测未来的销售趋势和需求变化。根据预测结果,各参与方可以提前安排计划和资源,避免库存积压和缺货等问题,提高效率和客户满意度。

5. 持续优化和改进

智慧物流系统可以通过持续优化和改进降低库存成本和滞销成本。例如,通过收集和分析各参与方的反馈和评价等信息,可以发现存在的问题和不足,及时采取措施进行改进和优化。通过持续优化和改进,可以提高整个供应链的协同性和效率,降低库存成本和滞销成本。

总之,智慧物流通过实现信息的共享和协同工作、提高供应链的透明度和协同性、运用预测与计划、自动化和智能化技术以及持续优化和改进等多种手段,降低库存成本和滞销成本。这些手段的应用可以带来良好的经济效益和社会效益,为未来的物流业发展提供了新的动力和机遇。

2.3.4 促进环保和可持续发展

智慧物流的发展可以促进资源的优化配置和循环利用、降低能源消耗和环境污染,从而推动可持续发展。

1. 资源优化配置

智慧物流系统可以通过对物流资源的优化配置降低成本和能耗。例如,通过智能调度和路线规划等技术,可以优化运输车辆的行驶路线和装载方案,减少运输时间和里程数,从而降低能源消耗和交通拥堵等问题。此外,智慧物流系统还可以通过对仓储、分拣等环节的优化配置,提高作业效率和质量,降低成本和人力投入。

2. 循环利用

智慧物流系统可以通过循环利用资源降低成本和环境污染。例如,通过回收和再利用包装材料、容器等资源,可以减少废弃物的产生和对环境的污染。此外,智慧物流系统还可以通过对废旧物品的回收和再利用,促进资源的循环利用和产业的可持续发展。

3. 绿色能源

智慧物流系统可以通过使用绿色能源降低能源消耗和环境污染。例如,使用太阳能、风能等可再生能源作为物流设施的能源来源,可以减少对传统能源的依赖和环境污染。此外,智慧物流系统还可以通过节能设计和绿色建筑等技术,提高能源利用效率和质量,降低能源消耗和环境污染。

4. 环保管理

智慧物流系统可以通过环保管理提高环境保护意识和落实环保措施。例如,制定环保管理制度和规范,加强对物流环节的环境监测和评估,以及开展环保教育和培训等活动,可以提高员工的环保意识和落实环保措施的积极性。通过环保管理,可以降低智慧物流对环境的负面影响,推动可持续发展。

5. 政策支持

政府可以制定相关的政策支持智慧物流的环保和可持续发展。例如,对使用绿色能源、循环利用资源等行为给予税收优惠、补贴等激励措施;对不符合环保标准的行为进行惩罚和限制;鼓励企业开展智慧物流技术的研发和应用等。通过政策支持,可以推动智慧物流向更加环保和可持续发展的方向迈进。

总之,智慧物流的发展可以通过资源的优化配置、循环利用、使用绿色能源、环保管理及政策支持等多种手段,促进资源的节约和环境的保护,推动可持续发展。这些手段的应用可以为未来的物流业发展提供新的动力和机遇。

2.3.5 增强应急物流保障能力

智慧物流可以通过实时监控和预测等手段,提高应急物流的响应速度和准确度,从而增强应急物流保障能力。

1. 实时监控

智慧物流系统可以通过实时监控技术提高应急物流的响应速度和准确度。例如,利用物联网技术和传感器等设备,可以实时监测货物的位置、状态和环境等信息,及时发现异常情况并采取相应的应急措施。这种实时监控技术可以确保应急物资在运输过程中的安全和可靠性,同时提高应急物流的响应速度和准确度。

2. 预测分析

智慧物流系统可以通过预测分析技术提高应急物流的响应速度和准确度。例如,利用大数据和人工智能等技术,可以对历史数据和实时数据进行挖掘和分析,预测货物的运输时间、到达地点等关键信息,以及可能出现的风险和障碍。这种预测分析技术可以帮助应急物流管理人员提前制定预案和措施,缩短应急响应时间,提高响应速度和准确度。

3. 优化调度

智慧物流系统可以通过优化调度技术提高应急物流的响应速度和准确度。例如,利用智能调度算法和优化模型等技术,可以针对应急物资的运输需求和实际情况,制定最优的调度方案和运输路线,确保车辆、人员和物资等资源的快速组织和调配。这种优化调度技术可以提高应急物流的运输效率和质量,同时降低成本和风险。

4. 协同联动

智慧物流系统可以通过协同联动技术提高应急物流的响应速度和准确度。例如,利用云计算和物联网等技术,可以实现不同部门、机构和企业之间的信息共享和协同作业,打破信息壁垒和沟通障碍,提高应急物流的协同效率和联动效果。这种协同联动技术可以促进应急物流的全面管理和一体化运作,提高响应速度和准确度。

5. 智能决策

智慧物流系统可以通过智能决策技术提高应急物流的响应速度和准确度。例如,利用人工智能和大数据等技术,可以对海量的数据信息进行挖掘和分析,为应急物流管理人员提供智能决策支持,如自动识别潜在风险、推荐最佳运输路线等。这种智能决策技术可以提高应急物流管理的科学性和智能化水平,同时降低决策成本和风险。

智慧物流通过实时监控、预测分析、优化调度、协同联动和智能决策等多种技术手段,可以提高应急物流的响应速度和准确度,增强应急物流保障能力。这些技术手段的应用可以为应急物流管理带来更多的机遇和发展空间。

总之,智慧物流的发展和研究对于提高物流效率、降低物流成本、提升服务质量、提高客户满意度、推动供应链协同运作、促进环保和可持续发展及增强应急物流保障能力等方面都具有重要的意义。

结 论

1. 智慧物流概述

智慧物流是一种利用先进信息技术和智能化设备,实现物流过程的自动化、智能化和高效化的新型物流模式。它能够提高物流效率,降低物流成本,提升物流服务水平,是现代物流发展的重要方向。

2. 智慧物流的发展历程

智慧物流的发展经历了多个阶段,从最初的自动化仓储、自动化分拣,到后来的物联网技术、云计算技术、大数据技术、人工智能技术的应用,智慧物流的技术基础越来越强大,应用范围也越来越广泛。

3. 智慧物流的研究意义

智慧物流的研究具有重要的理论和实践意义。从理论角度来看,智慧物流的研究有助于推动物流管理理论的创新和发展。从实践角度来看,智慧物流的研究有助于提高企业的物流效率,降低物流成本,提升企业的竞争力。此外,智慧物流的研究还有助于推动整个社会的经济发展和科技进步。

综上所述,智慧物流是一种具有重要意义的物流模式,其发展历程和研究意义都非常值得深入探讨和研究。随着技术的不断进步和应用,相信智慧物流在未来将会发挥更加重要的作用。

第3章　智慧物流的技术与演变

本章将探讨智慧物流领域的一些关键技术和演变。随着科技的不断进步,智慧物流已经成了物流行业的重要发展方向,通过自动化、智能化、网络化等手段,提高了物流运作的效率和精度。我们将从物联网技术、云计算技术、大数据技术、人工智能技术、智能硬件技术及智慧物流的技术演变等角度出发,深入剖析这些技术在智慧物流中的应用和未来发展趋势。通过本章的分析,读者将了解到智慧物流领域的最新技术和应用,理解智慧物流的发展趋势和方向,为未来的物流行业发展提供参考和启示。

3.1　物联网技术

随着物联网技术的不断发展,人们的生活和工作方式正在发生巨大的变化。物联网技术是指互联的设备、感应器、计算机和数据存储设备等通过网络相互连接,以实现数据传输和互联互通的技术。在许多行业和领域,物联网技术已经得到广泛应用,比如智慧城市、智能制造、智能交通、智慧物流等。下面我们来详细了解一下物联网技术。

3.1.1　感知层技术

感知层技术是智慧物流的重要组成部分,它涵盖了一系列的硬件设备,能够感知和识别物体,收集有用的环境信息。这些设备包括各种类型的传感器,例如温度传感器、湿度传感器、压力传感器、位置传感器、速度传感器等。这些传感器可以嵌入到各种物流设备和物品中,从而实时获取各种环境参数和物品状态等信息。

举个例子,智慧物流仓储系统中的感知层技术可以用于实时监测仓库中的温度、湿度、压力等参数,以确保存储物品的安全和完好。在运输过程中,通过在车辆或集装箱中嵌入传感器,可以实时监测货物的位置、速度、温度等参数,从而确保货物在运输过程中的安全和稳定。

感知层技术不仅用于物流行业,还广泛应用于其他领域。例如,在智能城市建设中,感知层技术可以用于监测城市环境质量、交通流量等参数;在工业自动化领域中,感知层技术可以用于监测机器的运行状态、生产线的生产情况等参数,从而提高生产效率和产品质量。

感知层技术的不断发展为智慧物流提供了更多的可能性。例如,通过将物联网芯片或传感器嵌入到每个物品中,可以实现对物品的精确跟踪和识别,从而实现更高效的物流运作。另外,通过感知层技术还可以实现智能监控、预警和预测等功能,从而提高物流运作的可靠性和安全性。因此,感知层技术是智慧物流领域中不可或缺的一部分,它将继续发挥重要作用。

3.1.2 网络层技术

网络层技术是物联网中的关键部分,它负责将感知层收集的数据安全、可靠地传输到应用层,以供进一步的处理和利用。这一层主要涉及物联网的通信和组网技术,包括近距离通信、远距离大范围的通信、有线网络、无线网络、企业专用网络和公用网络等。

在物联网通信过程中,网络层采用的多为无线通信技术,例如 ZigBee、WiFi、LoRa、NB-IoT 等。这些无线通信技术具有不同的特点和适用范围,需要根据具体的应用场景进行选择。例如,ZigBee 技术适用于低功耗、低数据速率的无线通信,以及智能家居、工业自动化等领域;WiFi 技术适用于高数据速率的无线通信,以及智能城市、智慧交通等领域;LoRa 技术适用于长距离、低功耗的无线通信,以及物流跟踪、智慧农业等领域;NB-IoT 技术适用于广覆盖、低功耗的无线通信,以及智能水表、智能路灯等领域。

除了无线通信技术,网络层还包括互联网接入技术,例如 MQTT 协议、HTTP 协议等。这些技术可以将感知层的数据传输到云平台进行处理和分析,从而实现对物品的智能化识别、定位、跟踪、监控和管理。

总之,网络层技术是实现物联网广泛应用和发展的关键,它能够将感知层的数据进行高效、可靠地传输和处理,从而为应用层提供有力的支持。

3.1.3 平台层技术

平台层技术是物联网架构中的关键部分,它主要负责处理和管理来自感知层的数据,以及应用层的数据处理和应用程序开发。

首先,平台层涉及数据管理和处理技术,包括数据采集、数据存储、数据访问和数据安全等核心职责。数据采集主要从业务系统搜集各类数据,例如设备信息、环境数据等;数据存储则将收集到的数据进行存储,以便后续的分析和处理;数据访问则是指平台层提供的数据接口和服务,以便应用层可以获取到所需的数据;数据安全则涉及数据的加密、解密和保护等安全措施。

其次,平台层还涉及设备管理技术,例如设备认证、设备接入、设备控制等。设备认证是对接入平台的设备进行身份验证,保证设备的合法性和安全性;设备接入则是将设备连接到平台,并进行相关的配置和管理;设备控制则是通过平台对设备进行远程控制和监测,例如开关设备、调节设备参数等。

最后,平台层还涉及数据分析与挖掘技术,例如数据清洗、数据分析、数据挖掘等。数据清洗是对收集到的数据进行预处理,例如去除噪声、纠正错误等;数据分析是对处理后的数据进行统计和分析,以便获取有意义的信息和知识;数据挖掘则是通过算法和模型从大量数据中挖掘出潜在的模式和规律,以便实现预测和决策。

总之,平台层技术是物联网中数据处理和应用开发的核心,它能够将感知层的数据传输到平台层进行处理和管理,从而为应用层提供可靠、高效、智能化的支持。

3.1.4 应用层技术

应用层技术是物联网架构中的最顶层,也是最接近实际应用的部分。这一层主要关注的是如何使用物联网技术来解决现实生活中的问题,也就是将平台层处理过的数据或者直接从感知层获取的数据应用于各个行业领域,实现智能化、自动化和高效化的运作。

首先,应用层技术广泛应用于智慧城市领域。智慧城市是指利用物联网技术、大数据、云计算等先进科技手段,对城市的市政设施、交通、能源、环保、公共服务等方面进行智能化改造和优化,提升城市管理和公共服务水平。例如,通过智能路灯、智能井盖、智能交通信号灯等设备,实现城市管理的智能化和精细化;通过智能垃圾桶、智能环境监测站等设备,提高城市的环境卫生和公共安全水平。

其次,应用层技术也推动着智能制造的发展。在智能制造领域,物联网技术主要应用于设备的自动化控制、生产流程的优化、供应链管理等方面。例如,通过物联网技术实现设备的远程监控和故障预警,提高生产的安全性和稳定性;通过物联网技术实现生产线的自动化和智能化,提高生产效率和产品质量;通过物联网技术优化供应链管理,实现精准的库存管理和物流跟踪,降低生产成本。

此外,应用层技术还被广泛应用于智能交通领域。智能交通主要是利用物联网、互联网、大数据等技术手段,对交通运输进行智能化改造,提高交通运输的效率、安全性和舒适性。例如,通过物联网技术实现车辆的智能调度和管理,提高交通运输的效率;通过物联网技术实现交通信号的智能化控制,缓解城市交通拥堵问题;通过物联网技术提供车联网服务,提高驾驶的安全性和舒适性。

最后,应用层技术也涉足智慧物流领域。智慧物流是指利用物联网技术、大数据、云计算等手段,对物流活动进行智能化改造,提高物流效率和降低物流成本。例如,通过物联网技术实现货物的实时跟踪和监管,提高物流的安全性和透明度;通过物联网技术实现智能化的仓储管理,提高仓库的存储和取货效率;通过物联网技术实现智能化的运输管理,提高运输的效率和服务水平。

应用层技术是物联网技术的最终落地和应用场景,它通过将物联网技术与各个行业领域的实际需求相结合,实现了智能化、自动化和高效化的运作,推动了各个行业的转型升级和发展。

总之,物联网技术已经逐渐成了未来数字化社会的基础技术和关键支撑。未来,随着人工智能、大数据和云计算等技术的不断演进,物联网技术将会越来越成熟,为我们创造更便捷的生活和更高效的工作。

3.2　云计算技术

云计算技术是指通过网络将物理设备、软件、数据存储和其他资源提供给用户,使用户可以随时、随地访问这些资源的技术。云计算技术是一种基于互联网的新型服务模式,它以高效率、低成本、强韧性和可扩展性著称。在当今数字化时代,云计算技术已经成为企业和个人的重要工具,下面我们来深入了解一下云计算技术。

3.2.1　云计算的分类

云计算可以根据服务类型划分为三种类型:基础设施即服务(IaaS,Infrastructure as a Service)、平台即服务(PaaS,Platform as a Service)和软件即服务(SaaS,Software as a Service)。

1. IaaS

IaaS 可以提供给用户虚拟计算资源,例如虚拟机、存储空间、网络等。IaaS,全称基础设施即服务,是云计算服务的一种,主要侧重于将基础设施资源作为服务提供给用户使用。在 IaaS 模型中,服务提供商通过虚拟化技术,将基础设施资源(如计算设施、存储设备和网络设备)转化为云服务,并提供给用户使用。

具体来说,IaaS 主要提供以下资源:

(1)计算设施:包括服务器和虚拟机。用户可以在这些基础设施上运行自己的应用程序和服务。

（2）存储设备：包括网络附加存储（NAS）和存储区域网络（SAN）等。用户可以使用这些存储空间来保存自己的数据和应用程序。

（3）网络设备：包括交换机、路由器和防火墙等。这些设备可以提供网络连接，保障网络安全，并支持用户在云环境中进行数据传输和信息交流。

除了提供基础设施资源外，IaaS还具备以下优点：

（1）用户可以根据自己的需求灵活地扩展和缩减计算资源。例如，当业务需求增加时，用户可以通过增加虚拟机数量来提高计算能力；当业务需求减少时，用户可以关闭部分虚拟机以节省资源。

（2）用户无须担心硬件设备的故障问题。因为IaaS服务商会负责硬件设备的维护和故障处理，从而保障用户的应用程序和服务能够稳定运行。

目前，一些知名的IaaS服务商包括亚马逊AWS、微软Azure、华为云等。这些服务商通过提供虚拟机、存储空间和网络带宽等服务，使用户能够在云环境中构建和运行自己的应用程序和服务。

2. PaaS

PaaS可以提供给用户开发、测试和部署应用程序所需的平台，例如开发工具、数据库、应用程序框架等。PaaS，全称平台即服务，是一种基于云计算的服务模式，它提供了一个开发和部署应用程序的平台，让用户可以在云端快速构建和部署自己的应用程序，而无须关注底层的基础设施。

在PaaS模型中，服务提供商不仅提供了基础设施资源，还提供了应用程序开发工具、数据库、应用程序框架等必要的服务平台。用户可以利用这些平台和工具，快速开发和部署自己的应用程序。此外，PaaS还提供了应用程序运行和托管环境，使用户无须自行搭建和维护服务器等基础设施。

PaaS的优点主要表现在以下几个方面：

（1）快速开发和部署：由于PaaS提供了现成的开发工具和平台，用户可以快速开发和测试自己的应用程序，并直接部署到云端，这大大缩短了开发周期，提高了开发效率。

（2）降低成本：PaaS的按需使用方式可以大大降低企业的IT成本，用户只需支付所使用的资源和服务，无须投入大量资金和人力自行搭建和维护基础设施。

（3）高可用性和可扩展性：PaaS提供商通常会采用多重备份、容错机制和安全防护措施来保证用户数据的可靠性和安全性。同时，PaaS还具有高可用性和可扩展性，可以满足用户业务需求的变化。

（4）简化管理：PaaS提供商会负责基础设施的维护和故障处理，使用户可以专注于应用程序的开发和部署,而无须担心硬件和软件方面的问题。

常见的 PaaS 平台包括 Google Cloud Platform、Amazon Web Services(AWS)、Microsoft Azure 等。这些平台提供了丰富的服务内容,包括应用程序开发工具、数据库、消息队列、缓存、日志服务、安全服务等。用户可以根据自己的需求选择相应的服务,并通过云端平台来管理和部署自己的应用程序。

3. SaaS

SaaS 可以提供给用户通过网络访问软件应用程序,例如 Google Docs、Salesforce 等在云端操作的工具。SaaS,全称软件即服务,是一种通过互联网提供软件的模式,用户无须购买软件,而是向提供商租用基于 Web 的软件来管理企业的经营活动。

在 SaaS 模型中,服务提供商负责开发和维护应用程序,并将其部署到云计算基础设施上。用户只需通过互联网访问这些应用程序,无须购买和维护自己的软件和服务器。

SaaS 的优点主要表现在以下几个方面:

①降低成本:SaaS 模式按需租用,用户只需支付所需的服务和使用量,无须购买和维护大量的软件和硬件设备,从而降低了企业的 IT 成本。

②灵活性:SaaS 应用程序通常是根据用户的实际需求量身定制的,可以满足企业不断变化的需求,具有较强的灵活性。

③高可用性和可扩展性:SaaS 提供商通常会采用多重备份、容错机制和安全防护措施来保证用户数据的可靠性和安全性。同时,SaaS 还具有高可用性和可扩展性,可以满足用户业务需求的变化。

④简化管理:SaaS 提供商会负责基础设施的维护和故障处理,使用户可以专注于应用程序的开发和部署,而无须担心硬件和软件方面的问题。

常见的 SaaS 应用程序包括 Salesforce Sales Cloud、Google Apps、Zimbra、Zoho 和 IBM Lotus Live 等。这些应用程序提供了各种功能,包括客户关系管理、电子邮件和协作工具、企业资源规划等,使用户能够通过云端工具快速高效地完成工作任务。

3.2.2　云计算的特点

云计算有以下几个特点:

1. 弹性扩展性

弹性扩展性(elastic scalability)是根据用户的需求自动增加或减少资源,提供弹性和可扩展的服务。是一种在云计算环境中常见的特性,它允许用户根据业务需求和负载变化,自动增加或减少计算资源的能力。这种特性使得用户可以更加灵活地满足不同的需求,同时提高资源的使用效率,降低成本。

弹性扩展性的主要优点包括以下几点:

(1)负载均衡:当应用程序的负载增加时,可以通过自动增加更多的计算资源来平衡负载,提高系统的性能和响应速度。当负载减少时,可以自动减少资源,避免资源浪费。

(2)成本控制:由于资源是按需使用的,用户只需要支付所使用的资源,因此可以有效地控制成本。在业务低谷期,可以自动减少资源的使用量,节省成本;在业务高峰期,可以自动增加资源,确保业务正常运行。

(3)业务灵活性:弹性扩展性使得用户可以根据业务需求快速地增加或减少资源,更好地适应业务变化。比如,在业务快速发展的阶段,用户可以通过自动增加资源来支持业务发展;在业务调整或缩减的阶段,可以自动减少资源,降低成本。

(4)高可用性和容错性:通过弹性扩展性,用户可以在系统发生故障或维护时自动切换到其他可用资源,保证业务的连续性和可用性。同时,弹性扩展性还可以帮助用户在系统受到攻击或负载过高时自动增加资源来应对突发情况。

实现弹性扩展性通常需要云计算提供商提供相应的工具和接口,例如 API、SDK 等,以便用户可以方便地管理和控制自己的应用程序和资源。同时,用户也需要了解自己的业务需求和负载变化情况,制定合理的弹性扩展策略,以确保资源的合理使用和业务的稳定运行。

2. 高可靠性

高可靠性(high reliability)是使用虚拟化技术实现了高可用性,具有容错能力,是指在系统或应用程序中实现高度可靠的特性,以确保在各种情况下都能正常运行。虚拟化技术可以提供高可靠性,因为它可以实现高可用性和容错能力。

高可用性是指通过在多个物理服务器上运行虚拟机,实现在单个服务器出现故障时,其他服务器可以继续提供服务。这种高可用性的实现方式可以保证应用程序的高可用性,同时也可以避免因单个服务器故障导致整个应用程序停机的风险。

容错能力是指当某个组件或应用程序出现故障时,系统可以自动将其从服务中移除,并使用备份组件或应用程序来代替,以确保系统的正常运行。虚拟化技术可以实现容错能力,因为它可以轻松地创建、部署和管理虚拟机,并在出现故障时快速恢复。

虚拟化技术还可以提供数据备份和恢复功能,以确保数据的高可靠性。这些功能可以在虚拟机上运行,并自动备份数据和应用程序,以避免因系统故障而导致的数据丢失。

总之,虚拟化技术可以实现高可靠性,具有高可用性和容错能力,可以保证系统在各种情况下正常运行,并提供可靠的服务。

3. 易于管理

易于管理(ease of management)是自动化的管理工具和监控系统使得云计算资源的管理过程大大简化,指云计算资源的管理应该是简单易行的,而虚拟化技术可以使得云计算资源的管理过程大大简化。

通过使用自动化的管理工具和监控系统,可以实现对云计算资源的集中管理和监控。这些工具和系统可以自动化完成虚拟机的创建、部署、管理和监控,使得管理员可以更加轻松地管理大量的虚拟机。

此外,这些工具和系统还可以提供实时的监控数据,帮助管理员及时发现和解决问题。这些监控数据还可以帮助管理员了解云计算资源的利用率和性能表现,从而更好地优化资源的分配和管理。

通过虚拟化技术,还可以实现云计算资源的动态管理。当需要增加或减少虚拟机数量时,只需通过自动化工具和系统进行简单的操作即可,而不需要手动进行复杂的配置和管理。这种动态管理能力使得管理员可以更加灵活地应对不同的业务需求和变化。

总之,通过使用自动化的管理工具和监控系统,虚拟化技术可以使得云计算资源的管理过程更加简单、灵活和高效。

4. 高可定制性

高可定制性(high customizability)是指云计算使得用户可以根据自己的需求对计算资源进行定制,满足自身业务的要求,云计算平台能够根据用户的需求提供定制化的计算资源和服务,以满足用户自身业务的要求。

以某大型电商企业为例,该企业在开展"双十一"等促销活动期间,需要应对大量的用户访问和交易量,这时候就需要临时增加大量的服务器资源来保障网站的稳定性和交易的顺利进行。而在平时,这些服务器资源就处于闲置状态,造成了大量的浪费。

为了解决这个问题,该企业采用了云计算平台,通过自动化工具和系统快速创建和部署虚拟机,根据业务需求动态调整计算资源数量和规格。此外,该企业还根据自己的业务需求定制了特定的云服务,例如:对数据库、存储和网络等资源进行优化和隔离,以确保交易的安全性和稳定性。

通过云计算的高可定制性,该电商企业不仅保障了业务的顺利开展和提高了服务质量,而且降低了成本和提高了效率。

总之,云计算的高可定制性使得用户可以根据自己的业务需求自由地选择和定制所需的计算资源和服务,提高了应用的灵活性和可扩展性,是企业数字化转型和创新发展的重要支撑。

5. 高效率

高效率(high efficiency)是指在云计算模式下所有的计算资源可以高性能共享,使得输入输出速度得到大大提高,减少资源的浪费,提高效率。

假设有一个大型制造企业,它有很多工厂和车间,每个工厂都有自己的计算机系统与生产设备。这些设备和系统需要不断地进行监测和控制,以确保生产线的正常运行。

在过去,这个企业的每个工厂都需要独立购买和维护自己的计算机系统和生产设备,这些设备和系统的利用率很低,因为只有在特定时间段内才会使用到。这导致了大量的资源浪费和维护成本。

为了提高效率和降低成本,该企业采用了云计算平台来集中管理和共享这些计算机系统和生产设备。所有的计算资源都集中在云端,工厂和车间的设备通过互联网连接到云端,实现计算资源的共享和统一管理。

通过云计算平台的高效率,该企业的计算机系统和生产设备的输入输出速度得到大大提高。因为所有的计算资源都在云端,可以随时随地访问,所以工厂和车间的设备可以快速地传输数据和接收指令,从而大大提高了生产效率。

此外,云计算平台可以实现自动化和智能化控制,通过大数据分析和人工智能等技术对生产过程进行监测、预测和控制,进一步提高了生产效率,降低了成本。

总之,云计算的高效率使得企业可以集中管理和共享计算机系统与生产设备,提高输入输出速度和资源利用率,降低成本和维护工作量,从而提高企业的竞争力和盈利能力。

3.2.3　云计算的优势

云计算是一种流行的 IT 架构模式,它将计算资源、存储和应用程序等服务通过互联网提供给用户,具有许多优势。首先,云计算提供了高效率和可扩展性,可以快速地提供和释放计算资源,以适应业务需求的变化。其次,云计算实现了数据集中管理和备份,保障了数据的安全性和可靠性。再次,云计算还降低了企业的 IT 成本,减少了硬件和软件购买、维护和升级的费用,同时提高了企业的灵活性和可扩展性。最后,云计算提供了灵活的服务交付模式,可以在不同程度上满足企业的需求,并支持各种业务模式和应用程序。总之,云计算的这些优势为企业带来了许多好处,包括成本低、灵活性、高可用性和高安全性。因此,云计算已成为现代企业的重要发展方向之一。

1. 成本低

云计算提供了按需使用的计算资源,用户可以按照需要付费,降低了硬件与软件配置的成本和维护的复杂性。成本低是云计算的一个重要优势。具体来说,云计算通过提供按需使用的计算资源,使得用户可以只支付自己需要的资源,而不需要购买和维护大量的硬件和软件设备。下面我们通过一个实例来说明这一点。

假设一个中小企业需要建立一个在线电子商务平台,并且需要处理大量的用户订单和交易数据。在没有云计算的情况下,这个企业可能需要购买大量的服务器和数据库硬件设备,还要购买相应的软件来支持这些设备。这些设备的购置和维护成本可能会非常高,而且如果业务增长迅速,还需要不断升级和维护这些设备。

但是,如果这个企业使用了云计算服务,它就可以通过云服务提供商的具体租用需要的计算资源,比如服务器和数据库等。这样,企业只需要支付自己所使用的资源,而不必担心购买和维护硬件和软件设备的成本和复杂性。而且,如果业务需求有变化,还可以随时调整所使用的资源数量,避免了硬件和软件资源的浪费。

此外,云计算服务提供商通常会提供一些额外的成本控制措施,例如按需使用计费和预付费计划等,这些都可以帮助企业更好地控制成本。因此,通过云计算提供的按需使用的计算资源,可以大大降低企业的 IT 成本,并提高企业的灵活性和可扩展性。

2. 灵活性

在云计算下,用户可以随时自由地使用所需的计算资源,随时调整应用程序的性能和容量。云计算的灵活性表现在它能够让用户随时随地自由地使用所需的计算资源,并且可以随时调整应用程序的性能和容量。下面我们通过一个实例来说明这一点。

假设一个大型互联网公司需要支持数百万用户同时访问其网站,并且需要处理大量的数据和交易。这个公司可能会面临非常高的峰值负载,因此在高峰期间需要额外的计算资源来支持应用程序的性能和容量。

但是,如果这个公司使用了云计算服务,它就可以通过云服务提供商的在线工具具体租用需要的计算资源,比如服务器和数据库等。这样,公司可以在需要时自由地调整应用程序的性能和容量,以满足用户的需求。而且,这些计算资源可以在短时间内增加或减少,避免了硬件资源的浪费。

此外,云计算服务提供商通常会提供一些额外的灵活性功能,例如弹性伸缩和负载均衡等,这些都可以帮助企业更好地控制应用程序的性能和容量。因此,通过云计算提供的灵活性的计算资源,可以大大提高企业的运营效率和响应速度。

3. 高可用性

云计算提供了实时复制数据、多层存储器、自动备份等可靠性保障机制,从而提高了高可用性。云计算的高可用性主要体现在它提供了多种可靠性保障机制,包括实时复制数据、多层存储器、自动备份等,从而保证了应用程序的高可用性。下面我们通过一个实例来说明这一点。

假设一个银行需要将其核心业务系统迁移到云端,但是这个系统需要非常高的可用性,以保证客户的交易安全和顺畅。为了达到这个目标,银行可以选择使用一个具有高可用性的云计算服务。

首先,这个服务应该提供实时复制数据的功能,以保证数据在主数据中心和备份数据中心之间的同步。这样,如果主数据中心出现故障,银行可以立即切换到备份数据中心,保证业务的连续性和数据的完整性。

其次,这个服务应该提供多层存储器,以保证数据的可靠性和耐久性。例如,银行可以将数据存储在快速存储器中以提供最佳性能,同时将数据备份到持久性存储器中以防止数据丢失。

最后,这个服务应该提供自动备份机制,以保证数据在任何时候都可以被恢复。银行可以选择定期备份数据,并将备份数据存储在安全的远程位置,以防止自然灾害或其他意外事件导致的数据损失。

因此,通过云计算提供的高可用性机制,银行可以保证其业务系统的可靠性和连续性,从而提高了客户的满意度和信任度。

4. 高安全性

云计算提供了多层次的安全保障措施,如数据加密、身份认证、访问授权等,提高了安全性。云计算的高安全性体现在它提供了多层次的安全保障措施,如数据加密、身份认证、访问授权等,下面我们通过一个实例来说明这一点。

假设一家大型互联网公司需要将其社交平台的数据中心迁移到云端,但是这个平台包含了大量的用户个人信息和交易数据,因此公司必须非常注重数据的安全性。为了达到这个目标,公司可以选择使用一个具有高安全性的云计算服务。

首先,这个服务应该提供数据加密功能,以保证数据在传输和存储过程中不被窃取或篡改。例如,云计算服务商可以使用先进的加密技术对数据进行加密,同时对网络传输进行加密,以防止数据泄露和中间人攻击。

其次,这个服务应该提供身份认证和访问授权功能,以保证只有授权的用户可以访问数据。例如,云计算服务商可以使用多因素身份认证机制,如动态口令牌或指纹识别技术,以验证用户的身份和授权情况。同时,服务商还可以提供细粒度的访问控制机制,如基于角色或基于策略的访问控制,以限制用户对数据的访问权限。

最后,云计算服务商还可以提供安全审计功能,以保证所有访问和操作数据的用户行为都被记录和监控。例如,服务商可以在系统中记录所有访问和操作数据的用户身份、时间、IP 地址等信息,并将这些信息保存到安全审计系统中。这样,企业可以随时查看和分析这些信息,以发现任何可疑行为并及时进行处理。

因此,通过云计算提供的高安全性机制,企业可以大大提高其数据的安全性和隐私保护水平,从而保障客户的权益和信任度。

总之,云计算技术正在逐渐改变着我们的生活方式和工作模式,它已经成为数字化时代的重要组成部分,为我们提供了更高效、更便利的服务。

3.3　大数据技术

大数据技术指处理、存储、管理和分析大规模数据的技术。随着科技的迅速发展和数字化、网络化的加速推进,大数据技术也逐渐成为当今重要的技术领域之一。它可以帮助企业或个人挖掘数据中的价值,进行更深入的数据分析和决策制定,下面我们来深入了解一下大数据技术。

3.3.1　大数据的三个阶段

大数据的处理可以分为三个阶段:数据收集、数据存储和数据处理。

1. 数据收集

数据收集是指获取数据的过程,可以通过传感器、日志、传输协议、网络爬虫、社交媒体等方式获取数据,并将数据收集到中央数据仓库中进行处理。

2. 数据存储

数据采集后需要进行存储,可以通过分布式文件系统、分布式数据库、数据仓库等方式进行数据存储。

3. 数据处理

数据处理是指从大量数据中提取有意义和有用的信息,可以通过数据挖掘、机器学习、人工智能等方式进行数据分析和数据处理。

3.3.2　大数据技术的关键技术

大数据的处理需要用到多种技术,包括以下关键技术:

1. 分布式计算

分布式计算是通过将数据分解成多个部分,在多个计算机上并行处理数据。

2. 分布式文件系统

分布式文件系统是将大数据文件分割成多份存储在不同的服务器上,通过网络进行共享。

3. 数据挖掘

数据挖掘是通过计算机算法对数据进行挖掘,发现数据中的规律和模式,提出有价值的信息。

4. 机器学习

机器学习是利用算法和训练数据来指导计算机进行预测、分类、聚类等操作。

5. 数据可视化

数据可视化是利用图表、图形等方式将数据以可视化的方式呈现出来,便于用户进行数据分析。

3.3.3 大数据技术的应用场景

大数据技术已经广泛应用于各个领域,其中包括金融、医疗、零售、互联网、电信和物流等。下面以金融领域为例,介绍大数据技术的应用。

1. 在金融领域

大数据技术被广泛应用于风险评估、信贷审批、欺诈检测、股票交易和市场预测等各个方面。大数据技术可以帮助金融机构更好地理解市场趋势,识别潜在的风险和机会,以及更有效地管理和优化业务。

例如,在风险评估方面,金融机构可以利用大数据技术分析客户的信用记录、交易行为和市场数据等信息,以更准确地评估客户的信用等级和风险水平。这有助于金融机构更有效地管理风险,降低不良贷款率,提高资产质量。

在信贷审批方面,大数据技术可以帮助金融机构更快速、更准确地评估借款人的还款能力和信用状况。通过对借款人的社交媒体行为、电商购物行为等数据进行综合分析,金融机构可以更全面地了解借款人的信用状况,提高审批效率和准确性。

在欺诈检测方面,大数据技术可以帮助金融机构快速识别和预防欺诈行为。通过对大量的交易数据进行分析,金融机构可以检测出异常交易行为和模式,及时发现并阻止欺诈行为。

在股票交易和市场预测方面,大数据技术可以帮助投资者更准确地预测股票价格和市场的走势。通过对历史数据和市场新闻等大量信息进行分析和处理,投资者可以获取更多的市场洞察力,制定更明智的投资决策。

大数据技术在金融领域的应用可以帮助金融机构更好地管理风险、提高审批效率、预防欺诈行为,以及制定更明智的投资决策等。这些应用不仅有助于金融机构的业务发展,也为消费者带来了更好的金融服务体验。

金融领域应用大数据技术,可以通过对客户信息的分析,更好地进行风险控制和投资决策。银行可以通过数据分析对客户进行分类,对于不同的客户制定不同的信用风险评估标准,并根据客户的行为数据,定量计算客户信用风险。同时,银行也可以利用大数据的处理能力,进行股市趋势分析和投资策略制定。

总之,大数据技术正在改变着我们的生活和产业环境,它极大地提升了数据挖掘和数据处理能力,为我们提供了深入、全面、全新的信息视角,为我们提供了更多的商业机会和发展空间。

2. 在医疗领域

大数据技术被广泛应用于病患诊断、药物研发、流行病预测、医学研究和病患管理等方面。通过大数据技术,医疗机构可以更快速、更准确地分析病患数据,为病患提供更好的治疗方案和服务。

首先,在病患诊断方面,大数据技术可以帮助医生更准确地诊断病情。通过对大量的病例数据和病患个人信息进行分析,医生可以识别出疾病的发生规律和影响因素,提高诊断的准确性和效率。例如,通过对大规模的病例数据进行挖掘和分析,医生可以发现某些疾病之间的关联和潜在的病理机制,从而为病患提供更准确的诊断和治疗方案。

其次,在药物研发方面,大数据技术可以帮助研究人员更有效地筛选和优化药物候选。通过对大量的药物化合物数据和生物实验数据进行挖掘和分析,研究人员可以快速筛选出具有潜在药效的化合物,加速药物的研发周期。同时,通过对药物作用机制的数据进行分析,研究人员可以进一步优化药物设计和开发效率。

再次,大数据技术还可以应用于流行病预测方面。通过对历史疫情数据、人口流动数据和气象数据等大量信息进行分析和处理,研究人员可以预测流行病的发生趋势和传播规律,为预防和控制疫情提供科学依据。

最后,在医学研究方面,大数据技术可以帮助研究人员更全面地分析医学研究成果。通过对大量的医学论文和实验数据进行挖掘和分析,研究人员可以快速获取最新的研究成果和趋势,为研究方向提供参考。同时,通过对医学数据进行分析,研究人员还可以发现新的疾病治疗方法和药物作用机制。

另外,在病患管理方面,大数据技术可以帮助医疗机构更有效地管理病患的医疗信息和健康状况。通过实时收集和分析病患的医疗数据和健康状况信息,医疗机构可以更好地了解病患的健康状况和需求,为病患提供更个性化的治疗方案和服务。例如,通过对病患的医疗记录和健康数据进行挖掘和分析,医生可以制订更个性化的治疗方案和预防措施,提高病患的健康水平和治疗效果。

总之,大数据技术在医疗领域的应用可以帮助医疗机构更快速、更准确地分析病患数据,提高诊断和治疗方案的准确性和效率;加速药物研发的过程;预测流行病的发生趋势和传播规律;以及为病患提供更个性化的医疗服务和健康管理。这些应用不仅有助于提高医疗水平和治疗效果,也为病患带来了更好的健康保障和服务体验。

3. 在零售领域

大数据技术被广泛应用于客户分析、市场分析、销售预测、价格策略、产品推荐等方面。通过大数据技术,零售商可以更全面地了解市场需求和消费者行为,提高销售和客户满意度。

首先,在客户分析方面,大数据技术可以帮助零售商更准确地分析客户的行为和偏好。通过对大量的客户购买数据和行为数据进行挖掘和分析,零售商可以识别出不同客户群体的特点和需求,制定更精准的营销策略和客户服务方案。例如,通过分析客户的购买记录和浏览行为数据,零售商可以了解客户的购买习惯和喜好,为客户提供个性化的产品推荐和服务。

其次,在市场分析方面,大数据技术可以帮助零售商更全面地了解市场趋势和竞争对手的动态。通过对大量的市场数据进行分析和处理,零售商可以获取最新的市场趋势和竞争对手的销售情况、价格策略等信息,以便及时调整自身的经营策略。

再次,大数据技术还可以应用于销售预测方面。通过对历史销售数据和市场趋势进行分析,零售商可以预测未来的销售情况,为库存管理和采购计划提供科学依据。同时,通过对销售数据的实时监控和分析,零售商还可以及时发现销售热点和滞销品,调整商品结构和促销策略。

最后,大数据技术还可以应用于价格策略的制定方面。通过对市场需求、竞争对手的定价及消费者的购买行为进行分析,零售商可以制定更合理的价格策略,提高销售额和客户满意度。

总之,大数据技术在零售领域的应用可以帮助零售商更全面地了解市场需求和消费者行为;制定更精准的营销策略和客户服务方案;获取最新的市场趋势和竞争对手的动态;为库存管理和采购计划提供科学依据。这些应用不仅有助于提高销售额和客户满意度,也为零售商带来了更好的商业洞察和决策支持。

4. 在互联网领域

大数据技术被广泛应用于搜索引擎优化、用户行为分析、推荐系统、欺诈和恶意行为检测等方面。通过大数据技术，互联网公司可以更全面地了解用户的需求和行为，提高网站或应用程序的流量和用户黏性。

首先，在搜索引擎优化方面，大数据技术可以帮助互联网公司更准确地分析用户搜索的关键词和意图，提高搜索引擎的排名和用户体验。通过对大量的搜索数据进行分析和处理，互联网公司可以识别出不同用户群体的搜索特点和需求，优化网站的结构和内容，提高网站的搜索排名和流量。

其次，在用户行为分析方面，大数据技术可以帮助互联网公司更全面地了解用户的使用习惯和需求。通过对大量的用户行为数据进行分析和处理，互联网公司可以识别出不同用户群体的特点和需求，制定更精准的营销策略和用户体验优化方案。例如，通过分析用户的浏览记录、点击行为和购买行为等数据，互联网公司可以了解用户的购买偏好和购买习惯，为用户提供个性化的产品推荐和服务。

再次，大数据技术还可以应用于推荐系统方面。通过对用户的行为数据和历史购买数据进行挖掘和分析，互联网公司可以为用户推荐相关的产品和服务，提高用户的购买意愿和满意度。例如，通过分析用户的浏览记录和购买行为数据，互联网公司可以为用户推荐相关的产品和服务，提高用户的购买意愿和满意度。

最后，大数据技术还可以应用于欺诈和恶意行为检测方面。通过对大量的用户行为数据进行实时监控和分析，互联网公司可以及时发现欺诈行为和恶意评论等恶意行为，保护公司的利益和用户的权益。

5. 在电信领域

大数据技术被广泛应用于客户分析、市场分析、网络管理和优化等方面。通过大数据技术，电信运营商可以更全面地了解市场需求和客户行为，提高客户满意度和市场竞争力。

首先，在客户分析方面，大数据技术可以帮助电信运营商更准确地分析客户的行为和偏好。通过对大量的客户呼叫数据、流量数据和购买数据进行分析和处理，电信运营商可以识别出不同客户群体的特点和需求，制定更精准的营销策略和客户服务方案。例如，通过分析客户的通话记录和流量使用情况，电信运营商可以了解客户的通信习惯和需求，为客户提供个性化的套餐选择和服务。

其次，在市场分析方面，大数据技术可以帮助电信运营商更全面地了解市场的竞争格局和发展趋势。通过对大量的市场数据进行分析和处理，电信运营商可以获取最新的竞争对手动态和市场趋势信息，以便及时调整自身的经营策略。例如，通过分析竞争对手的套餐价格、流量使用情况等数据，电信运营商可以了解竞争对手的市场策略和市场反应,制定更合理的竞争策略。

最后,大数据技术还可以应用于网络管理和优化方面。通过对网络流量、负载和使用情况进行实时监控和分析,电信运营商可以及时发现网络拥堵和故障等问题,优化网络结构和管理维护方案。例如,通过分析网络流量数据和故障报告数据,电信运营商可以确定网络瓶颈和故障易发区域,制订更合理的维护计划和管理方案。

总之,大数据技术在互联网和电信领域的应用可以帮助相关公司更全面地了解市场需求和客户行为;制定更精准的营销策略和客户服务方案;获取最新的市场趋势和竞争对手的动态;为网络管理和优化提供科学依据。这些应用不仅有助于提高公司的竞争力和市场占有率,也为公司和客户带来了更好的商业洞察和服务体验。

6. 在物流领域

大数据技术被广泛应用于路线优化、仓库管理、预测分析等方面。通过大数据技术,物流公司可以更全面地了解运输和仓储的情况,提高效率和减少成本。

首先,在路线优化方面,大数据技术可以帮助物流公司更准确地分析运输路线的拥堵情况、天气影响和交通状况等因素,优化运输路线和时间。通过对大量的交通数据和气象数据进行处理和分析,物流公司可以识别出不同路线的特点和优劣势,选择最优的运输路线和时间。例如,通过分析历史交通数据和气象数据,物流公司可以预测某条路线的运输时间和成本,制定更合理的运输方案。

其次,在仓库管理方面,大数据技术可以帮助物流公司更全面地了解仓库的库存情况、进货和出货情况以及存储条件等因素,优化仓库管理和运营效率。通过对大量的库存数据和运营数据进行处理和分析,物流公司可以实时监控仓库的运营情况和管理库存水平。例如,通过分析库存数据和销售数据,物流公司可以及时调整库存水平和存储条件,提高库存周转率和降低成本。

最后,大数据技术还可以应用于预测分析方面。通过对历史运输数据、销售数据和天气数据进行挖掘和分析,物流公司可以预测未来的运输需求和趋势,提前制订合理的运输计划和资源调配方案。例如,通过分析历史销售数据和天气数据,物流公司可以预测未来一段时间内的运输需求和趋势,提前安排车辆和人员等资源,提高运输效率和减少成本。

总之,大数据技术在物流领域的应用可以帮助物流公司更全面地了解运输和仓储的情况;制定更合理的运输方案和仓库管理方案;提高运输效率和减少成本;为预测分析提供科学依据。这些应用不仅有助于提高物流公司的竞争力和市场占有率,也为公司和客户带来了更好的商业洞察和服务体验。

3.4 人工智能技术

人工智能技术是指让计算机能够像人一样进行学习、推理以及自我改进的技术。它是计算机科学、软件工程、数据科学和统计学等领域的综合应用,正在成为当前最具前景的技术之一。下面我们来深入了解一下与人工智能相关的技术。

3.4.1 机器学习

机器学习是指让计算机通过学习数据,根据已有规则对新数据进行处理和决策的一种学习方法。其实现方式包括监督式学习、无监督式学习及强化学习。监督式学习是指为计算机提供具有标记的输入和输出数据,训练计算机正确地识别该类别的数据。无监督式学习是指为计算机提供输入数据而无须提供特定的输出,训练计算机将该数据分为不同的类别。强化学习是一种学习机制,其设定奖励与惩罚的机制鼓励计算机找到最优的行动策略。

机器学习是一门跨学科的学科,它使用计算机模拟或实现人类学习行为,通过不断地获取新的知识和技能,重新组织已有的知识结构,从而提高自身的性能。机器学习涉及多个学科,如概率论、统计学、逼近论、凸分析、算法复杂度理论等。

机器学习的主要任务是通过对数据进行分析和建模,从中发现规律和模式,并利用这些规律和模式对未知数据进行预测和分类。机器学习的基本原理是,通过训练数据集进行学习,并对未知数据进行预测。训练数据集是由带有标签的数据组成的,标签可以是已知的数据分类或回归结果。

机器学习的主要分类包括监督学习、无监督学习和强化学习。监督学习是指根据带有标签的数据进行训练,并对未知数据进行预测。无监督学习是指在没有标签的情况下,通过对数据进行聚类、降维等操作,发现数据中的结构和模式。强化学习是指通过与环境的交互进行学习,并利用所学知识对环境进行适应和优化。

机器学习的应用非常广泛,包括但不限于以下几个方面。

(1)语音识别和自然语言处理。机器学习可以帮助计算机理解和分析人类语言,实现语音识别、文本分类、情感分析等功能。

语音识别和自然语言处理是机器学习在人工智能领域的重要应用之一。下面将通过一些具体的例子来说明机器学习如何帮助计算机理解和分析人类语言,实现语音识别、文本分类、情感分析等功能。

①语音识别。语音识别是指将人类语音转换成文本的过程。机器学习在语音

识别中扮演了关键角色。传统的语音识别方法通常是基于人工规则和特征提取技术的,但这些方法往往难以应对复杂的语言环境和不同的说话风格。而基于深度学习的语音识别技术取得了重大突破,使得语音识别的准确率和鲁棒性得到了显著提高。

以下是一个基于深度学习的语音识别的例子。在这个例子中,使用循环神经网络(RNN)和长短时记忆网络(LSTM)等深度学习模型对语音数据进行训练,以识别语音中的文字。首先,将语音信号转换成特征向量,这些特征向量包含了语音的时域和频域信息。其次,将这些特征向量输入到深度学习模型中进行训练,通过反向传播算法优化模型的参数,使得模型可以自动学习到语音到文本的映射关系。最后,在测试阶段,将新的语音信号转换成特征向量,并使用训练好的模型进行识别,得到对应的文本结果。

②文本分类。文本分类是指将文本按照不同的类别进行划分。机器学习可以帮助计算机自动学习和识别文本中的特征,并进行分类。常见的文本分类任务包括垃圾邮件分类、新闻分类和主题分类等。

以下是一个基于深度学习的文本分类的例子。在这个例子中,使用卷积神经网络(CNN)和全链接层等深度学习模型对文本数据进行训练,以实现文本分类。首先,将文本数据预处理成词向量,这些词向量包含了每个单词的语义信息。其次,将这些词向量输入到深度学习模型中进行训练,通过反向传播算法优化模型的参数,使得模型可以自动学习到文本到类别的映射关系。最后,在测试阶段,将新的文本数据输入到训练好的模型中进行分类,得到对应的类别结果。

③情感分析。情感分析是指对文本中的情感倾向进行分析和判断。机器学习可以帮助计算机学习和识别文本中的情感特征,并进行情感分类。常见的情感分析任务包括电影评论情感分类、微博情感分析和产品评论情感分析等。

以下是一个基于深度学习的情感分析的例子。在这个例子中,使用循环神经网络(RNN)和长短时记忆网络(LSTM)等深度学习模型对文本数据进行训练,以实现情感分析。首先,将文本数据预处理成词向量,这些词向量包含了每个单词的情感信息。其次,将这些词向量输入到深度学习模型中进行训练,通过反向传播算法优化模型的参数,使得模型可以自动学习到情感到类别的映射关系。最后,在测试阶段,将新的文本数据输入到训练好的模型中进行情感分类,得到对应的情感结果。

总之,机器学习在语音识别、文本分类和情感分析等方面都取得了显著的进展和应用。这些应用不仅提高了人工智能的准确性和鲁棒性,也为我们提供了更加便捷、智能和高效的服务。

（2）图像识别和计算机视觉。机器学习可以识别图像中的对象、人脸、车牌等，还可以实现图像分类、目标检测等功能。

图像识别和计算机视觉是机器学习在人工智能领域的另一个重要应用。下面将通过一些具体的例子来说明机器学习如何识别图像中的对象、人脸、车牌等，并实现图像分类、目标检测等功能。

①对象识别。对象识别是指识别图像中的特定对象。机器学习可以帮助计算机自动学习和识别图像中的各种对象，例如动物、植物、人造物品等。

以下是一个基于深度学习的对象识别的例子。在这个例子中，使用卷积神经网络和全连接层等深度学习模型对大量图像数据进行训练，以识别图像中的对象。首先，将图像数据预处理成图像特征向量，这些特征向量包含了图像的纹理、形状和颜色等特征。其次，将这些特征向量输入到深度学习模型中进行训练，通过反向传播算法优化模型的参数，使得模型可以自动学习到图像到对象的映射关系。最后，在测试阶段，将新的图像数据输入到训练好的模型中进行对象识别，得到对应的对象结果。

②人脸识别。人脸识别是指识别图像中的人脸特征，并进行身份认证。机器学习在人脸识别领域有着广泛的应用，例如手机解锁、门禁系统等。

以下是一个基于深度学习的人脸识别的例子。在这个例子中，使用卷积神经网络和全连接层等深度学习模型对大量人脸图像数据进行训练，以实现人脸识别。首先，将人脸图像数据预处理成人脸特征向量，这些特征向量包含了人脸的纹理、形状和五官位置等特征。其次，将这些特征向量输入到深度学习模型中进行训练，通过反向传播算法优化模型的参数，使得模型可以自动学习到人脸到身份的映射关系。最后，在测试阶段，将新的人脸图像数据输入到训练好的模型中进行人脸识别，得到对应的身份结果。

③车牌识别。车牌识别是指识别图像中的车牌号码信息，并进行车辆管理。机器学习在车牌识别领域有着广泛的应用，例如智能交通系统、停车场管理等。

以下是一个基于深度学习的车牌识别的例子。在这个例子中，使用卷积神经网络和全连接层等深度学习模型对大量车牌图像数据进行训练，以实现车牌识别。首先，将车牌图像数据预处理成车牌特征向量，这些特征向量包含了车牌的字符形状、颜色和排列等特征。其次，将这些特征向量输入到深度学习模型中进行训练，通过反向传播算法优化模型的参数，使得模型可以自动学习到车牌到字符的映射关系。最后，在测试阶段，将新的车牌图像数据输入到训练好的模型中进行车牌识别，得到对应的字符结果。

④图像分类。图像分类是指将图像按照不同的类别进行划分。机器学习可以

帮助计算机自动学习和识别图像中的特征,并进行分类。常见的图像分类任务包括图片分类、商标分类和景观分类等。

以下是一个基于深度学习的图像分类的例子。在这个例子中,使用卷积神经网络(CNN)和全连接层等深度学习模型对大量图像数据进行训练,以实现图像分类。首先,将图像数据预处理成图像特征向量,这些特征向量包含了图像的纹理、形状和颜色等特征。然后,将这些特征向量输入到深度学习模型中进行训练,通过反向传播算法优化模型的参数,使得模型可以自动学习到图像到类别的映射关系。最后,在测试阶段将新的图像数据输入到训练好的模型中进行分类,得到对应的类别结果。

⑤目标检测。目标检测是指识别图像中的特定目标并定位其位置。机器学习可以帮助计算机自动学习和检测目标的位置、大小和形状等特征,目标检测常应用于安防监控智能交通等领域。以下是一个基于深度学习的目标检测的例子,在这个例子中使用卷积神经网络(CNN)和全连接层等深度学习模型,对大量带标注的图像数据进行训练,以实现目标检测。首先,将图像数据预处理成图像特征向量这些特征向量包含了图像的纹理、形状和颜色等特征,同时标注出每个图像中目标的位置、大小和形状等信息。其次,将这些特征向量输入到深度学习模型中进行训练,通过反向传播算法优化模型的参数,使得模型可以自动学习到目标检测的映射关系。最后,在测试阶段将新的图像数据输入到训练好的模型中进行目标检测,得到对应的目标位置信息以及其大小和形状等信息

(3)推荐系统。机器学习可以帮助网站或应用根据用户的历史行为和偏好,推荐相关的内容或产品。

推荐系统是一种基于机器学习的智能推荐引擎,它可以根据用户的历史行为和偏好,向用户推荐相关的内容或产品。下面是一个详细的例子来说明推荐系统如何工作。

假设你正在浏览一个电商网站,你曾经购买过一些产品,比如鞋子、衣服和裤子等。现在,你想购买一条新的裤子。当你浏览网站时,推荐系统会根据你的历史购买记录和浏览行为,向你推荐一些相关的裤子。

具体来说,推荐系统会进行以下步骤:

①数据收集:首先,推荐系统会收集你的历史购买记录和浏览行为数据。这些数据可能包括你曾经浏览过的页面、购买过的产品、评价过的产品等。

②数据预处理:其次,推荐系统会对收集到的数据进行清洗、去重和特征提取等预处理操作。例如,它会去除重复的数据,将文本数据转换为数值型数据等。

③模型训练:再次,推荐系统会使用一种或多种机器学习算法来训练模型。这

些算法可能包括协同过滤、内容过滤、混合推荐等。通过训练模型,推荐系统可以学习到你的历史行为模式和偏好。

④推荐生成:在模型训练完成后,推荐系统会根据你的历史行为和偏好,生成一些与你相关的推荐结果。这些结果可能包括一些你可能会购买的产品、你可能感兴趣的页面等。

⑤用户反馈:最后,推荐系统会将生成的推荐结果展示给你,并收集你的反馈信息。如果你对某个推荐结果感兴趣或者购买了某个产品,推荐系统将会更新你的历史行为数据和偏好信息,以改进未来的推荐结果。

需要注意的是,推荐系统的设计和实现是一个复杂的过程,需要考虑很多因素,比如数据的稀疏性、冷启动问题、实时性等。因此,选择合适的机器学习算法和优化策略是实现一个高效推荐系统的关键。

(4)医疗诊断。机器学习可以通过分析医疗数据,辅助医生进行疾病诊断和治疗方案制定。

医疗诊断是一种利用医学知识对患者的症状、病史、检查结果等进行综合分析,以确定其疾病种类、病情严重程度及治疗方案的过程。而机器学习可以通过分析大量的医疗数据,辅助医生进行疾病诊断和制定治疗方案。

下面是一个详细的例子来说明机器学习如何应用于医疗诊断:

假设我们有一个大型医院,该医院收集了大量的患者数据,包括患者的病史、家族史、症状、检查结果等。现在,我们需要利用这些数据来辅助医生进行某种疾病的诊断和治疗方案制定。

首先,我们需要进行数据收集和预处理。我们将收集到的患者数据分为训练集和测试集,其中训练集用于训练模型,测试集用于评估模型的性能。然后,我们需要对数据进行清洗、去重、特征提取等操作,以便于机器学习算法的处理。

其次,我们可以选择一些常见的机器学习算法来进行建模,比如决策树、支持向量机、逻辑回归、神经网络等。我们可以通过调整模型的参数和选择合适的特征,来提高模型的准确性和泛化能力。

在模型训练完成后,我们可以使用测试集来评估模型的性能。评估指标可能包括准确率、召回率、F1 值等。如果模型的性能不理想,我们可以调整模型参数或者重新选择算法来进行优化。

最后,我们将训练好的模型集成到医疗诊断系统中,以辅助医生进行疾病诊断和治疗方案制定。例如,当医生需要对一个患者进行诊断时,可以先将该患者的信息输入到诊断系统中,系统会自动输出该患者患有某种疾病的概率及相应的治疗方案建议。医生可以根据这些建议并结合自己的医学知识进行最终的诊断和治疗决策。

需要注意的是,机器学习在医疗诊断中的应用仍存在一些挑战。例如,医疗数据的收集和标注是一个非常耗时且复杂的过程;同时,由于不同医生对疾病的诊断方法和治疗策略可能存在差异,因此需要大量的训练数据来保证模型的泛化能力。此外,由于医疗行业的特殊性质,机器学习模型的透明度和可解释性也是一个需要关注的问题。

综上所述,机器学习可以通过分析医疗数据辅助医生进行疾病诊断和治疗方案制定。虽然存在一些挑战,但随着技术的不断发展和应用场景的不断扩大,相信机器学习在医疗领域的应用将会越来越广泛和深入。

(5)金融风控。机器学习可以通过分析金融数据,识别欺诈行为、预测市场走势等功能。

总之,机器学习是实现人工智能的一种重要方法,它通过对数据进行分析和建模,发现规律和模式,并利用这些规律和模式对未知数据进行预测和分类。机器学习的应用非常广泛,涉及各个领域。

3.4.2　自然语言处理

自然语言处理(natural language processing,NLP)是指让计算机能够理解和进行对话的人类语言的技术。其实现方法包括统计学习、规则学习及深度学习等。人工智能技术的进步促进了自然语言处理技术的升级,使得人们可以利用语音助手与计算机进行互动交流。

自然语言处理是一种让计算机理解和进行对话的人类语言的技术。NLP 的研究和应用涵盖了多个领域,包括机器翻译、舆情分析、自动摘要、观点提取、文本分类、问题回答、文本语义对比、语音识别、中文 OCR 等领域。

实现 NLP 的方法主要包括基于规则的方法、统计学习方法和深度学习方法。

(1)基于规则的方法。这种方法主要依赖于人工设定的规则和模式来理解语言。例如,早期的语音识别系统主要依赖于基于规则的方法。然而,这种方法需要大量的人力来设定和调整规则,而且很难覆盖所有的语言现象。

(2)统计学习方法。这种方法是通过分析大量的语料库来学习语言的模式和结构。例如,词向量(word embeddings)就是一种通过统计学习方法得到的表示词汇语义的向量。统计学习的方法在 NLP 的很多任务中都取得了很大的成功,特别是在机器翻译和文本分类等任务上。

(3)深度学习方法。深度学习是机器学习的一个分支,其特点是使用深层神经网络来学习和理解数据的复杂模式。在 NLP 中,深度学习的方法如循环神经网络(RNN)、长短期记忆网络(LSTM)和转换器网络(Transformers)等已经被广泛使用于文本生成、翻译、问答等任务。

随着人工智能技术的不断进步,NLP 的技术也在不断升级和优化。现在,我们可以通过语音助手与计算机进行互动交流,实现诸如查询信息、发送消息、预订服务等操作。例如,苹果的 Siri、亚马逊的 Alexa 和谷歌助手等都是利用 NLP 技术实现的语音助手。它们能够理解人类的语言输入,并给出相应的回应和建议,从而为人们提供更方便和高效的服务。

总的来说,NLP 技术的发展和应用不仅推动了人工智能技术的进步,也为人们的生活和工作带来了更多的便利和可能性。

3.4.3　计算机视觉

计算机视觉是一种让计算机能够理解和分析视觉图像的技术。其主要应用领域包括物体识别、人脸识别、图像分类、图像检索等。随着大数据、深度学习的发展,计算机视觉技术得到了进一步拓展。

计算机视觉是一种让计算机能够理解和分析视觉图像的技术。它涉及的领域非常广泛,包括物体识别、人脸识别、图像分类、图像检索等。

物体识别是计算机视觉的一个重要应用领域,它是指让计算机能够识别和理解图像中的物体。例如,在智能监控中,物体识别可以帮助安全系统自动识别和报警异常行为;在智能交通中,物体识别可以帮助自动驾驶车辆识别和避让行人和其他车辆;在医疗领域,物体识别可以帮助医生自动识别和诊断疾病。

人脸识别是计算机视觉的另一个重要应用领域,它是指让计算机能够识别和理解人脸图像。例如,在安全领域,人脸识别可以帮助公安系统自动识别和抓捕犯罪嫌疑人;在金融领域,人脸识别可以帮助银行自动核实身份和办理业务;在社交媒体领域,人脸识别可以帮助社交媒体平台自动识别和推荐好友。

图像分类是计算机视觉的另一个应用领域,它是指让计算机能够根据图像的内容对图像进行分类。例如,在电子商务中,图像分类可以帮助电商平台自动识别和分类商品;在新闻媒体中,图像分类可以帮助媒体机构自动分类和归档图片和视频。

图像检索是计算机视觉的另一个应用领域,它是指让计算机能够根据图像的内容进行检索。例如,在搜索引擎中,图像检索可以帮助用户通过上传图片或输入关键词来检索相关的图片;在智慧城市中,图像检索可以帮助城市管理部门自动检索和监测城市环境和设施。

随着大数据和深度学习技术的发展,计算机视觉技术得到了进一步的拓展。

大数据技术的发展为计算机视觉提供了更多的训练数据和测试数据,使得计算机视觉系统的准确性和可靠性得到了提高。深度学习技术的发展则为计算机视觉提供了更加强大的特征提取和分类能力,使得计算机视觉系统的性能得到了大幅提升。

总之,计算机视觉是一种非常强大的技术,它可以应用于许多领域,如安全监控、智能交通、医疗保健、金融等。随着技术的不断发展,计算机视觉的应用领域也将不断扩大和完善。

3.4.4 机器人技术

机器人技术是从传统的控制技术、自动化技术向人工智能技术的发展方向转变的一种技术。现在的机器人技术能够与环境进行交互、感知和理解环境以及完成各种操作任务。

机器人技术是一种不断发展和演进的科技领域,它从传统的控制技术和自动技术向人工智能技术的发展方向转变。现在的机器人技术已经能够与环境进行交互、感知和理解环境以及完成各种操作任务。

在传统的控制技术和自动化技术中,机器人被视为一种能够自动执行一系列操作任务的机器。例如,在汽车制造中,机器人可以自动完成焊接、装配、喷漆等操作。这些机器人通常是由人类进行编程和控制,它们按照预设的程序执行操作任务。

随着人工智能技术的发展,机器人技术也得到了进一步的发展。现代的机器人技术已经能够实现更加智能化和自主化的操作。例如,在智能家居中,机器人可以自动执行家务任务,如扫地、擦窗等。这些机器人通常配备了多种传感器和摄像头,可以感知和理解周围环境,并能够自主导航和完成任务。

此外,现代的机器人技术还应用了机器学习和深度学习等技术,使得机器人能够通过学习和训练来提高自己的性能和表现。例如,在围棋比赛中,机器人可以通过学习和训练来提高自己的棋艺水平,并能够与人类进行比赛。

总之,人工智能技术正在大力推动着当前科技的发展。它不断推动着各行业、各领域的改变和创新,如智慧城市、智能家居、医疗保健、金融、交通出行等领域。人工智能技术必将为我们提供更多全新的服务和生活方式,同时也将带来巨量的商业机会和发展前景。

3.5　智能硬件技术

随着人工智能技术的快速发展,智能硬件技术也变得越来越重要。它是指将人工智能技术应用到硬件产品中,实现智能化的硬件设备。智能硬件可以使物联网应用变得更加便捷,同时可以满足人们对更加便捷、高效和安全的生活需求。接下来,我们将介绍一些与智能硬件技术相关的方面。

3.5.1　传感器技术及应用

传感器技术指的是通过一系列的传感器来检测环境信息,包括温度、湿度、光线等,然后将这些数据传输到智能硬件设备上进行分析和处理。传感器的应用范围非常广泛,包括智能家居、智能门锁、自动驾驶汽车等。

传感器技术在实际应用中具有广泛的应用前景。以下是一些常见的传感器应用:

1. 物流设备

在物流设备中,传感器被广泛应用于货架占用情况的监视、堆垛机的安全保障、水平方向距离的测量、巷道货物掉落监测、堆垛机托盘损坏检测以及移动终端位置监测等。这些传感器技术的应用有助于提高物流效率和降低成本。

2. 机器健康监测

利用智能传感器中的加速度计,可以持续监测关键设备的振动模式,以识别潜在的损坏,并及时进行维护。此外,通过控制空气湿度,可以确保机器的健康状态。

3. 生产过程优化

连续测量车间的环境温度和湿度有助于规避可能扰乱生产的无用的环境变化。将机器振动和环境数据与记录的工艺参数相结合,进一步揭示降低生产产出的隐藏的低效率。

4. 冷链监控

在生产阶段之外,许多行业中的易腐产品,如药品和食品饮料,需要严格控制存储条件。通过使用传感器技术,可以实时监控存储条件,确保产品质量。

5. 非公路车队管理

对分布在大型工业厂房内的车辆进行管理是一项巨大的挑战。通过使用传感器技术,可以实时监控车辆的位置和状态,提高车队管理的效率和准确性。

此外,传感器技术还应用于室内气候调节、环境保护、医疗诊断等领域。随着技术的不断发展,传感器技术的应用前景将更加广泛。

3.5.2 无线通信技术

通过无线通信技术,智能硬件设备可以实现与其他设备的联网,使得用户可以远程控制家庭设备、监控房屋、车辆等等。蓝牙、WiFi、Zigbee 等通信技术都可以被应用到智能硬件设备上,使其获得更加丰富的功能和更高的智能化程度。

无线通信技术是实现智能硬件设备互联互通的关键。通过蓝牙、WiFi、Zigbee 等通信技术,智能硬件设备可以与其他设备建立无线连接,实现信息的传输和远程控制。

1. 蓝牙

蓝牙是一种短距离无线通信技术,适用于较小范围(10 米内)的文件传输、设备控制等。蓝牙技术适用于一些智能家居设备,如智能灯泡、智能门锁等。

2. WiFi

WiFi 是一种将个人电脑、手持设备等终端设备以无线方式互相连接的技术。WiFi 可以实现较远距离的数据传输和控制,因此在智能硬件设备中应用广泛。例如,可以通过 WiFi 连接手机、平板电脑等设备,实现远程控制智能家居设备、监控房屋等。

3. Zigbee

Zigbee 是一种低速率的短距离无线通信技术,适用于低功耗设备之间的数据传输和控制。Zigbee 技术适用于一些传感器设备和智能硬件设备之间的信息交换,如智能照明、智能安防等。

除了以上通信技术,还有 NFC(近场通信)等其他无线通信技术也可以被应用到智能硬件设备中,实现更加丰富的功能和更高的智能化程度。随着技术的不断发展和应用场景的不断扩大,我们可以期待更多的无线通信技术被应用到智能硬件设备中,为用户带来更加便捷和智能化的生活体验。

3.5.3 机器学习技术

机器学习技术可以为智能硬件设备带来许多优势。通过分析用户的行为和使用模式,机器学习可以帮助智能硬件设备更好地理解用户的需求和习惯,从而提供更加个性化和智能化的服务。以下是机器学习在智能硬件设备中的一些应用。

1. 指令解释

机器学习可以帮助智能硬件设备理解并解析用户的指令。例如,语音识别技术可以识别用户的语音指令,并将其转换为机器可读的命令,以控制智能家居设备。通过机器学习算法的训练,智能硬件设备可以逐渐提高指令解析的准确性和效率。

2. 预测性问题解决

通过分析用户的历史数据和行为模式,机器学习可以帮助智能硬件设备预测用户的需求和行为。例如,通过分析用户的用电历史和时间,机器学习模型可以预测用户在未来的用电量,从而提前进行电力调度和分配,以保障电力供应的稳定性和可靠性。

3. 个性化推荐

机器学习可以帮助智能硬件设备根据用户的使用习惯和偏好,提供个性化的推荐和服务。例如,智能音乐播放器可以通过分析用户的听歌历史和偏好,推荐类似的音乐和歌手,以提升用户的音乐体验。

4. 自动化控制

通过机器学习算法的训练,智能硬件设备可以学习用户的控制模式和习惯,从而自动地进行设备控制和调整。例如,智能空调可以通过学习用户的温度调整习惯,自动地进行温度调节,以提供更加舒适的生活环境。

5. 异常检测和处理

机器学习可以帮助智能硬件设备检测和处理异常情况。例如,通过分析设备的运行数据和状态,机器学习模型可以检测设备的异常磨损或故障,并及时地进行维护和更换,以保障设备的稳定性和可靠性。

一些常见的机器学习算法包括决策树、随机森林、神经网络等。这些算法可以被应用到智能硬件设备上,以实现更加智能化和个性化的服务。例如,决策树和随机森林可以用于分类和回归问题的解决,而神经网络则可以用于复杂的模式识别和预测性问题。通过不断训练和优化这些算法,智能硬件设备可以逐渐提高其智能化程度和服务质量。

3.5.4 机器人技术

智能家居系统中的机器人技术越来越普及,这些智能机器人设备通过人工智能技术和感知技术来与用户进行交互,并且可以处理信息、学习、规划和执行任务。机器人技术可以应用于家庭服务、保洁、配送、安全监控等方面。

总之,智能硬件技术的发展正日益增长,它为我们的生活和工作带来了很多便利性和提高效率的前景。随着技术的进一步发展和成熟,我们相信智能硬件技术将带给我们更加颠覆性和创新性的生活方式。

3.6 智慧物流的技术演变

随着信息技术的不断发展,物流行业也在积极地应用新的技术来提升自身的效率和服务质量。智慧物流就是其中一个关键的应用领域,通过整合物流信息、优化物流流程,实现智能化的物流链管理。接下来我们将介绍智慧物流的技术演变。

3.6.1 自动化仓储

自动化仓储是智慧物流的重要组成部分,它利用先进的自动化技术和设备,对货物进行高效、准确的存储、管理和分拣,以实现物流的快速、准确和高效。以下是自动化仓储主要应用的技术:

1. 自动升降机

自动升降机是用于货物垂直方向上的运输,它可以根据需要自动升降,以实现货物的上下运输。在自动升降机上,通常会配备有传感器和控制系统,以实现升降的自动化和安全性。

2. 自动分拣机

自动分拣机是用于货物的自动分拣,它可以根据订单信息将货物自动分配到指定的位置或运输设备上。自动分拣机通常会配备有传感器和控制系统,以实现分拣的准确性和效率。

3. 自动输送线

自动输送线是用于货物水平方向上的运输,它可以将货物从一个地点输送到另一个地点。自动输送线通常会配备有传感器和控制系统,以实现输送的自动化和准确性。

4. 机器人技术

机器人技术也是自动化仓储中的一项重要技术,它可以实现货物的自动化搬运和分拣。机器人通常会配备有传感器和控制系统,以实现货物的准确性和安全性。

5. 数据分析技术

数据分析技术可以对仓储数据进行实时监控和分析,以实现仓储的优化和管理。通过数据分析技术,可以获得货物的销售情况、库存情况等信息,从而更好地制定物流策略。

自动化仓储的实现需要将上述技术进行集成和优化,以实现货物的自动化管理和流程控制。在自动化仓储中,通常会配备有传感器和控制系统,以实现货物的准确性和安全性。同时,自动化仓储还需要与其他物流环节进行集成和优化,以实现整个物流过程的自动化和高效性。

3.6.2　物联网与传感器技术

物联网和传感器技术是智慧物流的两大核心技术,它们在物流流程中扮演着至关重要的角色。通过物联网和传感器技术,可以将物流中的物品及信息与互联网相连通,从而实现信息的实时传递、交互和共享。

1. 物联网技术

物联网技术是一种基于互联网和通信技术的网络,它将物理世界中的各种"事物"与互联网连接起来,实现信息的交互和共享。在智慧物流中,物联网技术可以对物流中的各种信息进行采集、传输和处理,包括物品的位置、状态、属性等信息,从而实现对物流过程的实时监控和管理。

例如,在物流运输中,通过物联网技术可以将车辆、货物、驾驶员等信息进行采集和传输,实现对运输过程的实时监控和追踪。同时,通过物联网技术还可以将收集到的信息进行分析和处理,为物流决策提供更加准确的数据支持。

2. 传感器技术

传感器是一种能够感受并传递信息的装置,它可以检测到物理、化学、生物等信息,并将这些信息转化为电信号或数字信号进行传输和处理。在智慧物流中,传感器技术可以实现对物品的实时监测和追踪,同时也可以收集到更加准确的物流信息。

例如,在仓库管理中,通过传感器技术可以检测到仓库内的温度、湿度、光照等信息,从而实现对仓库环境的智能调节。同时,通过传感器技术还可以实现对货物的识别、计数、分类等信息的管理,提高仓库管理的效率和准确性。

总之,物联网和传感器技术在智慧物流中扮演着至关重要的角色,它们可以实现物流流程的自动化、智能化和精准化,提高物流的效率和安全性。同时,随着技术的不断发展和应用,智慧物流也将迎来更加广阔的发展空间。

3.6.3　大数据分析

随着物流系统中各环节信息的不断增加,如何有效地对这些信息进行分析和应用确实成为了智慧物流面临的又一技术挑战。在这个背景下,大数据分析技术为物流企业提供了一个强大的工具,帮助企业更好地预测市场需求、更准确地掌握物流运输情况,从而降低企业成本和提高物流运输效率。

1. 大数据分析技术的应用

大数据分析技术是一种基于数据挖掘、统计学、计算机科学等多学科的技术，能够对海量数据进行实时或准实时的处理和分析。在智慧物流中，大数据分析技术可以应用于以下几个方面：

(1)需求预测：通过分析历史销售数据、市场趋势、季节性变化等因素，利用大数据分析技术对未来的市场需求进行预测。这可以帮助物流企业提前做好库存管理和运输计划的安排，减少库存积压和降低运输成本。

(2)路径优化：在物流运输过程中，通过大数据分析技术对运输路径进行优化，选择最短或最优的运输路线，以降低运输时间和成本。同时，还可以根据实时交通信息、天气预报等数据，动态调整运输路线，确保货物按时到达。

(3)仓库管理：通过在仓库中安装传感器和 RFID 等技术，实时收集货物的位置、数量、质量等信息。利用大数据分析技术对这些信息进行处理，可以实现仓库的智能化管理，提高仓库的利用率和货物周转率。

(4)风险管理：通过分析历史数据和实时信息，利用大数据分析技术对物流过程中可能出现的风险进行预测和识别，并制定相应的应对措施，降低物流风险。

2. 大数据分析技术对智慧物流的影响

大数据分析技术的应用对智慧物流产生了深远的影响：

(1)提高物流决策的准确性和效率：通过大数据分析技术对物流信息的处理和应用，可以使物流企业更加准确地了解市场需求和运输情况，从而做出更加科学、合理的决策，提高企业的竞争力和运营效率。

(2)降低企业成本和提高运输效率：通过大数据分析技术对运输路径的优化和对市场需求的预测，可以帮助物流企业降低运输成本和提高运输效率，减少库存积压和滞销等情况的发生。

(3)提高客户满意度和服务质量：通过大数据分析技术对客户需求的了解和预测，可以为物流企业提供更加个性化的服务和产品，提高客户满意度和服务质量，增加客户忠诚度和企业品牌价值。

总之，大数据分析技术在智慧物流中的应用可以帮助物流企业更好地应对信息爆炸和技术挑战带来的挑战，提高企业的竞争力和运营效率，同时也为客户提供了更加优质的服务和产品。

3.6.4 人工智能和机器学习

随着物流系统中各环节信息的不断增加，如何对这些信息进行分析和应用确实是智慧物流所面临的技术挑战。在物流系统中，人工智能(AI)和机器学习

(ML)的应用通过数据分析和模型预测等技术手段,可以精准预测货物运输情况和未来需求,从而更好实现物流计划和运输调度。同时,它们还可以帮助企业更好地实施风险管理。

1.人工智能和机器学习在物流系统中的应用

人工智能和机器学习在物流系统中的应用主要体现在以下几个方面:

(1)数据分析:利用人工智能和机器学习技术,可以对海量的物流数据进行高效、精准的分析。这些数据包括历史销售数据、运输数据、库存数据等,通过这些数据的分析,可以深入了解货物的运输情况、销售情况以及库存情况等,为企业制定更加精准的物流计划提供数据支持。

(2)模型预测:人工智能和机器学习可以通过建立预测模型,对未来的市场需求、货物运输情况等进行精准预测。例如,利用时间序列分析模型可以预测未来一段时间内的销售量,帮助企业提前做好库存规划和运输计划的安排。

(3)风险管理:人工智能和机器学习可以通过对历史数据进行分析和学习,识别出可能存在的风险因素,并预测可能出现的风险情况。在此基础上,企业可以制定相应的风险管理措施,降低物流风险。

(4)优化路径选择:通过人工智能和机器学习技术,可以对物流运输路径进行优化选择。这可以帮助企业选择最短或最优的运输路线,以降低运输成本和提高运输效率。

2.人工智能和机器学习对物流系统的影响

人工智能和机器学习在物流系统中的应用对企业的运营和管理产生了深远的影响:

(1)提高决策效率:通过人工智能和机器学习技术的应用,企业可以获得更加精准的物流数据分析和预测结果,这可以帮助企业做出更加科学、合理的决策,提高决策的效率和准确性。

(2)降低运营成本:人工智能和机器学习技术的应用可以帮助企业优化物流运输路径选择、精准预测市场需求等,这可以减少不必要的运输成本和库存成本,从而降低企业的运营成本。

(3)提高服务质量:通过人工智能和机器学习技术的应用,企业可以提供更加个性化的服务和产品,提高客户满意度和服务质量,增加客户忠诚度和企业品牌价值。

人工智能和机器学习在物流系统中的应用可以帮助企业更好地应对信息爆炸和技术挑战带来的挑战,提高企业的竞争力和运营效率,同时也为客户提供了更加优质的服务和产品。

总之,智慧物流的技术演变为物流企业提供了更加智能化、高效化、精准化、安全化的服务,同时也为行业提高效率、降低成本、提高质量、提升竞争力奠定了坚实的技术基础。

结　　论

根据对智慧物流的技术演变分析研究,可以得出以下结论:

1. 物联网技术

物联网技术是智慧物流的重要基础,它使得物流过程中的各个环节能够实时地、自动地相互连接和通信。通过物联网技术,企业可以实时追踪货物状态,优化运输路径,提高物流效率。

2. 云计算技术

云计算为智慧物流提供了强大的数据处理和分析能力。通过云计算,企业可以存储和分析大量的物流数据,从而更好地理解物流流程,发现潜在的改进空间,并制定出更有效的策略。

3. 大数据技术

大数据技术为智慧物流提供了宝贵的信息资源。通过对海量的数据进行分析,企业可以预测未来的物流需求,优化资源配置,提高物流服务的精准度和效率。

4. 人工智能技术

人工智能技术为智慧物流提供了智能化的决策支持。利用人工智能,企业可以实现自动化决策,如路径规划、库存管理、预测分析等,从而提高决策效率和准确性。

5. 智能硬件技术

智能硬件技术是实现智慧物流的重要工具。智能硬件可以自动采集和处理物流数据,提高物流过程的自动化和智能化水平。例如,智能仓储系统、无人驾驶车辆等。

6. 智慧物流的技术演变

随着技术的不断发展,智慧物流也在不断演变。从最初的物联网、云计算到大数据和人工智能的应用,智慧物流的技术基础越来越强大。未来,随着技术的进一步创新和应用,智慧物流会更加智能化、自动化和绿色化,将为整个社会带来更大的经济效益和环境效益。

综上所述,智慧物流的发展离不开各种技术的支持和推动。随着这些技术的不断创新和完善,智慧物流将为未来的物流行业带来更大的变革和发展。

第4章 区 块 链

近年来,区块链技术蓬勃发展,在数字货币广泛应用的背景下,越来越多的机构和公司开始尝试应用区块链技术。区块链技术不断创新,出现了智能合约、去中心化应用(Dapp)、侧链、扩容技术等新技术。区块链技术在金融服务、物联网、物流业、身份认证和数据隐私保护等领域都有广泛应用。

4.1　区块链概述

区块链的历史可以追溯到2008年,当时一位自称中本聪的人发布了一篇题为《比特币:一种点对点电子现金系统》的论文,提出了一种去中心化、匿名、可追溯的数字货币系统。这个系统使用区块链技术来记录交易和验证账户余额,成了第一个成功应用区块链技术的案例。随后,越来越多的人开始研究和探索区块链技术的潜力和应用场景。

区块链是一种去中心化的分布式数据库技术,它通过密码学算法和分布式共识机制,保证了数据的不可篡改性、不可伪造性和去中心化,从而具有很高的安全性和信任度。它的基本特点包括不可篡改、去中心化、分布式存储、匿名性、智能合约等。

区块链最早是作为数字货币比特币的技术基础而出现的,然而,随着时间的推移,它的应用已经远远超出了数字货币的范畴。现在,区块链技术已经逐渐渗透到金融服务、物联网、物流业、身份认证、数据隐私保护等众多领域,成为一个热门的技术趋势。

4.1.1　金融服务

区块链技术在金融服务领域的应用确实是非常广泛的。比特币是一种基于区块链技术的数字货币,利用区块链技术来确保交易的安全性和匿名性。这种技术为金融服务领域带来了许多新的机会和挑战。

比特币是一种利用区块链技术实现的数字货币。与传统货币不同,比特币不依赖于特定的中央机构或政府来发行和管理,而是通过密码学和分布式网络来确保交易的安全性和匿名性。这种技术使得比特币具有极高的安全性和抗审查性,可以有效地保护用户的交易隐私和财产安全。

除了比特币之外,区块链技术还可以用于其他金融服务领域。例如,证券发行与交易是一个常见的金融活动。传统的证券发行和交易流程通常比较烦琐和复杂,需要多个中介机构和交易对手方参与。而利用区块链技术可以将证券发行和交易的流程变得更加透明和高效。每个参与者都可以实时查看和验证交易记录,同时还可以降低交易成本和风险。

保险索赔也是一个金融服务领域,区块链技术可以发挥重要作用。在传统的保险索赔过程中,用户需要提交各种证明文件和材料来证明自己的损失和索赔资格。而利用区块链技术可以将这些证明材料存储在分布式网络中,使得索赔过程更加透明和快速。此外,区块链技术还可以防止虚假索赔和欺诈行为。

跨境支付是另一个金融服务领域,区块链技术可以为其带来很多好处。传统的跨境支付通常需要经过多个中介机构和银行系统,效率低下且成本较高。而利用区块链技术可以将跨境支付的流程变得更加高效和便捷,同时还可以降低交易成本和风险。

总之,区块链技术在金融服务领域具有广泛的应用前景,除了比特币之外,还可以用于证券发行与交易、保险索赔、跨境支付等领域。这些应用场景可以带来更高效、透明、安全的金融服务体验,同时还可以降低成本和风险。随着技术的不断发展和应用场景的不断扩大,区块链技术将在金融服务领域发挥越来越重要的作用。

4.1.2 物联网

区块链技术可以为物联网设备提供安全、可靠的通信。物联网设备数量庞大,分布广泛,传统的中心化管理模式难以满足其安全和隐私需求。而区块链技术可以为物联网设备提供一种新的管理模式,确保通信的安全性和隐私性。

以智能家居设备为例,利用区块链技术可以实现设备之间的安全通信。在家庭内部,各种智能设备如智能音箱、智能电视、智能照明等都在不断地产生和交换数据。传统的中心化管理模式中,这些数据可能会被集中存储在云端或服务器中,从而存在数据泄露和被滥用的风险。而利用区块链技术,可以将数据的存储和传输变得更加安全和可靠。

首先,区块链技术可以确保数据的隐私性。在智能家居环境中,用户的隐私数据如语音指令、视频观看记录等都是非常敏感的。利用区块链技术的加密算法和分布式存储特点,可以将这些数据加密后存储在区块链网络中,使得只有拥有相应权限的用户才能访问和查看这些数据。同时,区块链技术的去中心化特性也可以避免单一服务器或云端存储的数据泄露风险。

其次,区块链技术可以确保设备之间的安全性。在智能家居环境中,各种设备之间的通信是建立在信任基础上的。如果某个设备被恶意攻击或篡改,可能会导致整个系统的安全性和稳定性受到影响。而利用区块链技术,可以将设备之间的通信记录和数据交换进行验证和记录。如果某个设备的数据被篡改或伪造,就会被其他设备所识别和拒绝。这样就可以有效地避免恶意攻击对系统安全性的影响。

最后,区块链技术还可以为智能家居设备提供一种去中心化的管理模式。传统的中心化管理模式中,设备的配置和管理通常需要依赖于云端服务器或中央控制器。而利用区块链技术,可以将设备的配置和管理信息存储在分布式网络中。每个设备都可以通过私钥来访问和管理自己的配置信息,避免了中心化控制器的单点故障和故障风险。

总之,区块链技术可以为物联网设备提供安全、可靠的通信。以智能家居设备为例,利用区块链技术可以实现设备之间的安全通信,确保数据的隐私性和设备之间的安全性。同时还可以为设备提供一种去中心化的管理模式,提高了系统的可靠性和稳定性。随着物联网技术的不断发展,区块链技术将在物联网领域发挥越来越重要的作用。

4.1.3 物流业

区块链技术可以用于物流业,实现货物的透明跟踪和追溯。这种技术的应用可以确保货物的安全和完整,同时还可以解决物流领域中的纠纷和欺诈问题,提高物流行业的运输效率和信誉。

在物流领域,货物的运输通常涉及多个环节和多个参与方,如运输公司、仓储公司、海关等。由于这些参与方之间的信息不对称和信任缺失,很容易出现纠纷和欺诈问题。而利用区块链技术,可以将货物的运输轨迹和运输过程中的各种信息进行记录和存储,实现货物的透明跟踪和追溯。

首先,区块链技术可以将货物的运输轨迹和信息记录在区块链网络中,每个节点都可以查看和验证这些信息的真实性和完整性。如果某个环节出现了问题,比如货物丢失或损坏,就可以通过区块链技术追溯到问题的源头,找到责任方并对其进行相应的赔偿。

其次,区块链技术还可以解决物流领域中的纠纷和欺诈问题。由于区块链技术的去中心化和分布式特点,所有的数据都被加密和验证后存储在区块链网络中,无法被篡改或伪造。因此,如果某个参与方出现了欺诈行为,就会被其他参与方所识别和拒绝,从而有效地避免纠纷和欺诈问题的发生。

最后,区块链技术还可以提高物流行业的效率和信誉。通过货物的透明跟踪和追溯,可以实现对货物的实时监控和管理,提高物流的效率和准确性。同时,区块链技术还可以建立信任机制,使得参与方之间的合作更加紧密和高效,降低物流成本和风险。

总之,区块链技术可以用于物流业,实现货物的透明跟踪和追溯,确保货物的安全和完整。同时还可以解决物流领域中的纠纷和欺诈问题,提高物流行业的效率和信誉。随着区块链技术的不断发展和应用,相信未来物流行业将会更加透明、高效和可信。

4.1.4　身份认证

区块链技术可以用于身份认证,实现个人信息的可靠验证和管理。利用区块链技术的去中心化特点,可以将个人信息存储在分布式账本上,确保个人信息的真实性和不可篡改性。同时,这也可以避免个人信息被泄露和滥用。例如,在数字身份认证领域,区块链技术可以帮助人们实现无密码验证和安全登录。

区块链技术在身份认证和个人信息验证方面有着广泛的应用。由于区块链的不可篡改性和分布式的特性,它可以为身份认证提供更加可靠和安全的方法。

首先,对于个人信息的验证,区块链技术可以通过对个人数据的加密和分布式存储,确保数据的安全性和完整性。在传统的身份认证系统中,个人信息通常存储在中心化的数据库中,这容易受到黑客攻击和数据泄露的风险。而区块链技术可以将个人信息分散存储在网络的各个节点上,使得黑客难以攻破整个网络来窃取个人信息。

其次,区块链技术可以实现去中心化的身份认证。在传统的身份认证系统中,中心化的认证机构容易受到单点故障和信任问题的影响。而利用区块链技术,可以将身份认证的权力分散到网络的各个节点上,实现去中心化的身份认证。这样,即使某个节点出现了问题,也不会影响到整个网络的正常运行。

再次,区块链技术还可以实现实时更新的身份信息。在传统的身份认证系统中,身份信息的更新通常需要经过烦琐的手续和审核流程。而利用区块链技术,可以将身份信息的更新分散到网络的各个节点上,实现实时的身份信息更新。这样,个人可以随时查看和更新自己的身份信息,提高身份认证的效率和准确性。

最后,区块链技术还可以实现可信的身份认证和授权。由于区块链的不可篡改性和分布式的特性,它可以记录每一次身份认证和授权的操作,确保操作的合法性和安全性。例如,在数字签名和电子合同的应用中,区块链技术可以记录每一次签名和合同的操作,确保签名的真实性和合同的完整性。

总之,区块链技术在身份认证和个人信息验证方面有着广泛的应用。它可以实现去中心化的身份认证、实时更新的身份信息、可信的身份认证和授权等操作。随着区块链技术的不断发展和应用,相信未来身份认证和信息管理将会更加可靠、安全和高效。

4.1.5 数据隐私保护

在数字化时代,数据隐私保护显得尤为重要。区块链技术作为一种前沿的技术手段,为数据隐私保护提供了新的解决方案。其去中心化和分布式的特性,确保了数据在传输和存储过程中的完整性和安全性,有效避免了数据被篡改或泄露的风险。同时,结合先进的加密算法,区块链还能实现数据的安全加密和解密,从而保护个人隐私和企业商业机密不被非法获取和使用。

以医疗保健领域为例,个人健康数据的管理和使用一直是公众关注的焦点。区块链技术的引入,不仅可以确保这些敏感数据的安全性和隐私性,还能提高数据共享和交易的效率,推动医疗保健行业的数字化转型。

然而,区块链技术的应用并不局限于数据隐私保护。实际上,它已经远远超出了数字货币的范畴,逐渐渗透到金融、物流、供应链、版权保护等多个领域。这种跨领域的应用,不仅证明了区块链技术的广泛适应性,也揭示了其在未来社会经济发展中的巨大潜力。

区块链技术的核心思想,是将传统的中心化信任模式转变为分布式的去中心化信任。在传统的中心化信任模式下,交易的可靠性和安全性高度依赖于中心化机构或第三方机构的信誉和可靠性。这不仅增加了信任成本,降低了交易效率,还容易受到单点故障和欺诈等风险的影响。

而区块链技术通过构建一个分布式的账本,让每个节点都有机会参与到交易的验证和记录中,从而实现了去中心化的信任。这种去中心化的信任模式,不仅提高了交易的安全性和可靠性,还降低了交易成本,减少了单点故障和欺诈等风险。

此外,区块链技术还能促进资源的共享和公平分配。在区块链网络中,每个节点都有平等的权利和义务,可以共同参与到资源的分配和使用中。这种去中心化的资源共享模式,不仅提高了资源的利用效率,还促进了社会的公平和可持续发展。

综上所述,区块链技术作为一种前沿的技术手段,在数据隐私保护、去中心化信任、资源共享等方面具有显著的优势和潜力。随着技术的不断发展和应用的不断深入,相信未来区块链技术将会在更多领域发挥更加重要的作用,推动数字化经济和数字化世界的构建和发展。

4.2　区块链的基本原理

区块链是一种新兴的数字技术,已经成为金融、物流、社交等多个领域的热门话题。它被誉为重塑全球经济和社会的一项革命性技术。那么,什么是区块链的基本原理呢?

4.2.1　区块链的定义

区块链的基本原理可以简单地理解成一个去中心化的账本系统。它的核心是由一系列"区块"组成的。每个区块都包含着一些交易信息,并包含着前一个区块的哈希值。这意味着每个区块都与前一个区块建立了联系,形成了一条不可篡改的、由多个区块组成的链条。如图4.1所示。

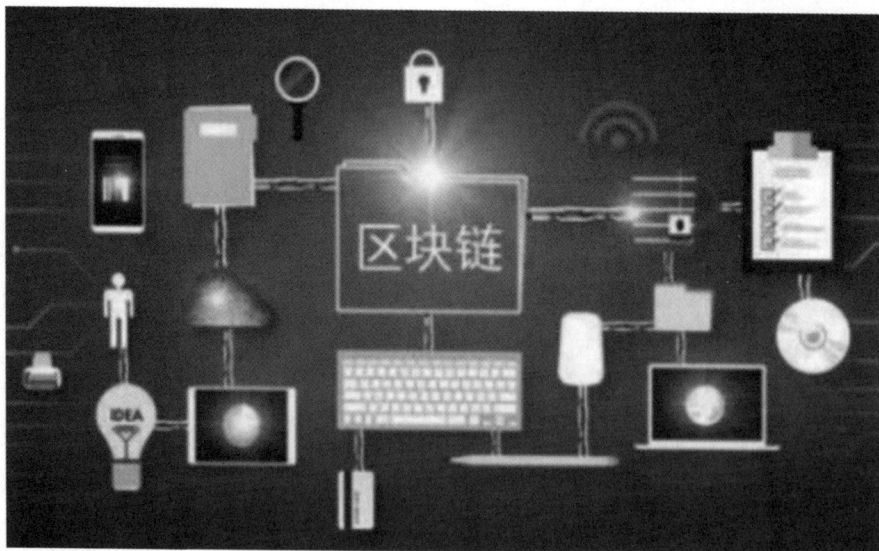

图 4.1　区块链的组成示意

区块链是一种分布式账本,通过去中心化和分布式的方式进行数据存储和验证。它利用了密码学中的哈希函数和数字签名等技术,确保数据的安全性和完整性。

区块链中的数据以块的形式存储,每个块包含了一定数量的交易信息和时间戳。这些块通过哈希值链接在一起,形成一个不可篡改的链条。由于哈希函数的特性,任何对链条中某个块的篡改都会被立即检测出来,保证了数据的可信性和不可篡改性。

在区块链中,每个块都包含了一定数量的交易信息,这些交易信息被打包成一个数据块,并使用哈希函数生成一个唯一的哈希值。这个哈希值与前一个块的哈希值链接在一起,形成一个链条。这个链条中的每个块都包含了前一个块的哈希值和自身的交易信息,因此保证了数据的一致性和可信性。

为了确保数据的安全性,区块链还使用了数字签名技术。每个块都由一个私钥进行签名,这个私钥只有发送者知道。接收者可以使用公钥来验证这个签名是否合法,从而确保数据的完整性和可信性。

在区块链中,每个节点都有机会参与到交易的验证和记录中。当一个节点成功地为一个块添加到区块链中时,它就成为了一个新的验证节点,并有机会参与到后续的交易验证和记录中。这种去中心化的方式保证了数据的可靠性和透明性。

总之,区块链的基本原理是利用哈希函数和数字签名技术,通过去中心化和分布式的方式进行数据存储和验证。它保证了数据的安全性、完整性和可信性,为各种应用提供了可靠的基础。

4.2.2 区块链主要由以下几个部分组成

1. 区块

区块链中的每一个区块都包含了一定数量的交易记录和一个独特的哈希值。这些区块按照时间顺序连接在一起,形成了我们所称的区块链。每个区块都包含了一定数量的交易记录,这些记录是关于资产转移或其他合约执行的详细信息。每个区块还包含了一个唯一的哈希值,这个哈希值是通过应用一种密码学算法(例如 SHA-256)到该区块的内容生成的。这个哈希值提供了区块的唯一身份验证,并确保其数据的完整性和真实性。

2. 节点

在区块链网络中,每个节点都是一个独立的计算机,通过网络连接在一起。这些节点通过互联网相互通信,共同维护和更新区块链的状态。每个节点都有自己的完整副本,这意味着它们都存储了区块链中的所有交易记录和区块信息。节点通过共识算法来验证和确认新的区块,以确保所有节点都能达成一致。

3. 共识算法

共识算法是区块链的核心组成部分,它决定哪个节点可以添加新的区块到区块链中。比特币使用的工作量证明是一种常见的共识算法,它要求节点解决一个复杂的数学问题(工作量证明),以获得添加新区块的权利。然而,除了 PoW 之外,还有许多其他的共识算法,例如权益证明、权威证明等。这些算法各有优缺点,可以根据具体的应用需求进行选择。

4. 加密技术

加密技术是区块链安全性的基础。它包括公钥密码学、哈希函数、数字签名等。公钥密码学是一种使用两个密钥(公钥和私钥)的加密方法,用于确保信息的机密性和身份验证。哈希函数是一种将任意长度的数据映射为固定长度的哈希值的算法,用于确保数据的完整性和不可篡改性。数字签名是一种利用公钥密码学对数据进行签名的方法,用于确保数据的来源和完整性。这些加密技术共同确保了区块链的安全性和可信度。

为了更好地理解区块链的工作原理,可以考虑下面的情境:某人向某家商店购买了定量物品,用了一张信用卡进行支付。这个过程需要经过银行、商家等多方的确认和记录。在传统的体系中,这个过程会涉及多方数据共享和数据传输的问题。但在区块链的工作模式中,这个过程是这样的:当某人进行支付时,它的交易信息会被添加到一个待确认的交易池中;然后,它需要等待其他通过验证的交易一起组成一个新的区块;经过 Hash 算法的计算,这个新区块的 Hash 值是唯一的,随后被添加到区块链上。每个区块和其他区块通过 Hash 值相互联系,形成了最终的、完整的区块链。

总的来说,区块链的基本原理是一种开创性的革命性技术,它不仅可以为金融和其他行业提供更高效、去中心化、安全的交易体系,还能为人们带来更高的信任和透明度,为人类社会的发展带来更多的可能。

4.3 区块链的特点

区块链是一种去中心化、公开透明、安全可靠的分布式账本技术,它的核心原理和特点主要体现在以下几个方面:

4.3.1 去中心化

区块链是一种去中心化的技术,没有一个中心节点来控制整个网络。所有参与者通过互相验证构成了一个分布式的网络,在这个网络中,每个节点都有相同的权利和职责,可以上传、管理和验证数据。区块链没有单独的中心节点,这种去中心化的结构使得它具有很强的鲁棒性和可靠性,可以避免某一节点失效或因故宕机导致整个网络宕机。

区块链的去中心化特性是其核心特点之一,它没有一个单独的中心节点来控制整个网络。相反,区块链网络由许多节点组成,每个节点都有相同的权利和职责,可以上传、管理和验证数据。

在传统的中心化系统中,数据由一个中心机构进行集中管理,例如银行、政府机构或其他大型组织。这些中心机构拥有对数据的完全控制权,可以对数据进行修改、删除或添加。但是,由于区块链的去中心化特性,没有一个节点可以单独控制整个网络。

在区块链网络中,每个节点都有相同的权利和职责,可以上传、管理和验证数据。当一个节点想要添加新的数据块时,它需要将这个数据块广播给其他节点进行验证。如果其他节点验证这个数据块是合法的,那么这个数据块就会被添加到区块链中。

由于区块链的去中心化结构,没有单独的中心节点可以控制整个网络。因此,即使某个节点失效或因故宕机,整个网络仍然可以继续运行。这种去中心化的结构使得区块链具有很强的鲁棒性和可靠性,可以避免因某一节点失效导致整个网络宕机的情况。

此外,区块链的去中心化特性还可以降低监管成本和风险。在传统的中心化系统中,监管机构需要对中心机构进行监管,确保其合规性和透明度。但是,在区块链网络中,每个节点都有相同的权利和职责,因此监管机构只需要对整个网络进行监管,而不需要对单个节点进行监管。这种去中心化的结构可以降低监管成本和风险,提高整个系统的透明度和可信度。

总之,区块链是一种去中心化的技术,没有单独的中心节点可以控制整个网络。这种去中心化的结构使得区块链具有很强的鲁棒性和可靠性,可以避免某一节点失效或因故宕机导致整个网络宕机的情况。同时,区块链的去中心化特性还可以降低监管成本和风险,提高整个系统的透明度和可信度。

4.3.2 不可篡改

区块链的核心机制是由多个区块组成的不可篡改的链条。区块中包含了许多交易信息和以前区块的哈希值。这种哈希结构使得一个区块的内容被篡改后,会导致其他区块的哈希值发生变化,影响到整个区块链的有效性,由此保证了整个分布式账本的不可篡改性和数据的完整性。

区块链的核心机制是由多个区块组成的不可篡改的链条,这种链条保证了数据的完整性和安全性。每个区块都包含了许多交易信息和以前区块的哈希值,这些信息被加密算法处理后生成了一个唯一的哈希值。

具体来说,区块链的工作流程如下:

(1) 每个区块都包含了许多交易信息,这些交易信息可以是各种形式的数字资产,例如货币、股票、合同等等。这些交易信息被打包成一个个的数据包,并按照时间顺序添加到区块链中。

(2)每个区块还包含了一个唯一的哈希值,这个哈希值是由该区块中的所有交易信息和以前区块的哈希值计算出来的。这个哈希值代表着该区块的内容,如果该区块的内容被篡改,那么其哈希值也会发生变化。

(3)区块链中的每个区块都有一个前一个区块的哈希值,这种哈希结构使得一个区块的内容被篡改后,会导致其他区块的哈希值发生变化,从而影响到整个区块链的有效性。这种机制保证了整个分布式账本的不可篡改性和数据的完整性。

(4)区块链中的每个节点都会存储一份完整的账本,这些账本会不断更新以反映最新的交易信息。如果某个节点想要篡改账本中的数据,那么它需要修改所有后续区块的哈希值,这需要大量的计算能力和时间,因此这种行为会被及时发现并遭到其他节点的抵制。

总之,区块链的核心机制是由多个区块组成的不可篡改的链条,这种链条保证了数据的完整性和安全性。由于每个区块都有一个前一个区块的哈希值,如果一个区块的内容被篡改,就会导致其他区块的哈希值发生变化,从而影响到整个区块链的有效性。这种机制使得整个分布式账本不可篡改,保证了数据的真实性和可信度。

4.3.3 公开透明

区块链作为分布式账本技术,数据的添加、修改、删除等操作都是去中心化的,各个节点之间通过共同维护一个可观察的事实存储,使得区块链具有公开透明的特点。在整个节点网络中,所有的交易信息都会被广播和验证,一旦验证通过,就会被保存在区块链上,成为公开的不可变的记录,任何人都可以通过访问公开的区块链数据来验证并跟踪交易信息的来源和去向,从而形成信任。

区块链作为分布式账本技术,具有去中心化的特点,这意味着数据的添加、修改、删除等操作都是由网络中的各个节点共同完成的,而不是由一个中心化的机构来控制。这种去中心化的方式保证了数据的公开透明和可信度。

具体来说,区块链中的每个节点都有权参与到数据的添加、修改和删除等操作中。当一个新的交易信息需要被添加到区块链中时,该交易信息会被广播到网络中的所有节点。这些节点会对该交易信息进行验证,验证通过后,该交易信息就会被保存在区块链上,成为公开的不可变的记录。

在区块链中,数据的修改和删除操作也是去中心化的。如果一个节点想要修改或删除某个数据,它需要先获得足够的权限和验证。这种权限和验证可以来自其他节点的投票,也可以来自特定的加密算法。一旦验证通过,该节点就可以对数据进行修改或删除操作。但是这种操作同样会被广播到网络中的所有节点,并经过再次验证。如果其他节点不认可该修改或删除操作,那么该操作就不会被执行,从而保证了数据的完整性和可信度。

由于区块链中的所有交易信息都是公开的、不可变的,任何人都可以通过访问公开的区块链数据来验证并跟踪交易信息的来源和去向。这种公开透明的方式使得人们可以形成信任,相信区块链上的数据是真实可靠的。

总之,区块链作为分布式账本技术,通过去中心化的方式保证了数据的公开透明和可信度。所有节点共同维护一个可观察的事实存储,使得区块链具有公开透明的特点。这种公开透明的方式使得人们可以形成信任,相信区块链上的数据是真实可靠的。

4.3.4 去信任

区块链技术的应用,可以不需要信任中介机构,降低了成本和腐败的风险。区块链的智能合约、去信任交易和去信任的自治组织等核心机制,可以使得交易双方不再需要通过第三方机构来建立信任,而是通过网络上的节点们来互相验证和确认交易的合法性,从而实现去信任。

区块链技术的应用可以使得交易双方不再需要通过第三方机构来建立信任,而是通过网络上的节点来互相验证和确认交易的合法性,从而实现去信任。这种去信任的机制可以降低成本和腐败的风险。

首先,区块链的智能合约可以实现自动执行和自动执行。智能合约是一种自动执行的合同,当预设的条件被满足时,合同就会自动执行。在区块链上,智能合约可以用来记录和执行交易。例如,当两个人想要进行交易时,他们可以将交易信息写入智能合约中,并设置好执行条件。一旦条件被满足,智能合约就会自动执行交易,而不需要通过任何中介机构。这种自动执行的方式可以降低成本和腐败的风险,因为不需要中介机构的参与。

其次,区块链的去信任交易机制可以使得交易双方不再需要通过第三方机构来建立信任。在传统的交易中,交易双方需要通过中介机构来建立信任,以确保交易的合法性和安全性。但是,在区块链中,交易双方可以通过网络上的节点来互相验证和确认交易的合法性。例如,当一个人想要向另一个人转账时,他们可以将交易信息广播到网络中的所有节点。这些节点会对交易信息进行验证,确认该交易是合法的。一旦验证通过,该交易就会被保存在区块链上,成为公开的不可变的记录。这种去信任的机制可以降低成本和腐败的风险,因为不需要中介机构的参与。

最后,区块链的自治组织可以使得组织的管理和运营更加透明和公正。区块链上的自治组织是一种自动执行的去中心化组织,它可以通过智能合约来实现管理和运营。这种自治组织的运作是基于预设的规则和条件,而不是基于人的决策。因此,它可以避免人为的腐败和不公正行为,从而降低成本和腐败的风险。

区块链技术的应用可以使得交易双方不再需要通过第三方机构来建立信任,而是通过网络上的节点来互相验证和确认交易的合法性,从而实现去信任。这种去信任的机制可以降低成本和腐败的风险。同时,区块链的智能合约、去信任交易和去信任的自治组织等核心机制也可以为未来的组织和社会带来新的变革和机遇。

总之,区块链作为一种基于密码学的分布式技术,不仅具有安全、稳健的特点,而且具有公开透明、去信任等独特的优势,有望在金融、物流、社交等许多领域中发挥重要的作用。

4.4 区块链的应用场景

区块链技术在各行各业都有着广阔的应用前景。以下是一些区块链应用场景的概括和实例:

4.4.1 金融行业

区块链的去中心化、不可篡改的特点,使其在金融领域应用具有广泛的前景。例如,区块链可以用于实现智能合约,实现快速、安全、自动化的交易和资金结算。

另外,通过区块链的分布式账本技术,金融机构可以实现便捷的共享数据,并减少数据造假和欺诈的风险。目前,一些金融机构已经在应用区块链技术,如美国联邦储备系统采用区块链技术来实现对跨境支付的监管。

区块链的去中心化和不可篡改的特点使其在金融领域具有广泛的应用前景。以下是一些具体的例子,说明区块链如何在金融领域中实现智能合约和共享数据等应用。

首先,区块链可以用于实现智能合约。智能合约是一种自动执行的合同,当预设的条件被满足时,合同就会自动执行。在金融领域中,智能合约可以用于实现快速、安全、自动化的交易和资金结算。例如,在跨境支付方面,传统的跨境支付需要经过多个中介机构,流程长且成本高。而通过区块链的智能合约,可以实现点对点的快速支付和结算,大大提高了效率,降低了成本。另外,智能合约还可以用于实现抵押贷款、保险理赔等金融场景中的自动化执行。

其次,通过区块链的分布式账本技术,金融机构可以实现便捷的共享数据,并减少数据造假和欺诈的风险。传统的金融机构之间缺乏有效的数据共享机制,导致很多信息不对称和重复工作的问题。而区块链的分布式账本技术可以提供一个公开透明、不可篡改的数据共享平台,使得金融机构可以方便地共享客户信息、交易记录、资产抵押等数据。这样可以减少数据造假和欺诈的风险,提高金融交易的透明度和安全性。

最后,一些金融机构已经在应用区块链技术。例如,美国联邦储备系统采用区块链技术来实现对跨境支付的监管。通过区块链技术,美国联邦储备系统可以实时监控跨境支付的交易情况,并实现对交易的快速清算和结算。这样可以提高金融监管的效率和准确性,减少跨境支付的风险和成本。

总之,区块链的去中心化和不可篡改的特点使其在金融领域具有广泛的应用前景。通过实现智能合约和共享数据等应用,区块链技术可以提高金融交易的效率和安全性,降低成本和风险。未来随着技术的不断发展和应用场景的不断扩大,区块链在金融领域的应用前景将更加广阔。

4.4.2　物流行业

区块链通过去中心化的节点结构,可以实现物流数据的共享、管理和透明化。同时,不可篡改的特性可以确保物流过程中数据的真实性和完整性。物流企业也可以通过区块链技术来降低管理成本和提高效率。例如,国际物流公司 DHL 已经开发了一个基于区块链的货物追踪和管理系统,实现更为快捷和准确的物流管理。

区块链在物流领域的应用具有巨大的潜力。通过去中心化的节点结构,区块链可以实现物流数据的共享、管理和透明化,从而解决物流领域面临的许多问题。以下是一些例子,说明区块链如何在物流领域中实现这些应用。

首先,区块链可以实现物流数据的共享和管理。传统的物流数据管理方式通常由单个机构或公司进行维护和管理,这种中心化的数据管理方式容易导致数据泄露和数据孤岛的问题。而通过区块链的去中心化节点结构,可以实现多个机构或公司之间的数据共享和协同管理。例如,在跨境物流方面,涉及多个国家、多个机构和多个公司的合作,区块链可以提供一个统一的数据管理平台,实现各方之间的数据共享和协同操作,提高物流效率和管理水平。

其次,区块链可以实现物流数据的透明化和可追溯。由于区块链的不可篡改的特性,物流过程中的所有数据都可以被记录在区块链上,并且可以被所有节点实时更新和验证。这样就可以实现物流数据的透明化和可追溯,提高物流过程的透明度和可信度。例如,在食品溯源方面,区块链可以记录食品的生产、运输、销售等各个阶段的信息,消费者可以通过扫描二维码等方式查询食品的溯源信息,提高食品的安全性和可信度。

再次,物流企业也可以通过区块链技术来降低管理成本和提高效率。传统的物流管理方式需要大量的人工干预和中介机构的参与,导致管理成本高和管理效率低下。而通过区块链的智能合约和自动化执行等功能,可以实现物流过程的自动化和智能化,减少人工干预和中介机构的参与,降低管理成本和提高效率。例如,国际物流公司 DHL 已经开发了一个基于区块链的货物追踪和管理系统,实现更为快捷和准确的物流管理。该系统可以实时监控货物的运输情况,自动更新运输信息,并且可以实现货物的自动清关和结算等功能,大大提高了物流效率和准确性。

最后,区块链还可以确保物流过程中数据的真实性和完整性。由于区块链的不可篡改的特性,任何人对数据的修改都会被所有节点及时发现和拒绝,从而保证数据的真实性和完整性。这样可以有效防止物流过程中的欺诈和假冒等问题,提高物流的安全性和可信度。例如,在物流保险领域,区块链可以记录货物的运输情况和保险信息,并且可以实时更新保险赔付信息。这样可以有效防止保险欺诈和假冒等问题,提高保险赔付的准确性和及时性。

总之,区块链在物流领域的应用具有巨大的潜力。通过去中心化的节点结构、不可篡改的特性和智能合约等功能,区块链可以实现物流数据的共享、管理和透明化,降低管理成本和提高效率,确保数据的真实性和完整性。未来随着技术的不断发展和应用场景的不断扩大,区块链在物流领域的应用前景将更加广阔。

4.4.3　医疗行业

由于区块链技术具备去中心化、公开透明、不可篡改等特点,因此在医疗领域应用能够有效避免数据篡改和欺诈等行为,提高数据安全性和保密性。区块链技术也可以建立医疗数据共享平台,来服务全行业。例如,加拿大的 Proteus 公司通过区块链技术和人工智能来改善医药库存数据的管理和分配,以缓解各种人造病原体流行病在医疗资源有限的地区的影响。

区块链技术在医疗领域的应用具有显著的优势。由于区块链的特性,它可以有效避免医疗数据被篡改或欺诈行为,极大提高了数据的安全性和保密性。同时,区块链技术还可以建立一个医疗数据共享平台,以服务于全行业。下面是一个具体的例子,说明了 Proteus 公司如何利用区块链技术和人工智能来改善医药库存数据的管理和分配。

Proteus 公司是一家加拿大的医疗技术公司,他们利用区块链技术和人工智能(AI)开发了一个系统,可以实时监控医药库存,并自动分配药品到需要的地方。这个系统可以有效地解决药品分配不及时、不准确的问题,从而在有限的医疗资源下,最大限度地缓解各种人造病原体流行病的影响。

这个系统的运作方式是这样的:首先,通过区块链技术,所有的药品信息都被记录在区块链上,包括药品的名称、数量、生产日期、有效期等。这些信息是公开透明的,任何人都能够查看和验证。这就保证了药品信息的真实性和不可篡改性。

然后,Proteus 的系统会根据人工智能的预测模型,自动预测药品的需求量。这个模型会考虑各种因素,包括历史需求、流行病趋势、季节性变化等。预测结果会被记录在区块链上,所有人都可以查看和验证。由于区块链的不可篡改性,预测结果的真实性和可信度得到了保证。

最后,当某个地区的需求量达到一定程度时,系统会自动触发分配机制,将药品从库存中分配到需要的地方。这个过程也是自动化的,减少了人为干预的可能性,提高了分配的效率和准确性。

通过这种方式,Proteus 的系统不仅提高了药品分配的效率和准确性,还保证了药品信息的安全性和可信度。这对于医疗资源有限的地区来说,无疑是一个重大的福音。它不仅可以缓解这些地区药品短缺的问题,还可以提高他们对各种人造病原体流行病的应对能力。

此外,Proteus 的系统也为全行业的医疗数据共享提供了一个平台。在这个平台上,所有的医疗机构都可以共享他们的药品信息、需求预测和库存状况。这不仅可以提高全行业的协作效率,还可以促进医疗资源的优化配置。

总的来说,区块链技术在医疗领域的应用具有巨大的潜力。它不仅可以提高医疗数据的安全性和可信度,还可以促进全行业的协作和资源优化。在未来,随着技术的进一步发展和应用场景的不断扩大,我们有理由相信区块链技术将在医疗领域发挥更大的作用。

4.4.4 版权保护

区块链技术可以在数字资源交易领域提供版权保护与证明,确保知识产权的合法性和权属的明确。区块链技术基于去中心化、公开透明和去信任的信任机制,可以保护版权人的知识产权,并显著降低版权侵犯的发生率。例如,英国创新数字制作公司 JAAK 推出的区块链项目 KORD,旨在基于区块链技术实现包括版权数据和受众数据管理、音乐作品商业化管理等功能。

区块链技术在数字资源交易领域的应用可以提供强大的版权保护和证明,确保知识产权的合法性和权属的明确。这种技术的核心是基于去中心化、公开透明和去信任的信任机制,可以有效地保护版权人的权益,并显著降低版权侵犯的发生率。

下面我们以 JAAK 推出的区块链项目 KORD 为例,详细解释这一过程:

JAAK 是一家英国创新数字制作公司,他们推出的 KORD 项目旨在利用区块链技术实现包括版权数据和受众数据管理、音乐作品商业化管理等功能。这个项目的核心目标是提供一个数字资源交易平台,在这个平台上,版权人可以对自己的作品进行登记、交易和维权。

(1)版权登记。在 KORD 平台上,版权人可以将自己的作品进行登记,包括作品的名称、作者、创作时间、版权信息等。这些信息会被记录在区块链上,具有不可篡改性和公开透明性。这样,版权人就可以证明自己对作品的原创性和所有权。

(2)版权交易。KORD 平台提供了一个安全、高效的数字资源交易市场。版权人可以在这个市场上对自己的作品进行定价和销售。由于区块链的公开透明性,买家可以验证作品的真实性和合法性,确保自己购买的版权是有效的。

(3)版权维权。如果发生版权侵犯行为,版权人可以通过 KORD 平台提供证据和信息,进行维权行动。由于区块链上记录的版权信息是永久保存且不可篡改的,这些证据具有很高的可信度,有助于版权人维权成功。

KORD 项目的特点在于它利用了区块链技术的去中心化、公开透明和去信任的特性,为版权人提供了一个安全、可靠的数字资源交易平台。在这个平台上,版权人可以对自己的作品进行有效的管理和保护,避免了传统版权保护方式的许多问题,如证据不足、维权困难等。

此外,KORD 平台还可以为行业提供全面的数据管理服务。例如,它可以记录每一次版权交易的数据,包括交易时间、交易双方、交易金额等。这些数据可以为行业提供全面的市场分析和趋势预测,有助于行业的健康发展。

区块链技术在数字资源交易领域的应用为版权保护和证明提供了新的解决方案。它不仅可以有效地保护版权人的权益,还可以促进数字资源交易的规范化和专业化。在未来,我们有理由相信这种技术将在更多的领域得到应用和发展。

总之,区块链技术在金融、物流、医疗和版权保护等领域具有广泛的应用前景,可以通过分布式、公开透明和去信任的特点,有效保障数据安全和合法性,提高行业效率和管理的可信度。

4.5 区块链技术在电子商务中的应用

区块链技术与电子商务有着密切的联系,二者的结合可以实现诸多优势。以下是区块链技术在电子商务中的应用:

4.5.1 信息安全保障

在电子商务领域,信息安全是一个至关重要的议题。传统的电子商务平台在信息安全方面存在一些固有的挑战,而区块链技术则为解决这些问题提供了新的思路和方法。

1. 传统电子商务平台的信息安全挑战

(1)中心化存储。在传统的电子商务平台上,用户和商家的信息通常集中存储在中央服务器上。这种中心化的存储模式意味着一旦服务器遭受攻击或发生故障,整个系统的信息安全都可能受到威胁。

(2)数据传输风险。在中心化的电子商务平台上,信息的传输通常需要经过中央服务器。这增加了信息在传输过程中被截取或篡改的风险。

(3)单点故障。由于信息集中在中央服务器上,单点故障(Single Point of Failure)成为一个显著的问题。一旦服务器出现故障,整个系统都可能陷入瘫痪。

2. 区块链技术如何提升信息安全

(1)去中心化存储。区块链技术通过其分布式的特性,实现了信息的去中心化存储。在区块链上,信息被分散存储在各个节点上,而不是集中在中央服务器上。这意味着即使某个节点遭受攻击或发生故障,整个系统的信息安全也不会受到根本性的影响。

（2）加密技术。区块链技术使用了先进的密码学算法，确保信息在存储和传输过程中的安全性。这些算法可以有效地防止信息被非法截取或篡改。

（3）共识机制。区块链上的信息变更需要得到网络内多数节点的共识。这种共识机制可以防止恶意节点对信息进行篡改，进一步增强了信息的安全性。

（4）透明性和可追溯性。区块链上的所有信息都是公开透明的，且可以追溯到其来源。这有助于识别和预防潜在的安全威胁。

基于区块链技术的电子商务平台通过去中心化存储、加密技术、共识机制以及透明性和可追溯性等特点，显著提升了用户和商家的信息安全。这不仅降低了信息遭受黑客攻击或数据泄露的风险，还增强了整个系统的稳定性和可靠性。随着区块链技术的不断发展和应用，我们有理由相信它在信息安全保障方面将发挥越来越重要的作用。

4.5.2　交易可信性提升

交易的可信性是电子商务中的核心问题之一。在传统的电子商务模式中，交易的可信性通常依赖于第三方机构的认证和监管。然而，这种方式不仅增加了交易的成本和时间，还可能因为信息不对称而引发信任危机。区块链技术的引入，通过智能合约机制，为交易的可信性提升提供了全新的解决方案。

1. 传统电子商务模式中的交易可信性挑战

（1）依赖第三方机构。在传统的电子商务模式中，交易双方通常需要依赖银行、支付平台等第三方机构来进行交易认证和资金结算。这不仅增加了交易的中间环节，也增加了交易成本和时间。

（2）信息不对称。由于交易双方通常需要通过第三方机构来传递信息，这就可能导致信息不对称的问题。即一方可能拥有更多的信息，而另一方则处于信息劣势地位，从而增加了交易的风险。

（3）信任危机。在某些情况下，第三方机构可能会出现欺诈、失误或破产等问题，这将对交易的可信性造成严重影响，甚至可能引发信任危机。

2. 区块链技术如何提升交易可信性

（1）智能合约机制。区块链技术通过智能合约机制，可以实现交易双方的自动验证和执行。智能合约是一种自动执行的合同，当满足特定条件时，合约会自动执行相应的操作，如转账、交货等。这种机制不需要依赖第三方机构，大大减少了交易的中间环节，降低了交易成本和时间。

（2）去中心化信任。区块链技术的去中心化特性使得交易双方可以直接进行交易，而无须通过第三方机构进行认证和监管。这种去中心化的信任机制大大减少了信息不对称的问题,提高了交易的可信性。

(3)透明性和可追溯性。区块链上的所有交易记录都是公开透明的,且可以追溯到其来源。这种透明性和可追溯性有助于交易双方了解交易的完整过程和背景,进一步增强了交易的可信性。

通过智能合约机制和去中心化信任等特性,区块链技术为电子商务交易的可信性提升提供了全新的解决方案。它不仅可以减少交易的中间环节,降低交易成本和时间,还可以减少信息不对称和信任危机的问题。随着区块链技术的不断发展和应用,我们有理由相信它在提升交易可信性方面将发挥越来越重要的作用。

4.5.3　提高透明度和安全性

在电子商务领域,透明度和安全性是消费者普遍关心的问题。消费者希望确保他们的交易信息、支付细节以及购买产品的来源和可靠性都得到妥善的保护和展示。区块链技术为电商领域带来了显著的提升,特别是在提高透明度和安全性方面。

1. 提高透明度

(1)产品信息追溯。区块链技术允许产品在制造、运输和销售的每个环节都留下不可篡改的数字记录。这意味着消费者可以追踪产品的整个生命周期,从原材料到最终产品。这种透明度为消费者提供了关于产品来源、制造商、生产日期等关键信息的清晰视图。

(2)消费者教育和决策。高度的透明度意味着消费者可以做出更加明智的购买决策。他们可以了解产品的详细历史,包括其是否经过认证、是否受到严格的质量控制等。这种信息对于消费者选择信任的品牌和产品至关重要。

2. 提高安全性

(1)不可篡改的数字记录。区块链上的数据一旦写入,就无法被篡改或删除。这种特性使得支付信息、交易细节等关键数据更加安全。即使系统遭受攻击,攻击者也无法更改或删除已记录的信息,从而保护消费者的隐私和财产安全。

(2)减少欺诈行为。由于区块链的透明性和不可篡改性,欺诈行为变得更加困难。任何尝试篡改交易记录或进行双重支付的行为都会被系统检测到并拒绝。这大大降低了消费者在电子商务交易中遭受欺诈的风险。

(3)强化身份验证。区块链技术还可以与多因素身份验证等安全机制结合,确保只有授权的用户才能访问敏感信息或进行交易。这增加了系统的安全性,并保护了消费者的身份和数据。

通过提高透明度和安全性,区块链技术为电子商务领域带来了显著的优势。

消费者可以更加放心地进行交易,了解产品的详细信息,并确保他们的支付信息和隐私得到妥善保护。随着区块链技术的进一步发展和应用,我们有理由相信它将继续在增强电商平台的可信度和保护消费者权益方面发挥重要作用。

4.5.4 打造更加高效的支付系统

传统的支付系统通常依赖于中央化的金融机构或中介机构,如银行、信用卡公司等,来处理交易和结算。这些系统虽然在一定程度上有效,但也存在一些问题,如处理速度慢、成本高、需要信任第三方等。区块链技术为支付领域带来了革命性的变革,通过去中心化、安全性和透明性的特点,可以打造更加高效、低成本和安全的支付系统。

1. 提高交易速度

(1)即时结算。基于区块链的支付系统可以实现交易的即时结算,无须等待第三方机构进行清算和结算。这意味着消费者和商家可以更快地收到资金,加快资金流转速度。

(2)减少延迟。传统的支付系统常常因为各种原因(如银行处理时间、跨境交易等)导致交易延迟。区块链技术通过去中心化的账本和共识机制,可以大大减少交易延迟,提供近乎实时的支付体验。

2. 降低成本

(1)减少中介费用。传统的支付系统需要支付中介机构的服务费用,这些费用通常较高,并且随着交易量的增加而增加。基于区块链的支付系统可以减少或消除这些中介费用,因为交易可以在没有第三方干预的情况下直接进行。

(2)降低运营成本。由于区块链技术具有自动化、智能合约等特点,可以大幅降低支付系统的运营成本。例如,智能合约可以自动执行交易条件,减少人工干预和错误,提高运营效率。

3. 增强安全性

(1)减少欺诈风险。区块链技术通过加密和不可篡改的数字记录,可以大大降低支付欺诈的风险。此外,智能合约可以确保交易条件得到严格遵守,防止欺诈行为的发生。

(2)保护用户隐私。传统的支付系统通常需要用户提供敏感的个人信息(如银行账户、信用卡号码等),这些信息存在泄露的风险。基于区块链的支付系统可以提供更高的隐私保护,因为交易可以在不使用个人信息的情况下进行。

通过利用区块链技术,我们可以打造更加高效、低成本和安全的支付系统。这种系统可以消除传统支付系统中的中介环节,提高交易速度和降低成本,同时提供更强的安全性和隐私保护。随着区块链技术的不断发展和普及,我们有理由相信它将彻底改变支付领域的格局,为消费者和商家带来更好的支付体验。

4.5.5　个性化产品和服务

在电子商务领域,提供个性化和定制化的产品和服务已成为竞争的关键。传统的电商企业通常依赖于消费者主动提供的信息(如问卷调查、注册表单等)以及购物历史来分析消费者的偏好和需求。然而,这种方式往往受限于数据的准确性和完整性,以及企业对这些数据的利用能力。

区块链技术为电商企业提供了一个全新的视角和工具,使得个性化产品和服务的提供成为可能。以下是区块链技术如何助力电商实现个性化产品和服务的详细讲解和分析:

1. 安全的数据存储和共享

(1)数据安全性。区块链通过其去中心化、不可篡改和加密的特性,为消费者数据提供了前所未有的安全保障。这意味着消费者的个人信息和偏好可以在不泄露给第三方的情况下被安全地存储和共享。

(2)数据共享。在得到消费者明确授权的情况下,不同的电商企业可以在区块链上共享消费者的数据。这种共享不仅提高了数据的使用效率,还使得企业能够更全面地了解消费者的需求和偏好。

2. 精准的数据分析和预测

(1)数据质量。由于区块链上的数据是真实、完整且不可篡改的,因此电商企业可以依赖这些高质量的数据进行更深入的分析和预测。

(2)个性化推荐。通过对消费者在区块链上留下的数据进行分析,电商企业可以精准地推荐符合其品位、偏好和习惯的产品和服务。这种个性化推荐不仅可以提高消费者的满意度,还能增加企业的销售额。

3. 提高客户体验和忠诚度

(1)定制化服务。基于区块链技术的数据分析,电商企业可以为消费者提供定制化的产品和服务,如定制化的包装设计、专属的优惠活动等。

(2)客户忠诚度。通过提供个性化和定制化的产品和服务,电商企业可以增强与消费者之间的联系和信任,从而提高客户的忠诚度和回头率。

区块链技术为电商企业提供了一个全新的视角和工具,使得个性化产品和服务的提供成为可能。通过安全地记录和存储消费者数据,并对这些数据进行深入的分析和预测,电商企业可以更精准地了解消费者的需求和偏好,从而提供个性化的产品和服务。这不仅可以提高消费者的满意度和忠诚度,还能增加企业的销售额和竞争力。

4.5.6 优化供应链管理

供应链是一个复杂的网络,涉及多个参与者和环节,从原材料采购、生产、物流到最终消费者。在这个过程中,信息的透明度、准确性和实时性至关重要。区块链技术以其独特的特性,为供应链管理带来了革命性的变革。

1.提高信息透明度和准确性

(1)共享账本。区块链是一个分布式的共享账本,所有参与者都可以查看相同的信息。这意味着供应链中的每个环节都可以实时更新和查看货物的状态、位置和其他相关信息。

(2)减少错误和纠纷。由于信息是实时更新和共享的,参与者之间可以减少因信息不同步而导致的错误和纠纷。这有助于增强合作伙伴之间的信任,促进更高效的协作。

2.实现货物跟踪和追溯

(1)从原产地到目的地的跟踪。区块链技术可以记录货物的每一个移动和变化,实现从原产地到目的地的全程跟踪。这有助于消费者了解产品的来源和真实性,增加消费者的信任度。

(2)追溯和防伪。在食品安全、奢侈品等领域,区块链技术可以用于追溯产品的来源和生产过程,防止假冒伪劣产品的出现。

3.提高合规性和责任追究

(1)合规性管理。区块链技术可以帮助供应链参与方更好地遵守劳动法、环境法规等相关法律法规。通过实时记录和跟踪供应链的每一个环节,企业可以确保自己的行为符合法规要求。

(2)责任追究。在出现问题时,区块链技术可以帮助快速定位问题的源头,明确责任方。这有助于减少推诿和扯皮,提高解决问题的效率。

4.促进供应链协作和优化

(1)实时数据共享。通过区块链技术,供应链中的各个环节可以实时共享数据和信息,促进更高效的协作和沟通。

(2)优化决策。基于实时、准确的数据,企业可以做出更明智的决策,如库存管理、生产计划等。

区块链技术在供应链管理中的应用具有巨大的潜力。通过提高信息透明度和准确性、实现货物跟踪和追溯、提高合规性和责任追究以及促进供应链协作和优化,区块链技术可以帮助企业建立更加高效、透明和可持续的供应链管理体系。这将有助于提高企业的竞争力和市场份额,同时也为消费者带来更高质量和更安全的产品。

4.5.7 建立更好的客户关系

在当今的网络购物时代,消费者的购买决策往往受到在线评论的显著影响。然而,随着电子商务的繁荣发展,虚假评论和欺诈行为也层出不穷,这给消费者带来了困惑,同时也对企业的声誉和客户关系管理构成了挑战。此时,区块链技术为建立更好的客户关系提供了创新的解决方案。

1.区块链技术与产品评论

(1)评论者身份验证。区块链使用加密算法来验证评论者的身份。这意味着每一条评论都可以追溯到其原始来源,确保了评论的真实性和可信度。

(2)不可篡改和删除的评论记录。一旦评论被添加到区块链分类账本中,它就成为一个不可篡改或删除的记录。这意味着消费者和企业都可以信赖这些评论的真实性和完整性。

2.区块链如何帮助企业建立更好的客户关系

(1)屏蔽虚假评论。过验证评论者的身份和确保评论的不可篡改性,区块链技术可以帮助企业识别和屏蔽虚假评论,为消费者提供一个更加真实、可信的购物环境。

(2)增强消费者信任。消费者可以更加信赖产品评论的真实性,从而更容易做出购买决策。这将增加消费者的满意度和忠诚度,为企业带来更高的回头客率和口碑。

(3)改善企业声誉。通过展示真实、可信的评论,企业可以建立更加良好的声誉和品牌形象。这将吸引更多的潜在客户,并提升企业在竞争激烈的市场中的竞争力。

(4)促进企业与消费者的互动。区块链技术还可以为企业和消费者提供一个更加安全、透明的互动平台。企业可以更加直接地了解消费者的需求和反馈,从而提供更加个性化、贴心的服务。

区块链技术在建立更好的客户关系方面具有巨大的潜力。通过验证评论者的身份、确保评论的不可篡改性和真实性,区块链技术可以帮助企业屏蔽虚假评论,增强消费者的信任度和满意度。这将有助于企业建立更加良好的声誉和品牌形象,吸引更多的潜在客户,并提升消费者的忠诚度和回头率。因此,企业可以考虑利用区块链技术来优化其客户关系管理策略,为消费者提供更加优质、可信的购物体验。

然而也要注意,虽然区块链技术在电商领域有诸多优势和应用场景,但目前仍然存在一些问题需要解决。例如数据隐私保护、技术成熟度、监管政策等都需要进一步探讨和完善。

结　　论

1. 区块链概述

区块链是一种分布式数据库技术,通过去中心化、去信任化的方式,实现了数据的不可篡改和安全存储。它最初起源于比特币,但现在已经被广泛应用于许多不同的领域。

2. 区块链的基本原理

区块链的基本原理包括共识机制、密码学原理、链式数据结构等。共识机制保证了区块链网络中的节点能够达成数据一致性;密码学原理则保证了数据的安全性和不可篡改性;链式数据结构则将所有的交易数据按照时间顺序链接起来,形成一个不可篡改的数据块链条。

3. 区块链的特点

区块链具有去中心化、去信任化、不可篡改、安全透明等特点。这些特点使得区块链技术能够在许多领域中发挥重要作用,例如金融交易、供应链管理、身份认证等。

4. 区块链的应用场景

区块链的应用场景非常广泛,包括数字货币、供应链管理、版权保护、医疗保健、公益事业等。在数字货币领域,区块链技术已经被广泛应用于比特币、以太坊等数字货币的交易和结算。在供应链管理领域,区块链技术可以帮助企业实现供应链的透明化和可追溯性,提高供应链的效率和可靠性。在医疗保健领域,区块链技术可以用于保护患者的隐私和数据安全,同时实现医疗数据的共享和可信交换。在公益事业领域,区块链技术可以用于实现公益资金的透明化和可追溯性,提高公益事业的公信力和可持续性。

综上所述,区块链是一种具有重要意义的分布式数据库技术,其基本原理、特点和应用场景都非常值得深入探讨和研究。随着技术的不断进步和应用,相信区块链在未来将会发挥更加重要的作用。

第5章 区块链的技术框架、类型与层次

区块链技术是一种基于分布式账本技术的计算方式。它构建在对等网络上，通过 P2P 协议来实现去中心化的数据存储和交易，其主要特点是去中心化、安全、透明、不可篡改和可追溯性。

区块链技术框架通常可以分为三层：网络层、协议层和应用层。其中，网络层处理节点间通信和 P2P 网络的组织，并提供节点的发现和连接。协议层包括共识算法、数据结构、加密算法和网络传输协议等，实现了区块链的核心功能。应用层利用区块链技术构建各种应用。

在类型方面，区块链技术可以分为公链、联盟链和私链。公链是一种完全开放的区块链，任何人都可以加入并参与，比如比特币和以太坊。联盟链限定了参与者的范围，通常由多个组织联合共同运营，共享网络和数据，比如 Corda 和 Hyperledger Fabric。私链是一种由单一实体控制的区块链，主要用于企业内部使用。

在层次方面，区块链技术可以分为原始层、存储层、共识层、合约层和应用层。原始层实现最基本的数据结构和哈希算法，存储层负责存储节点间传输的数据和交易信息，共识层实现共识算法，合约层实现智能合约和自动化合约，应用层则根据客户需求实现各种应用程序或应用场景。

5.1 区块链的技术框架

区块链的技术框架可以分为几个核心层级，每个层级都有其独特的功能和作用，共同构建了区块链系统的基础。

5.1.1 区块链的数据层

在区块链技术中，数据层是构建整个系统的基石，它定义了区块链的基础数据结构和如何存储、验证和传输数据。以下是数据层的详细讲解和分析：

1. 数据区块（Block）

数据区块是区块链的基本构成单元。每个区块都包含了一定数量的交易记录，这些交易记录是区块链系统中状态变更的日志。除了交易记录外，每个区块还包含了区块头（Block Header），它包含了该区块的元数据，如前一个区块的哈希值、时间戳、难度值、nonce 值等。

2. 链式结构（Chain Structure）

区块链通过将每个数据区块按照时间顺序链接起来，形成了一个链式结构。这种链式结构通过区块头中的哈希值实现，每个区块都包含了前一个区块的哈希值，从而确保了整个链的完整性和不可篡改性。因为如果要修改某个区块的内容，就必须重新计算该区块及其之后所有区块的哈希值，这在计算上是不可行的。

3. 时间戳（Timestamp）

时间戳是每个区块的一个关键属性，它记录了该区块被添加到区块链上的时间。时间戳不仅为区块提供了顺序性，而且可以用于验证交易的有效性，防止双重支付等欺诈行为。

4. 哈希函数（Hash Function）

哈希函数在区块链中发挥着关键作用。首先，哈希函数用于生成每个区块的哈希值，这个哈希值是区块内容的唯一标识。其次，哈希函数还用于确保链式结构的完整性，通过确保每个区块都包含了前一个区块的哈希值。此外，哈希函数在计算上具有不可逆性，这意味着无法通过哈希值反推出原始数据，从而增强了数据的安全性。

5. Merkle 树（Merkle Tree）

Merkle 树是一种二叉树结构，它通过对区块中的所有交易记录进行哈希计算，生成一个固定大小的 Merkle 根哈希值。这个 Merkle 根哈希值被包含在区块头中，从而大大减少了区块头的大小。Merkle 树的存在不仅提高了数据的存储效率，而且增强了数据的安全性，因为只要任何一个交易记录被篡改，Merkle 根哈希值都会发生变化。

6. 非对称加密（Asymmetric Encryption）

非对称加密是区块链中保障数据安全性的重要手段。它使用一对密钥：公钥和私钥。公钥用于加密数据，而私钥用于解密数据。在区块链中，每个节点都有一对公钥和私钥。当节点发送交易时，它使用自己的私钥对交易进行签名，以确保交易的真实性和不可篡改性。其他节点可以使用该节点的公钥验证签名的有效性。

总结来说，数据层是区块链技术框架中最底层也是最基础的部分。通过数据区块、链式结构、时间戳、哈希函数、Merkle 树以及非对称加密等设计的综合运用，数据层确保了区块链系统的数据安全性、完整性和不可篡改性。这些设计共同构成了区块链技术的坚实基础,为上层应用提供了可靠的数据支持。

5.1.2 区块链的网络层

网络层是区块链技术中非常关键的一层,它负责处理节点之间的通信和数据传输。网络层的设计和实现对于区块链系统的性能和安全性至关重要。以下是关于网络层的详细讲解和分析:

1. P2P 网络结构

区块链网络通常采用分布式的点对点(Peer-to-Peer, P2P)网络结构。在这种结构中,每个节点既是客户端也是服务器,可以直接与其他节点进行通信和交换数据,而不需要通过中心化的服务器。这种去中心化的通信方式大大提高了系统的鲁棒性和可扩展性。

2. 信息广播机制

在区块链网络中,当一个节点创建并验证了一个新的区块后,它会通过广播的方式将该区块的信息发送给网络中的其他节点。广播是指节点将信息发送给其所有邻居节点,然后这些邻居节点再将信息进一步传播给它们的邻居,以此类推,直到整个网络都收到了该信息。

3. 数据验证与共识机制

当其他节点收到广播的新区块信息后,它们会进行一系列的验证过程,包括检查区块的有效性、验证区块中的交易是否合法等。如果验证通过,这些节点会在该区块的基础上继续创建新的区块,从而延长区块链。为了确保全网共同维护一个一致的底层账本,区块链系统通常采用共识机制来确保节点之间的数据一致性和安全性。常见的共识机制包括工作量证明、权益证明等。

4. 数据传输与加密

在网络层中,节点之间的数据传输通常使用加密技术来保护数据的机密性和完整性。例如,可以使用 TLS(Transport Layer Security)等协议对通信数据进行加密和身份验证,以防止数据在传输过程中被窃取或篡改。

5. 节点发现与管理

节点发现是指节点在网络中寻找并连接到其他节点的过程。在区块链网络中,节点通常使用各种方法(如 DNS、DHT 等)来发现其他节点并建立连接。同时,为了维护网络的稳定性和性能,节点还需要进行节点管理和优化,例如限制连接数、处理恶意节点等。

总结来说,网络层是区块链系统中非常关键的一层,它负责处理节点之间的通信和数据传输。通过 P2P 网络结构、信息广播机制、数据验证与共识机制、数据传输与加密以及节点发现与管理等设计和实现,网络层确保了区块链系统的分布式特性、数据一致性和安全性。这些机制共同构成了区块链技术的重要组成部分,为上层应用提供了可靠的网络支持。

5.1.3　区块链的共识层

共识层是区块链技术的核心组件之一,它负责协调不同节点之间的交互,确保所有节点在没有中央权威或单点故障的情况下,对区块链的状态和交易记录达成共识。以下是关于共识层的详细讲解和分析:

1. 共识算法的重要性

在分布式系统中,由于网络延迟、节点故障或恶意行为等原因,不同的节点可能会看到不同的系统状态。共识算法的目的是在这些不同的节点之间建立一致的视图,确保所有节点都能认可相同的区块链状态和交易历史。这对于保持区块链系统的安全性和可靠性至关重要。

2. 常见的共识算法

(1)工作量证明。这是比特币等早期区块链系统采用的共识算法。节点通过解决复杂的计算难题(即"挖矿")来创建新的区块,并将其添加到区块链中。这种算法确保了节点之间的去中心化,但缺点是能耗高、效率低。

(2)权益证明。为了解决 PoW 的能耗问题,一些区块链系统采用了 PoS 共识算法。在这种算法中,节点通过抵押一定数量的代币(即"权益")来获得创建新区块的权利。这种方式降低了能耗,但可能增加了中心化的风险。

(3)委托权益证明(Delegated Proof of Stake, DPoS)。DPoS 是一种改进的 PoS 算法,它通过选举一小部分代表(即"见证人")来执行区块创建和验证的任务。这种方式显著提高了系统性能,但可能牺牲了去中心化程度。

3. 共识过程

共识层中的共识过程通常包括以下步骤:

(1)交易验证。节点接收到交易后,会验证其有效性,包括签名、账户余额等。

(2)区块创建。一旦交易被验证,节点会将其打包成区块,并尝试将其添加到区块链中。

(3)共识达成。通过运行共识算法,节点之间会就新区块的有效性达成一致。一旦达成共识,新区块将被添加到区块链中,并被所有节点认可。

4. 安全性与攻击防护

共识算法的设计需要考虑到各种安全威胁,如双花攻击、长程攻击等。为了确保系统安全,共识算法通常采取一系列防护措施,如限制区块大小、实施难度调整机制等。

5.性能与扩展性

共识算法的性能和扩展性对于区块链系统的实际应用至关重要。不同的共识算法在性能、能耗、去中心化程度等方面具有不同的优缺点。因此,在选择共识算法时需要根据具体应用场景进行权衡。

总结来说,共识层是区块链系统中确保数据一致性和安全性的关键组件。通过选择合适的共识算法和设计合理的共识过程,可以确保区块链系统在没有中央权威的情况下稳定运行,并抵御各种安全威胁。这对于推动区块链技术的广泛应用和发展具有重要意义。

5.1.4　区块链的合约层

合约层是区块链系统中实现智能合约和各种脚本代码、算法机制的关键部分。它允许开发者在区块链上部署和执行自定义的业务逻辑,从而极大地扩展了区块链系统的功能和用途。以下是关于合约层的详细讲解和分析:

1.智能合约的概念

智能合约是一种自动执行的数字化合约,它利用区块链技术的去中心化、安全性和不可篡改可追溯性,确保合约的自动执行和强制执行。智能合约一旦部署在区块链上,就可以根据预设的条件和规则自动执行相应的操作,而无须中心化机构的干预。

2.智能合约的优势

(1)自动执行。智能合约在满足条件时自动执行,减少了人为干预和错误的可能性。

(2)透明性。智能合约的代码是公开可见的,任何人都可以查看和验证其逻辑。

(3)安全性。区块链系统的安全性保证了智能合约的执行不受干扰和篡改。

(4)降低交易成本。智能合约可以自动执行,减少了传统合约执行过程中需要的人工和法律成本。

3.智能合约的编写和执行

智能合约通常使用高级编程语言(如 Solidity、Vyper 等)编写,这些语言允许开发者以更直观和易理解的方式编写合约逻辑。编写完成后,智能合约会被编译成字节码,并部署到区块链上。一旦部署完成,智能合约就可以被触发执行,根据预设的规则自动处理资产转移、数据记录等操作。

4.智能合约的应用场景

智能合约可以应用于各种场景,如去中心化金融(DeFi)、去中心化应用(DApps)、供应链管理、身份验证等。它们可以自动执行金融交易、管理数字资产、验证身份等,极大地提高了系统的效率和安全性。

5.智能合约的挑战和安全性问题

尽管智能合约具有很多优势,但也面临着一些挑战和安全性问题。例如,智能合约的代码可能存在漏洞和错误,导致合约无法按预期执行;此外,智能合约的执行也可能受到网络攻击和恶意行为的干扰。因此,在编写和部署智能合约时,需要仔细考虑其安全性和鲁棒性,并采取适当的措施来防止潜在的安全风险。

6.合约层的未来发展

随着区块链技术的不断发展和普及,合约层将变得越来越重要。未来,我们可以期待更多高级的编程语言和工具的出现,使得开发者能够更方便地编写和部署智能合约;同时,随着对智能合约安全性和性能要求的不断提高,也会有更多创新性的技术和解决方案出现。

总结来说,合约层是区块链系统中实现智能合约和各种脚本代码、算法机制的关键部分。它使得区块链系统不仅仅是一个数据记录系统,还可以执行更复杂的业务逻辑。通过合理地编写和部署智能合约,我们可以利用区块链技术的优势来解决现实世界中的各种问题。

5.1.5 区块链的应用层

应用层是区块链系统的最顶层,直接与用户和应用程序进行交互。它是区块链技术实际应用和落地的关键所在,展示了区块链在不同领域的创新应用。以下是关于应用层的详细讲解和分析:

1.应用层的作用与重要性

应用层是区块链技术与用户之间的桥梁,它将区块链的核心功能和特性展现给最终用户。应用层的设计和实现决定了区块链技术如何被应用到实际业务场景中,以及用户如何与之进行交互。通过应用层,用户可以访问和使用区块链提供的服务,如数字货币交易、智能合约执行、供应链管理、身份验证等。

2.应用层的开发工具和组件

应用层框架通常提供了一系列开发工具和组件,以帮助开发者快速构建和部署区块链应用。这些工具包括 SDK(软件开发工具包)、API(应用程序接口)、库、模板和示例代码等。开发者可以利用这些工具和组件,根据自己的需求定制和扩展应用,实现各种业务逻辑和功能。

3. 区块链在金融领域的应用

金融领域是区块链技术应用的重要领域之一。应用层框架为金融机构提供了去中心化金融、跨境支付、数字货币交易、资产代币化等创新解决方案。通过智能合约和分布式账本技术，金融机构可以实现更高效、透明和安全的交易和结算过程，降低交易成本，提高用户体验。

4. 区块链在供应链领域的应用

供应链领域也是区块链技术应用的热门领域之一。应用层框架可以帮助企业实现供应链的透明化、可追溯化和优化。通过智能合约和分布式账本技术，企业可以确保供应链中的信息真实可靠、不可篡改，提高供应链的效率和安全性。

5. 区块链在物流领域的应用

物流领域也是区块链技术应用的重要领域之一。应用层框架可以帮助物流企业实现物流信息的实时更新和共享，提高物流效率和透明度。通过智能合约和分布式账本技术，物流企业可以确保物流过程中的信息真实可靠、不可篡改，降低物流风险和成本。

6. 区块链在版权保护领域的应用

版权保护是区块链技术的另一个重要应用领域。应用层框架可以帮助版权所有者实现作品的数字化版权登记、追溯和维权。通过智能合约和分布式账本技术，版权所有者可以确保作品的版权信息真实可靠、不可篡改，有效保护自己的知识产权。

7. 应用层的挑战和未来发展

尽管应用层在区块链技术中发挥着重要作用，但也面临着一些挑战。例如，不同领域的应用需求多样且复杂，需要开发者具备丰富的技术知识和实践经验；此外，随着区块链技术的不断发展，应用层也需要不断更新和升级以适应新的需求和场景。

未来，随着区块链技术的不断成熟和普及，应用层将有更广阔的发展空间。我们可以期待更多创新的应用场景和案例的出现，推动区块链技术在各个领域的应用和落地。同时，随着技术的发展和用户需求的变化，应用层也将面临新的挑战和机遇。因此，开发者需要不断学习和探索新的技术和方法，以应对未来应用层的发展需求。

应用层是区块链系统的重要组成部分，它展示了区块链技术在不同领域的创新应用。通过提供丰富的开发工具和组件，应用层帮助开发者快速构建和部署区块链应用，实现各种业务逻辑和功能。未来，随着技术的不断发展和用户需求的不断变化，应用层将有更广阔的发展空间和挑战。

总结来说,区块链的技术框架是一个多层级、高度复杂的系统。每个层级都有其独特的功能和作用,共同确保了区块链系统的安全、稳定和高效。随着技术的不断发展和应用场景的不断拓展,区块链的技术框架也将不断完善和优化。

5.2 区块链的类型

区块链的类型主要可以分为以下几种:公有链、私有链、权限链、混合链、联合链。

5.2.1 公有链

公有链是指可以被任何人参与的区块链网络,也被称为开放式区块链。它可以在全球范围内扩展和维护,任何人都可以通过贡献算力或者购买代币的方式参与其中。最典型的公有链是比特币区块链。

在京东或阿里巴巴等大型电商平台上,公有链可以用于商品溯源、供应链管理、物流管理等方面。例如,京东在 2018 年初推出了采用区块链技术的商品追溯系统"电子溯源",以确保商品的质量和安全。

在京东或阿里巴巴等大型电商平台上,公有链可以用于商品溯源、供应链管理、物流管理等方面,以确保商品的质量和安全。以下是一些详细说明的例子:

(1)商品溯源。京东于 2018 年初推出了采用区块链技术的商品追溯系统"电子溯源"。这个系统利用公有链技术,为每一件商品生成一个唯一的数字身份证,记录了商品从生产到销售的全过程。消费者可以通过扫描商品上的二维码或输入商品编号,查询商品的溯源信息,包括生产日期、生产批次、物流情况等。这样可以确保商品的真实性和质量,同时也可以有效防止假冒伪劣产品的销售。

(2)供应链管理。公有链可以用于供应链管理,通过记录和追踪商品的流转信息,提高供应链的透明度和效率。例如,京东的区块链防伪追溯平台"智迹"可以记录商品从生产到销售的全过程,包括原材料采购、生产加工、物流配送、销售等环节。这样可以方便商家和消费者查询商品的真实性和质量,同时也可以帮助企业监控供应链中的风险和问题。

(3)物流管理。公有链可以用于物流管理,通过记录和追踪货物的运输信息,提高物流效率和准确性。例如,阿里巴巴的区块链物流平台"区块链+物流",可以实现货物的实时追踪和信息共享,提高物流信息的透明度和准确性。这样可以方便商家和消费者查询货物的运输情况,同时也可以帮助企业降低物流成本和提高运输效率。

综上所述,公有链在大型电商平台上可以用于商品溯源、供应链管理和物流管理等方面,提高商品的质量和安全水平,同时也可以提高供应链和物流的透明度和效率。这些应用可以帮助消费者和企业更好地了解商品的真实性和质量,同时也可以促进电商行业的健康发展。

5.2.2　私有链

私有链是指仅由特定组织或机构的成员参与的区块链,也被称为联盟链。它的参与者通过访问控制和身份验证等技术进行管理和控制。私有链参与者之间的交易相关信息可以保密,而且交易成本相对较低。最典型的私有链是基于 Hyperledger Fabric 的联盟链。

在阿里巴巴和京东等电商领域,私有链可以用于打造封闭的产品交易平台,保证平台上的产品质量和安全。以下是一些详细说明的例子:

(1)打造封闭的产品交易平台。私有链可以建立一个封闭的产品交易平台,只允许授权的节点参与交易。在这个平台上,商家可以发布商品信息,消费者可以查询和购买商品。由于只有授权的节点可以参与交易,因此可以保证平台上的产品质量和安全。例如,阿里巴巴的淘宝网就建立了一个封闭的商品交易平台,消费者可以在这个平台上购买商品,同时也可以享受淘宝提供的售后服务。

(2)保证产品质量。私有链可以建立一套完整的产品质量管理体系,通过记录和追踪商品的流转信息,保证商品的质量和安全。例如,京东的自营平台就建立了一套完整的产品质量管理体系,从商品的采购到销售,每个环节都有严格的监控和记录。消费者可以通过查询商品的溯源信息,了解商品的真实性和质量。

(3)提高交易效率。私有链由于只允许授权的节点参与交易,因此可以提高交易效率。在私有链上,只有授权的节点可以验证和确认交易,避免了公有链上每个节点都需要验证交易的问题。这样可以提高交易的效率和速度,同时也可以降低交易成本。

综上所述,私有链在电商领域可以用于打造封闭的产品交易平台,保证平台上的产品质量和安全。同时也可以建立一套完整的产品质量管理体系,提高交易效率。这些应用可以帮助电商企业提高用户体验和降低运营成本,同时也可以促进电商行业的健康发展。

5.2.3　权限链

权限链是介于公有链和私有链之间的一种区块链,它的参与者是受限的,只有被授权的人才能加入该链。权限链主要用于企业内部的信息共享和安全交互,以保护企业敏感数据不被泄露和篡改。其中,典型的权限链是基于基金会Hyperledger 开发的"Hyperledger Burrow"。

在电商行业中,权限链可以用于数据共享和交互,以实现更高效和安全的数据管理和使用。以下是一个详细说明的例子:

在阿里巴巴的平台上,可以建立一个权限链,以监管卖家的经营行为、发货和售后服务等。具体来说,这个权限链可以包括以下方面的应用:

(1)数据共享。通过权限链,阿里巴巴平台可以将部分数据共享给卖家、消费者和其他合作伙伴。例如,卖家可以获得关于消费者购买行为、喜好和信用等方面的数据,以便更好地了解消费者需求和市场趋势。消费者也可以获得更多关于商品的信息和服务,以提升购物体验。此外,其他合作伙伴也可以通过权限链获取相关数据,以实现更高效的业务协同和数据整合。

(2)数据交互。通过权限链,阿里巴巴平台可以与卖家、消费者和其他合作伙伴进行更安全和可控的数据交互。例如,平台可以设置一些规则和限制,确保卖家只能访问和修改自己的数据,而不能访问其他卖家的数据。同时,平台也可以对消费者的购买行为进行监控和管理,以保障消费者权益和平台安全。此外,其他合作伙伴也可以通过权限链与平台进行更高效和安全的数据交互,以实现更紧密的业务合作和协同。

(3)监管卖家的经营行为。通过权限链,阿里巴巴平台可以更好地监管卖家的经营行为和发货情况。例如,平台可以设置一些规则和限制,确保卖家只能发布符合要求和标准的商品信息,并且必须按时发货。同时,平台也可以对卖家的售后服务进行监管和管理,以确保消费者权益得到保障。如果卖家违反了相关规则和标准,平台可以通过权限链对其进行相应的处罚和制裁。

综上所述,在电商行业中,权限链可以用于数据共享和交互,以实现更高效和安全的数据管理和使用。通过建立权限链,电商企业可以更好地监管卖家的经营行为、发货和售后服务等,同时也可以提高业务协同和合作效率。

5.2.4 混合链

混合链是集公有链和私有链的优点于一身的一种区块链,在公有链和私有链之间形成了"灰色地带"。它可以同时满足多种需求,例如可以在区块链网络中确保公共数据的安全性和去中心化,又可以保护私有数据不被泄露。

在电商领域,混合链可以用于建设安全且开放的数据交换平台,以实现更高效和安全的数据交流和管理。以下是一个详细说明的例子。

在京东和阿里巴巴合作的物流交换平台中,可以采用混合链,以确保交流过程安全且无法篡改。具体来说,这个混合链可以包括以下方面的应用:

(1)数据的交换。在这个平台上,京东和阿里巴巴可以共享和交换关于物流信息的数据。例如,京东可以提供关于商品库存和销售情况的数据,而阿里巴巴可以提供关于物流公司和运输情况的数据。这些数据可以通过混合链进行安全传输和验证,以确保数据的真实性和完整性。

(2)数据的验证。在数据交换的过程中,混合链可以对数据进行验证和加密,以确保数据的真实性和完整性。例如,京东可以通过混合链验证从阿里巴巴获取的数据是否真实可靠,同时阿里巴巴也可以通过混合链验证从京东获取的数据是否准确无误。

(3)安全的存储。通过混合链,京东和阿里巴巴可以将重要的数据存储在安全可靠的数据库中。例如,可以将物流信息存储在一个去中心化的数据库中,以确保数据的不可篡改性和安全性。同时,也可以将一些敏感数据存储在加密的数据库中,以保护用户隐私和商业机密。

(4)可靠的交流。混合链还可以为京东和阿里巴巴提供一个可靠的交流平台。在这个平台上,京东和阿里巴巴可以通过混合链进行安全、可追溯和不可篡改的交流和合作。例如,可以共同制定物流标准和计划,协商物流合作方案等。

综上所述,在电商领域中,混合链可以用于建设安全且开放的数据交换平台。通过采用混合链技术,可以实现更高效和安全的数据交流和管理,同时也可以提高业务协同和合作效率。

5.2.5　联合链

联合链是多个私有链之间的连接,它是一种互操作性和兼容性强的区块链解决方案,可以让多个企业或机构之间的数据共享和互操作变得更加容易和安全。联合链通常采用分层结构和协议规则来保证网络的安全和稳定性,而且可以提供灵活的访问权限控制和数据隐私保护。例如,R3 Corda 就是一个典型的联合链。

R3 Corda 是一个典型的联合链,它是一个由多个金融机构组成的联盟,通过共享和交换数据和信息来提高业务效率和降低风险。以下是 R3 Corda 的详细说明:

(1)背景介绍。R3 Corda 是一个分布式账本平台,由 R3 联盟开发,旨在为金融机构提供更高效、安全和透明的业务处理。R3 联盟由多家全球领先的金融机构组成,包括银行、证券公司、保险公司等。

(2)架构特点。R3 Corda 采用了分布式账本技术,每个参与者都有权访问整个账本,但只有经过授权的用户才能进行修改。这种架构确保了数据的透明性和一致性,同时也提高了安全性。

(3)联合链的特点。R3 Corda 作为联合链,具有以下特点:

①多个参与方:R3 Corda 的参与方包括多家金融机构,每个参与方都有自己的节点和身份。

②互操作性:R3 Corda 通过标准化的接口和协议,实现了不同参与方之间的互操作性。这使得不同金融机构可以方便地进行数据和信息的交换和共享。

④共识机制:R3 Corda 采用了基于协商的共识机制,参与方之间通过协商达成共识,确保数据的一致性和可信度。

⑤隐私保护:R3 Corda 采用了隐私保护技术,如加密算法和数据脱敏,确保了敏感信息的隐私和安全。

(4)应用场景。R3 Corda 适用于多个场景,包括跨境支付、贸易融资、供应链金融等。通过 R3 Corda,金融机构可以简化业务流程、提高效率、降低成本,同时也可以提高数据的透明度和安全性。

综上所述,R3 Corda 作为联合链的典型代表,具有多个参与方、互操作性、共识机制和隐私保护等特点。这些特点使得 R3 Corda 在金融领域具有广泛的应用前景。

总之,不同类型的区块链在不同的场景下都可以有不同的应用,可实现数据安全、信息共享等功能。在京东或阿里巴巴等大型电商平台中,区块链技术已被应用到供应链管理、商品溯源和物流交换平台等领域。

5.3　区块链各层的作用

在深入探索区块链技术的奥秘之前,了解其层次结构是至关重要的。区块链的层次结构犹如一座金字塔,每个层次都承载着不同的功能和作用,共同构成了这一颠覆性技术的坚实基础。从最底层的数据层到最顶层的应用层,每一个层次都扮演着不可或缺的角色,它们相互协作,使得区块链系统能够安全、高效地运行。接下来,我们将逐一剖析这些层次及其作用,以揭示区块链技术的核心魅力。

区块链的层次结构可以分为六个层次,分别是数据层、网络层、共识层、激励层、合约层和应用层,每个层次都有其独特的作用和重要性。以下是这六个层次的详细讲解和分析:

5.3.1　数据层的作用

数据层是区块链的基础,它负责存储区块链上的所有交易数据和区块信息。这些数据以链式结构的形式组织,并通过哈希函数和非对称加密技术确保数据的安全性和完整性。

(1)加密技术。数据层还采用了时间戳技术,为每个区块分配一个时间戳,以确保交易数据的顺序和时间戳的精确性。

(2)功能实现。主要实现了两个功能,一个是相关数据的存储,另一个是账户和交易的实现与安全。数据存储主要基于 Merkle 树,通过区块的方式和链式结构实现,大多以 KV 数据库的方式实现持久化。

5.3.2　网络层的作用

(1)信息传输。网络层负责确保区块链网络中不同节点之间可靠的信息传输。它定义了节点间的通信协议,并维护网络访问者之间的直接连接。

(2)节点交互。网络层允许节点在网络中自由传播,确保每个节点可以与其他网络中的节点交换信息,如交易、同步数据和接收新的区块等。

(3)安全性。网络层的安全性通过加密和实时识别机制来增强,以防止恶意节点加入区块链网络或发送伪造的交易信息。

5.3.3　共识层的作用

(1)共识机制。共识层封装了共识算法和共识机制,用于确保高度分散的节点在区块链网络中针对区块数据的有效性达成共识。

(2)决策与安全性。它的主要作用是决定谁来进行记账,而记账的方式直接影响整个系统的安全性和可靠性。共识机制可以确保数据的准确性,有效防止恶意篡改和金融犯罪。

5.3.4　激励层的作用

(1)激励机制。激励层主要利用挖矿技术和代币经济技术来激励网络中的节点参与区块链交易验证和网络维护。

(2)网络稳定性。挖矿奖励可以鼓励节点竞争获得奖励,从而保护和稳定区块链网络。代币经济模型为网络中的参与者提供激励,提高网络的稳定性和效率。

5.3.5 合约层的作用

(1)智能合约。合约层封装了区块链系统的各类脚本代码、算法以及由此生成的智能合约。智能合约是基于区块链虚拟机之上的商业逻辑和算法,可以实现区块链系统的灵活编程和操作数据。

(2)应用扩展性。随着技术的发展,智能合约已经从简单的脚本代码发展为图灵完备的可实现更为复杂和灵活的脚本语言,使得区块链能够支持更多应用。

5.3.6 应用层的作用

(1)用户交互。应用层是区块链系统的最终层,是用户与区块链之间的接口,负责提供用户友好的交互功能。

(2)功能实现。应用层提供了开发者编码和管理智能合约的工具,使得区块链服务更加安全方便。同时,它还可以用于存储和管理用户的个人信息,实现点对点的账务交易和信息传输,以及虚拟资产的数字账户管理等。

综上所述,区块链的每个层次都有其独特的作用和重要性,它们共同协作,确保区块链系统的稳定运行和高效应用。从数据存储到网络通信,再到共识达成、激励机制、智能合约的实现以及用户交互,这些层次共同构成了区块链技术的完整架构。

5.4 现代区块链技术框架、类型与层次在未来发展中需要如何完善

未来发展中,现代区块链技术框架、类型与层次需要在以下方面进行完善。

5.4.1 提高性能与扩展性

现有的区块链技术在处理大规模数据和高吞吐量交易时确实存在一些性能瓶颈。这主要是由于区块链的设计原则和其所实现的安全性、去中心化的特性所导致的。以下是一些可能的性能瓶颈和扩展性问题,以及可能的解决方案。

1. 共识算法

(1)性能瓶颈:现有的共识算法,如工作量证明和权益证明,在处理大规模交易时可能会因为验证和共识的延迟而影响性能。

(2)解决方案:研究和开发新的共识算法,以提高交易处理的效率。例如,采

用分片技术(Sharding)或侧链等方案,将交易负载分散到不同的节点或链上,从而提高整体性能。

2. 数据存储和传输

(1)性能瓶颈:区块链的数据存储和传输是分布式的,每个节点都需要复制和存储整个区块链数据,这在大规模交易和高吞吐量的情况下会成为性能瓶颈。

(2)解决方案:采用分布式数据库技术,如 Merkle 树、分片技术或数据压缩等,来优化数据存储和传输。同时,考虑使用分层或分片的数据存储策略,以减少每个节点的数据负担。

3. 智能合约

(1)性能瓶颈:智能合约的执行和验证过程可能会在高交易量下成为性能瓶颈。

(2)解决方案:优化智能合约的编写和执行环境,例如采用更高效的代码实现、优化数据结构,或是使用并行计算等技术来提高智能合约的执行效率。

4. 网络通信

(1)性能瓶颈:在分布式网络中,节点之间的通信延迟可能会影响交易的确认和广播速度。

(2)解决方案:采用更高效的网络通信协议,如对等网络(Peer-to-Peer, P2P)协议,以减少通信延迟和提高网络带宽。

5. 隐私保护

(1)性能瓶颈:在保证交易隐私的同时,需要执行复杂的加密算法和数据混淆技术,这可能会影响交易的处理速度。

(2)解决方案:研究和应用更高效的隐私保护技术,如零知识证明(Zero-Knowledge Proof, ZKP)或环签名(Ring Signature)等,以在保证隐私的同时提高交易处理效率。

6. 跨链通信

(1)性能瓶颈:跨链通信在实现不同区块链网络之间的互操作性和信息交换时,可能会引入额外的延迟和复杂性。

(2)解决方案:采用跨链桥接技术、侧链或原子交换等方案,实现高效安全的跨链通信。

7. 节点运维与管理

(1)性能瓶颈:随着节点数量的增加,管理和维护这些节点的成本和复杂性也会增加。

(2)解决方案:发展去中心化的运维和管理框架,利用自动化的工具和智能合约束来降低节点运维的复杂性。同时,考虑采用分级或分层的管理策略,以优化节点的管理和资源分配。

8. 安全性和防御策略

(1)性能瓶颈:在保证区块链系统的安全性和防御恶意攻击的同时,可能会引入额外的计算和存储负担。

(2)解决方案:持续研究和应用新的安全技术和防御策略,如防御深度学习攻击的防御策略、零知识证明等,以提高区块链系统的安全性。同时,考虑权衡安全性和性能之间的平衡,根据实际需求进行优化。

9. 可扩展性

尽管已经有一些可扩展性的解决方案,如闪电网络、分片技术等,但仍然需要进一步的研究和创新来解决大规模和高吞吐量交易带来的挑战。特别是如何将扩展性解决方案与共识算法、数据存储和其他技术相结合以达到最佳效果是一个重要的研究方向。

10. 用户体验和接口设计

良好的用户体验和易用的接口设计可以提高用户参与度和采用率。为了使更多的人能够轻松地使用区块链技术,需要研究和开发直观、易用的界面和用户体验设计。这包括但不限于用户友好的界面、直观的交互方式、提示和引导信息等。通过提高用户体验,可以进一步扩大区块链技术的应用范围。

11. 数据隐私保护

随着区块链技术的广泛应用,数据的隐私保护变得越来越重要。在处理大规模数据和高吞吐量交易时,需要采取有效的数据隐私保护措施以防止敏感信息的泄露。这包括采用加密技术、去标识化处理、数据脱敏等方法来保护用户的隐私权益。同时,还需要研究和应用更高效的数据隐私保护技术以应对日益复杂的隐私挑战。

12. 跨部门和跨行业合作

为了克服现有区块链技术在处理大规模数据和高吞吐量交易方面的挑战,需要加强跨部门和跨行业的合作与交流。通过联合研究、技术创新和市场推广等方面的合作,可以汇集多方资源和技术力量来共同解决性能瓶颈和扩展性问题。这种合作可以促进技术创新和市场应用的加速发展,推动区块链技术的广泛应用和社会价值的实现。

13. 安全审计与合规性

随着区块链技术的普及和应用,安全审计与合规性成为至关重要的两个方面。区块链技术以其去中心化、透明性和不可篡改性的特点,为众多行业带来了前所未有的机遇,但同时也伴随着安全风险和合规挑战。

安全审计在区块链技术中扮演着关键角色。由于区块链技术的去中心化特点,传统的安全审计方法可能不再适用。因此,需要发展出针对区块链技术的安全审计方法和工具。这些方法和工具能够对区块链系统的安全性进行全面的检查和验证,包括但不限于区块链网络的稳定性、智能合约的安全性、交易数据的完整性等。通过安全审计,可以发现潜在的安全漏洞和风险,及时采取防范措施,确保区块链系统的安全运行。

合规性则是区块链技术在应用中必须面对的问题。随着区块链技术的广泛应用,各国政府和监管机构纷纷出台相关法律法规和政策,要求区块链项目和应用必须符合一定的合规标准。这些合规标准可能涉及反洗钱、反恐怖融资、数据保护、消费者权益保护等多个方面。因此,区块链项目和应用需要在设计和开发过程中充分考虑合规性要求,确保符合相关法律法规和政策的规定。

为了应对这些挑战,区块链行业需要采取一系列措施。首先,加强技术研发和创新,提高区块链系统的安全性和稳定性。其次,建立完善的监管机制和政策体系,为区块链技术的健康发展提供有力保障。同时,加强行业自律和合作,推动区块链技术的合规应用和发展。

总之,随着区块链技术的普及和应用,安全审计与合规性成为至关重要的两个方面。只有在确保安全性和合规性的前提下,区块链技术才能更好地发挥其潜力,为各行各业带来更大的价值。

5.4.2　加强隐私保护

区块链技术在公开透明的前提下,确实需要更好地保护个人信息隐私。以下是一些可能的方法:

1. 增强身份认证

(1)实名制:要求用户在进行交易或参与区块链活动时进行实名认证。这样可以追溯和验证用户的身份,同时保护用户隐私。

(2)多因素认证:引入多因素认证机制,如指纹、面部识别或动态口令等,增加身份认证的安全性,降低被冒充的风险。

2. 加密算法

(1)高级加密算法:采用高级的加密算法,如椭圆曲线加密、同态加密等,对数据进行加密和解密操作,保证数据的安全性和隐私性。

(2)加密存储:将用户的敏感信息进行加密存储,即使数据被窃取,也无法被恶意方直接利用。

3. 匿名交易

(1)零知识证明:利用零知识证明技术,可以在不透露交易双方具体信息的情况下,验证交易的合法性和真实性。

(2)环签名:环签名是一种基于密码学技术的数字签名方案,可以在保护发送方和接收方的隐私的同时,保证交易的不可抵赖性。

4. 分布式身份认证

去中心化的身份认证:利用区块链的去中心化特性,构建一个去中心化的身份认证系统。用户对自己的身份信息具有完全的控制权,并且只有经过用户同意,其他节点才能获取和使用这些信息。

5. 智能合约隐私保护

(1)可视化智能合约:通过将智能合约代码可视化,降低用户理解和操作难度。同时,隐藏敏感信息的具体实现细节,增加代码的神秘感。

(2)隐私保护库:在智能合约中引入隐私保护库,提供一系列隐私保护函数和工具,帮助开发者在编写智能合约时更好地保护用户隐私。

6. 数据脱敏

在确保数据可用性的同时最大限度地降低敏感信息的暴露程度。这包括对数据进行去标识化、打乱数据顺序、限制数据访问权限等处理。通过数据脱敏技术,可以在保护个人隐私的同时满足数据分析的需求。

7. 差分隐私

差分隐私是一种统计学方法,旨在保护个体隐私的同时提供尽可能准确的数据分析结果。它通过添加噪声来模糊个体数据在总体数据中的贡献,从而减少对个体隐私的暴露。在区块链应用中,可以利用差分隐私技术进行数据分析和统计,同时保护用户的个人隐私。

8. 隐私保护协议

制定和采用专门的隐私保护协议或规范,明确区块链参与方在收集、存储、使用和共享用户数据时的责任和义务。通过协议的约束和指导,确保区块链技术在实现透明性的同时充分保护用户隐私。

9. 安全多方计算(Secure Multi-party Computation)

该技术可以在多个参与方之间进行加密计算,使得参与方无法获知其他参与方的输入数据,同时保证计算结果的准确性。在区块链应用中,可以利用安全多方计算技术进行加密计算或数据共享,从而保护各方隐私。

10. 同态加密(Homomorphic Encryption)

同态加密是一种允许在密文上进行计算并得到与明文相同的计算结果的技术。通过同态加密,可以在不暴露明文数据的情况下进行计算和操作,从而保护用户隐私。在区块链应用中,可以利用同态加密技术实现隐私保护的验证和计算操作。

11. 零知识证明(Zero-Knowledge Proof)

零知识证明是一种在不透露任何有用信息的情况下证明某个陈述的真实性的技术。在区块链应用中,可以利用零知识证明技术进行交易验证、身份认证等操作,同时保证操作过程中不会泄露任何敏感信息。

12. 环签名(Ring Signature)

环签名是一种利用密码学技术生成数字签名的技术,该签名可以由多个可能的签名者之一生成,但无法确定具体的签名者。在区块链应用中,可以利用环签名技术实现匿名交易或保护交易者的隐私。

13. 匿名交易通道(Anonymous Transaction Channel)

匿名交易通道是一种允许用户在保持匿名的情况下进行交易的技术。通过匿名交易通道,可以隐藏交易者的身份信息,从而保护交易者的隐私。在区块链应用中,可以利用匿名交易通道技术实现匿名交易或保护交易者的隐私。

5.4.3　建立标准与规范

随着区块链技术的快速发展,越来越多的区块链平台涌现出来,这使得跨平台交易和互操作性变得至关重要。为了实现这些目标,建立通用的标准和规范是非常必要的。

以下是建立标准与规范的具体方面:

1. 互操作性标准

(1)跨链通信协议:为了实现不同区块链平台之间的互操作性,需要制定跨链通信协议,以便不同的区块链可以相互通信和传输数据。这些协议应该基于通用的标准和规范,以确保不同平台之间的兼容性。

(2)标准化接口:为了方便开发人员在不同平台之间进行应用开发和迁移,需要制定标准化的接口和数据格式。这样,开发人员可以使用相同的开发工具和语言在不同的平台上进行操作。

2. 跨平台交易

(1)通用的交易协议:为了实现跨平台交易,需要制定通用的交易协议,以便不同平台之间的交易可以相互理解和处理。这些协议应该基于通用的标准和规范,以确保不同平台之间的兼容性。

(2)跨平台钱包:为了方便用户在不同平台之间进行资产管理和交易,需要开发跨平台的钱包应用。这些钱包应用应该基于通用的标准和规范,以便在不同的平台上进行资产存储、转移和管理。

3. 合规性方面

(1)监管框架:为了确保区块链技术的合规性,需要制定相应的监管框架。这些框架应该基于现有的法律和法规,同时考虑到区块链技术的特殊性质。

(2)合规性标准:为了满足监管框架的要求,需要制定合规性标准。这些标准应该包括数据隐私保护、反洗钱、反恐怖主义等方面的要求。

(3)审计与认证:为了确保合规性标准的实施,需要引入审计和认证机制。这些机制应该对区块链平台进行定期的审计和认证,以确保其符合合规性标准的要求。

总之,建立通用的标准和规范有助于实现区块链平台的互操作性和跨平台交易,同时有助于确保区块链技术的合规性。这将有助于推动区块链技术的广泛应用和发展。

5.4.4 与现实业务深度融合

区块链技术是一种分布式、去中心化的技术,它具有不可篡改、安全可靠的特点,可以用于记录和跟踪数据,以及实现信任和验证。与现实业务深度融合,可以进一步拓展区块链技术的应用场景,实现真正的商业价值。

以下是与现实业务深度融合的具体方面:

1. 供应链管理

(1)区块链技术可以用于记录和跟踪供应链中的商品流转和交易数据,提高供应链的透明度和可追溯性。通过区块链技术,可以记录商品从生产到销售的全过程,包括生产、运输、存储和销售等环节的数据,帮助企业实现对商品的精细化管理,同时提高消费者对商品的信任度。

(2)区块链技术还可以用于实现供应链中的信任和验证。通过区块链技术,企业可以实现供应链中各个环节的身份认证和数字签名,确保商品的来源和真实性。这可以帮助企业降低风险和成本,提高效率和客户满意度。

2. 金融领域

(1)区块链技术可以用于实现去中心化的金融交易和支付,提高金融交易的效率和安全性。通过区块链技术,可以实现点对点的交易和支付,无须中间方参与,降低交易成本和时间。同时,区块链技术还可以用于实现智能合约、数字货币等创新金融产品和服务,进一步拓展金融领域的应用场景。

（2）区块链技术还可以用于实现金融领域的信任和验证。通过区块链技术,可以实现不可篡改的数据记录和跟踪,确保数据的真实性和完整性,帮助金融机构实现对客户信息的有效管理和保护。

3. 医疗健康领域

（1）区块链技术可以用于实现医疗数据的安全存储和共享。通过区块链技术,可以记录和跟踪患者的医疗数据,包括诊断、治疗、用药等方面的数据,同时确保数据的隐私和安全。这可以帮助医疗机构实现对患者信息的精细化管理,提高医疗质量和效率。

（2）区块链技术还可以用于实现医疗领域的信任和验证。通过区块链技术,可以实现医疗数据的不可篡改性和可追溯性,确保数据的真实性和完整性。这可以帮助医疗机构降低风险和成本,提高效率和客户满意度。

总之,与现实业务深度融合是实现区块链技术商业价值的关键。通过将区块链技术与供应链管理、金融、医疗健康等领域深度融合,可以进一步拓展应用场景,提高效率和安全性,降低成本和风险,实现真正的商业价值。

5.4.5　智能合约的改进

智能合约是一种自动执行、自动执行合同条款的计算机程序,可以在满足预设条件的情况下,自动执行合同条款。然而,现有的智能合约在可执行性、扩展性、安全性等方面存在一些问题,需要进一步改进和完善。

以下是一些可能的改进:

1. 提高可执行性

（1）现有的智能合约往往存在一些逻辑错误和漏洞,导致无法正确执行或者出现意外的结果。因此,需要加强智能合约的测试和验证,确保其逻辑正确性和稳定性。

（2）可以采用形式化验证技术,对智能合约进行数学建模和逻辑推理,确保其符合预期的行为和输出。

2. 提高扩展性

（1）现有的智能合约往往只能在特定的平台和协议上运行,无法实现跨平台和跨协议的交互和协作。因此,需要研究和开发通用的智能合约平台和协议,实现跨平台和跨协议的互操作性和可扩展性。

（2）可以采用分布式架构和微服务技术,将智能合约拆分成多个小的服务模块,实现模块化和可扩展性。

3. 提高安全性

(1)现有的智能合约存在一些安全漏洞和攻击手段,如拒绝服务攻击、恶意交易等。因此,需要加强智能合约的安全性设计和防护措施,确保其免受攻击和损害。

(2)可以采用加密技术和访问控制机制,保护智能合约的数据安全和隐私。同时,需要加强安全审计和管理,及时发现和修复漏洞和错误。

智能合约的改进需要在可执行性、扩展性、安全性等方面进行研究和开发,实现更加稳定、安全、可扩展的智能合约应用。同时,需要加强管理和监管,确保其符合法律法规和社会伦理的要求。

总之,未来区块链技术需要在性能、隐私、标准、业务拓展和智能合约等方面不断创新和完善,以满足不断变化的需求和挑战。

结　　论

本章详细探讨了区块链的技术框架、类型与层次。首先,技术框架部分主要介绍了区块链的核心技术和工作原理,包括去中心化、共识机制、加密算法等。其次,类型部分则对公有链、私有链和联盟链进行了深入的比较和分析,揭示了它们各自的特点和适用场景。最后,层次部分详细阐述了区块链的各个层次及其作用,包括数据层、网络层、共识层、智能合约层和应用层。

然而,现代区块链技术框架、类型与层次在未来发展中仍需不断完善。首先,技术框架方面,需要加强区块链技术的安全性和可扩展性,以应对日益增长的数据量和交易量。此外,还需要研究和开发更加高效、灵活的共识机制,以满足不同场景的需求。其次,类型方面,需要进一步探索和开发适用于特定行业或场景的区块链类型,例如供应链金融、物联网等。同时,还需要加强对各类区块链的监管和规范,以促进其健康、可持续发展。最后,层次方面,需要深入研究各层次之间的相互关系和影响,以提高区块链的整体性能和稳定性。

总之,区块链作为一种新兴的技术,具有巨大的潜力和应用前景。然而,要实现其广泛应用和持续发展,仍需在技术框架、类型与层次等方面进行不断的完善和创新。因此,我们应加强对区块链技术的研究和开发,以推动其在各个领域的深入应用和发展。

第 6 章　区块链的演变

随着数字技术的飞速发展,区块链作为一种创新的技术架构,已经逐渐从金融领域渗透到各个行业之中,以其独特的去中心化、安全性和不可篡改的特性,为现代社会带来了前所未有的变革与机遇。

在本章中,我们将一同回溯区块链技术的历史演变,从最初的加密货币应用,到现如今在供应链管理、智能合约、身份认证等多个领域的广泛应用。区块链技术的每一步发展,都代表了人类对数字世界认知的深化和对更高效、更安全的数据交互方式的追求。

同时,我们也将展望未来,探讨区块链技术的潜在发展趋势。随着技术的不断进步和应用的日益广泛,区块链将如何继续推动社会的数字化进程?又将如何与其他前沿技术如人工智能、物联网等相结合,催生出更多创新应用?这些问题都将在本章中得到深入的探讨。

让我们一同踏上这场区块链技术的历史与未来之旅,见证这一颠覆性技术的辉煌与可能。

6.1　区块链的历史演变

区块链的历史演变可以被分为几个阶段,以下是每个阶段的详细介绍和实例:

6.1.1　区块链技术的雏形阶段(2008—2013 年)

这一阶段是区块链技术的萌芽期,最具代表性的是比特币的出现。2008 年,名为"中本聪"的人或团队发布了一篇名为《比特币:一种点对点的电子现金系统》的文章,提出了一种基于区块链技术的数字货币——比特币。比特币的特点是去中心化、匿名性和可追溯,它的核心技术是区块链,这为区块链的发展奠定了基础。

区块链技术的雏形阶段除了比特币,还有许多其他的实际案例。

1. 以太坊(Ethereum)

以太坊是一个基于区块链技术的公开去中心化虚拟机,可以运行智能合约。它提供了一个全球性的分布式账本,使得任何人都可以使用相同的技术标准加入自己的信息,维护一个可靠的数据库。

2. 超级账本(Hyperledger)

超级账本是 Linux 基金会下的一个开源项目,旨在推动区块链技术的发展和应用。它提供了一套完整的开源工具和技术,以支持企业级区块链的开发和应用。

3. 瑞波币(Ripple)

瑞波币是一个为全球银行和货币转账设计的去中心化支付协议。它利用区块链技术实现了快速、可靠、低成本的跨境支付。

4. 数字身份验证

基于区块链的数字身份验证可以提供更加安全和可靠的数字身份管理方案。例如,uPort 和 ConsenSys 的 Identity Project 等项目正在探索如何使用区块链技术来管理个人数字身份。

5. 供应链管理

区块链技术可以用于提高供应链管理的透明度和效率。例如,IBM 和 Maersk 的区块链供应链项目正在探索如何使用区块链技术来跟踪货物的全球流动。

以上案例仅供参考,建议查阅专业书籍获取更多信息。

6.1.2 区块链技术的发展阶段(2014—2016 年)

这一阶段,区块链技术从比特币的单一应用逐渐发展为一个多元化的领域,多种应用和创新不断涌现。其中,2014 年被视为"区块链 2.0"的起点,这一概念主要围绕去中心化区块链数据库的第二代可编程区块链。

在技术层面,区块链 2.0 不仅仅局限于比特币那种简单的交易记录。它允许更复杂的操作,例如智能合约的执行,这为经济活动提供了更大的灵活性。此外,这一阶段的区块链技术更加注重隐私保护和全球化经济的去中心化。

从实际应用的角度来看,区块链 2.0 为许多行业带来了新的机会。例如,它可以用于验证知识产权的所有权,确保创作者得到应有的收益。此外,它还可以用于供应链管理,提供更加透明和高效的物流系统。在金融领域,区块链技术可以用于创建更高效、更安全的交易系统,避免许多现有的欺诈和纠纷问题。

然而,这一阶段也面临一些挑战。首先是监管问题,由于其去中心化的特性,区块链技术可能难以受到传统监管机构的控制。此外,虽然理论上区块链技术可以大大提高效率和安全性,但在实际应用中,如何确保数据的安全性和隐私性仍然是一个难题。

　　总的来说,2014—2016 年这一阶段标志着区块链技术的快速演进和应用扩展。虽然仍面临一些挑战,但其在各个领域的潜在应用使其成为一个值得持续研究和投资的领域。

6.1.3　区块链技术的落地阶段(2017 至今)

　　这一阶段是区块链技术快速落地的阶段,各国政府和企业也开始关注和应用区块链技术。一些新型数字货币开始流行,比如 NEO、EOS 等,并且智能合约的发展也变得更加成熟和普及。各大企业也纷纷开始探索和应用区块链技术,如 IBM、微软、华为等。

　　1.区块链技术在 IBM 公司的应用

　　IBM 公司作为全球领先的技术公司,一直积极探索和利用区块链技术来解决各种业务问题。区块链技术为 IBM 带来了许多机会,尤其是在供应链管理、数字身份验证、金融交易等领域。

　　在供应链管理方面,IBM 与多家大型企业合作,利用区块链技术实现更加透明、高效的供应链流程。通过区块链,所有参与方都可以实时查看产品从生产到销售的每一个环节,确保产品的真实性和来源。这大大减少了欺诈和假冒产品的风险,提高了供应链的可靠性。

　　数字身份验证是 IBM 区块链应用的另一个重要领域。随着互联网的发展,保护个人隐私和数据安全成为越来越重要的问题。区块链技术可以提供一个去中心化的、安全的身份验证系统,使得个人数据不会被第三方滥用或泄露。IBM 的这一应用有助于提高用户数据的安全性和隐私性。

　　在金融交易方面,区块链技术为 IBM 带来了更高效、更安全的交易系统。传统金融交易往往涉及多个中介机构,流程复杂且时间长。而区块链技术可以简化这些流程,实现点对点的快速交易,大大提高了金融交易的效率。

　　此外,IBM 还致力于将区块链技术与人工智能相结合,以提供更加智能化的服务。这种结合可以使区块链更加自适应,根据不同的情况自动调整操作,提高系统的效率和准确性。

　　然而,尽管区块链技术在 IBM 的应用广泛且深入,但仍然存在一些挑战。例如,区块链技术的可扩展性和性能问题仍需解决,以满足大规模商业应用的需求。此外,区块链技术的标准化和合规性问题也需要得到重视,以确保其能够在全球范围内得到广泛应用。

　　总的来说,IBM 公司在区块链技术的应用方面做出了许多创新和尝试。通过深入研究和探索,IBM 将继续推动区块链技术的发展,为更多行业和领域带来变革性的影响。

2. 区块链技术在微软公司的应用

微软公司作为全球领先的科技巨头,对新兴技术一直保持高度关注。区块链技术作为近年来备受瞩目的技术,自然也吸引了微软的注意。微软在区块链领域的应用主要基于其云计算服务 Azure,旨在为企业提供更加高效、安全的数据管理解决方案。

Azure 区块链服务是微软进军区块链领域的重要举措。该服务提供了一系列工具和平台,使企业能够轻松地构建和管理自己的区块链应用程序。通过 Azure,企业可以在一个受信任的环境中安全地共享数据、执行智能合约和进行交易。这不仅提高了数据的透明度和可信度,还有助于降低交易成本和减少欺诈风险。

Azure 区块链工作台是微软为开发者提供的一站式开发环境,它简化了区块链应用程序的部署和管理过程。开发者可以利用现有的基础架构快速部署网络,并使用预建的区块链模板来加速开发过程。这大大降低了企业进入区块链领域的门槛,使得更多企业能够利用区块链技术实现业务创新。

除了为其他企业提供区块链服务,微软本身也积极探索区块链在不同场景中的应用。例如,微软与星巴克合作,利用 Azure 区块链平台跟踪咖啡豆从产地到全球各地的众多门店的供应链信息。这种透明化的供应链管理有助于提高产品质量和消费者信心。

此外,微软还与多家航空公司合作,利用 Azure 区块链服务记录和跟踪航空零件的详细信息。过去,这一过程通常在纸上完成,既耗时又容易出错。而通过 Azure 区块链平台,各参与方可以实时查看零件的状态和位置,确保飞行的安全性和准时性。

总体而言,微软公司在区块链技术的应用方面具有雄心壮志。通过 Azure 云计算服务和区块链技术的结合,微软为企业提供了强大的数据管理解决方案,推动了区块链技术在各个行业的普及和应用。未来,随着技术的不断发展和完善,微软有望在区块链领域取得更大的突破和成就。

3. 华为在区块链技术方面的应用

华为作为全球领先的信息和通信技术解决方案提供商,在区块链领域也展现出了深厚的实力。华为利用区块链技术,为企业和机构提供了一系列高效、安全的服务。

首先,华为非常重视区块链的安全性。通过采用国密算法、同态加密、用户交易隐私保护、零知识证明等先进技术,华为确保了区块链网络的安全性和隐私性。

这些加密技术能够保护用户数据不被泄露或被恶意攻击者篡改。

其次,华为在区块链的灵活性方面也做得很好。华为的区块链技术可以满足不同场景下的需求,无论是复杂的供应链管理,还是简单的数据共享,都能得到有效的支持。这种灵活性使得华为的区块链解决方案更具吸引力。

除了安全性与灵活性,华为也非常注重区块链技术的实际应用。在金融、物流、供应链管理等领域,华为都成功地实施了多个区块链应用项目。例如,与中国移动的合作,推出了基于区块链的物流解决方案,提高了物流效率和透明度。

此外,华为还特别关注区块链技术与云计算、人工智能等其他前沿技术的结合。通过这种跨领域的合作与创新,华为希望能够为企业提供更全面、更高效的技术解决方案。

总结来说,华为在区块链技术的应用方面具有显著的优势和丰富的经验。从安全性到灵活性,再到实际应用,华为都展现出了其卓越的技术实力和创新能力。在未来,随着区块链技术的进一步发展和普及,华为有望在这一领域取得更大的突破和成功。

除了以上三个公司在区块链方面的应用之外,还有许多,例如,阿里巴巴旗下的国际站-阿里云在 2018 年推出了区块链服务,旨在为企业提供一站式区块链解决方案。这个区块链技术平台能够满足不同业务场景下的数据安全性、透明性、高效性和隐私性等需求,适用于金融、供应链等行业。

总的来说,区块链技术的历史演变经历了萌芽、发展和落地三个阶段,不断推进技术的发展和应用场景的拓展。区块链已经成为一种能够被广泛接受和应用的技术,其将在未来的发展中不断完善和创新。

6.2　区块链的未来发展趋势

区块链技术自诞生以来,已经经历了数次重要的技术迭代和应用拓展,逐渐从单一的数字货币领域扩展到供应链、智能合约、身份验证等多个领域。展望未来,区块链技术有望继续保持其独特优势,并与其他前沿技术结合,推动社会的数字化进程。

6.2.1　技术的进一步成熟

尽管区块链技术已经取得了显著的发展,但仍存在一些技术挑战,如可扩展性、隐私保护和能源效率等。随着研究的深入和技术的不断进步,这些问题有望得到解决,区块链技术的整体成熟度将得到进一步提升。

区块链技术从其诞生至今,已经经历了多次迭代和升级,尤其在处理速度、安全性、去中心化程度等方面取得了显著的进步。然而,随着应用的广泛推广和深入,一些技术上的挑战逐渐浮现,需要进一步的研发和优化。

1. 可扩展性

(1)问题。随着区块链上交易数量的增加,网络的处理能力可能会受到限制,导致交易速度下降、确认时间延长。这种情况被称为可扩展性问题。对于像比特币这样的公有链,这一问题尤为突出。

(2)解决方案。目前,有多种方案试图解决可扩展性问题,如分片(Sharding)、闪电网络(Lightning Network)、侧链(Sidechains)等。分片是将区块链分成多个小的、独立的区块,每个区块处理一部分交易,从而提高整体的处理能力。闪电网络则是一种二层解决方案,允许用户在链下进行快速、低成本的交易,而不需要频繁地与主链交互。侧链则是将部分交易转移到另一个区块链上,从而减轻主链的负担。

2. 隐私保护

(1)问题。区块链的透明性是其一大特点,但这也带来了隐私泄露的风险。在公有链上,任何人都可以查看交易记录,这可能导致个人隐私和企业商业机密泄露。

(2)解决方案。为了解决这个问题,一些区块链项目开始引入隐私保护机制,如零知识证明(Zero-Knowledge Proofs)、环签名(Ring Signatures)等。这些技术可以在保证交易验证的同时,隐藏交易的具体内容和交易双方的身份。

3. 能源效率

(1)问题。目前,大多数区块链网络,尤其是基于工作量证明(Proof of Work,PoW)的公有链,需要大量的计算资源来维护网络的安全和稳定运行。这不仅导致了大量的能源浪费,还可能引发环境问题。

(2)解决方案。为了降低能源消耗,一些区块链项目开始尝试采用其他共识机制,如权益证明(Proof of Stake,PoS)和权威证明(Proof of Authority,PoA)等。这些机制不需要大量的计算资源,而是基于参与者的权益或身份来进行验证和共识,从而大大降低了能源消耗。

随着技术的不断进步和研究的深入,我们有理由相信,上述挑战将逐一得到解决,区块链技术的整体成熟度将得到进一步提升。这将为区块链技术在各个领域的应用提供更为坚实的基础,推动社会的数字化进程。

6.2.2 开放性标准的建立

在区块链技术的进一步发展中,开放性标准的建立成为一个核心议题。区块链技术的核心价值在于其去中心化、透明性和不可篡改的特点,但要实现这些特点在多个平台、多个项目之间的互操作性,就必须有统一、开放的标准作为支撑。

1. 为什么需要开放性标准

(1)互操作性。不同的区块链项目、平台和应用之间能够相互通信和交换数据,这对于区块链技术的广泛应用至关重要。

(2)减少技术壁垒。开放的标准意味着技术不再被单一实体或组织所控制,有助于打破技术壁垒,促进技术的普及和发展。

(3)促进合作与共享。通过统一的标准,不同的区块链项目和组织可以更容易地合作,共享资源和技术,共同推动区块链生态的发展。

2. 如何建立开放性标准

(1)行业合作。区块链行业内的各个组织、企业和开发者需要加强合作,共同制定和推动开放的标准。这可以通过成立行业联盟、组织研讨会和论坛等方式实现。

(2)公开透明。标准的制定过程应该是公开透明的,广泛征求各方意见,确保标准的公正性和合理性。

(3)兼容性和可扩展性。制定的标准应该具有兼容性和可扩展性,能够适应未来技术的发展和变化。

3. 开放性标准带来的好处

(1)促进技术创新。开放的标准可以吸引更多的开发者和企业参与到区块链技术的研发和应用中,推动技术创新和进步。

(2)加速应用落地。统一的标准可以降低应用开发的难度和成本,加速区块链技术在各个行业的应用落地。

(3)增强信任。开放的标准有助于建立行业内的信任机制,增强各方对区块链技术的信心和认可度。

4. 面临的挑战

(1)利益协调。不同的区块链项目和组织可能有着不同的利益诉求,如何在制定标准时平衡各方利益是一个挑战。

(2)技术复杂性。区块链技术本身具有一定的复杂性,如何制定既简单易懂又具有足够灵活性的标准也是一个难题。

总体而言,建立开放的区块链标准是推动该技术广泛应用的关键。通过加强行业合作、确保公开透明和制定兼容可扩展的标准,我们可以期待区块链技术在未来实现更广泛的互操作性,加速其在各个行业的应用和发展。

6.2.3 异构链的融合

随着区块链技术的不断成熟和应用的广泛扩展,异构链的融合成了一个备受关注的重要议题。异构链指的是结构、协议或治理机制等存在差异的区块链系统。它们可能是基于不同的共识算法、链上数据处理能力、隐私保护机制等。异构链的融合旨在实现这些不同区块链系统之间的互联互通,从而提供更加灵活、高效和可扩展的区块链解决方案。

1. 为什么需要异构链的融合

(1)可扩展性问题。当前的区块链系统,尤其是公链,普遍面临可扩展性问题。通过异构链的融合,可以将不同链上的资源和处理能力进行有效整合,提高整个系统的吞吐量和性能。

(2)互操作性需求。随着区块链应用的多样化,不同链上可能运行着不同类型的智能合约和应用。异构链的融合可以确保这些应用能够相互通信和协作,实现跨链的价值传输和数据处理。

(3)降低技术门槛。异构链的融合有助于降低区块链技术的使用门槛,使得更多的企业和开发者能够利用区块链技术进行创新和应用。

2. 如何实现异构链的融合

(1)侧链与跨链技术。侧链是一种将资产从主链转移到另一条链上的技术,而跨链技术则可以实现不同链之间的资产转移和价值交换。通过这些技术,可以将不同的区块链系统连接起来,实现异构链的融合。

(2)中继链与桥接技术。中继链作为连接多个区块链的桥梁,可以实现不同链之间的通信和协作。桥接技术则可以在不同链之间建立通信通道,使得它们能够相互传递信息和价值。

(3)互操作性协议与标准。制定统一的互操作性协议和标准是实现异构链融合的关键。这可以确保不同链之间的通信和协作能够顺利进行,降低融合的技术难度和成本。

3. 异构链融合带来的好处

(1)提高可扩展性。通过整合不同链上的资源和处理能力,异构链融合可以显著提高整个系统的吞吐量和性能。

(2)促进互操作性。融合后的异构链将能够支持更多类型的智能合约和应用,实现跨链的价值传输和数据处理。

（3）增强灵活性。异构链的融合将使得区块链系统更加灵活，能够适应不同场景和需求的变化。

4. 面临的挑战

（1）技术复杂性。实现异构链的融合需要解决一系列技术难题，如跨链通信、资产映射、安全性保障等。

（2）利益协调。不同链上的参与者可能有着不同的利益诉求和治理机制，如何在融合过程中平衡各方利益是一个挑战。

（3）监管与合规。随着异构链融合的推进，监管机构可能需要制定更加完善的法规和政策来规范这一领域的发展。

总体而言，异构链的融合是区块链技术发展的重要趋势之一。通过实现不同链之间的互联互通，它可以为区块链技术的进一步应用和发展提供更加灵活、高效和可扩展的解决方案。然而，在这一过程中也需要解决一系列技术、利益和监管等方面的问题。

6.2.4 安全性与隐私保护的加强

随着区块链技术的广泛应用，其安全性和隐私保护问题逐渐凸显，成了技术发展的核心关切。未来的区块链系统将更加注重提升安全性，并强化隐私保护机制，以满足用户对数据安全的日益增长的需求。

1. 安全性加强的必要性

（1）防止攻击和欺诈。随着区块链系统承载的资产价值日益增加，针对系统的攻击和欺诈行为也愈发频繁。加强安全性是防止这些行为的有效手段。

（2）保护用户数据。区块链系统中存储着大量的用户数据，包括交易记录、身份信息等。这些数据一旦泄露或被滥用，将对用户造成严重的损失。

（3）维护系统稳定。安全性问题可能导致区块链系统遭受破坏，影响系统的稳定性和正常运行。

2. 隐私保护的重要性

（1）保护个人信息。随着区块链技术在金融、医疗、社交等领域的应用，用户的隐私信息可能被泄露给不受信任的第三方。加强隐私保护是保护个人信息不被滥用的关键。

（2）促进应用发展。隐私保护机制的缺失可能会阻碍区块链技术在某些敏感领域的应用。强化隐私保护有助于推动区块链技术的广泛应用。

3. 如何加强安全性与隐私保护

（1）采用更先进的加密算法。通过采用更强大的加密算法和协议，如零知识证明、同态加密等,提高区块链系统的抗攻击能力和数据安全性。

(2)建立严格的数据访问控制机制。通过权限管理、访问控制等手段,确保只有授权的用户才能访问和修改区块链上的数据。

(3)强化节点安全。对区块链节点进行安全加固,包括身份验证、访问控制、日志审计等措施,以防止恶意节点对系统造成破坏。

(4)隐私保护技术。利用混币器(Mixer)、零知识证明(ZK-Snarks)、环签名(Ring Signatures)等隐私保护技术,确保交易和数据的匿名性和不可追踪性。

4.挑战与前景

(1)技术挑战。加强安全性与隐私保护需要采用更加复杂和先进的技术手段,这对技术团队的要求较高。

(2)合规与监管。随着隐私保护要求的提高,监管机构可能需要对区块链系统的隐私保护机制进行更加严格的审查和监管。

(3)前景展望。随着技术的不断进步和合规问题的解决,未来的区块链系统将能够提供更加安全、私密的数据存储和交易环境,为更多领域的应用提供强有力的支持。

总体而言,安全性和隐私保护是区块链技术持续发展的重要保障。未来,随着技术的不断进步和应用领域的拓展,区块链系统将更加注重安全性和隐私保护方面的提升,以满足用户对数据安全的需求。

6.2.5 与前沿技术的结合

区块链技术以其独特的去中心化、数据不可篡改等特性,正逐渐成为众多前沿技术的理想结合伙伴。通过与人工智能、物联网、大数据等前沿技术的结合,区块链技术有望催生出更多具有颠覆性的创新应用,进一步拓展其应用领域和影响力。

1.与人工智能的结合

(1)智能合约的自动化执行。人工智能技术可以用于优化智能合约的执行过程,使其能够根据预设的条件自动触发和执行,提高合约执行的效率和准确性。

(2)网络性能优化。人工智能算法可以应用于区块链网络的性能优化,通过智能调度和管理网络资源,提高网络的吞吐量和交易速度。

(3)安全性增强。人工智能技术可以帮助识别和预防区块链网络中的恶意行为和攻击,提高系统的安全性。

2.与物联网的结合

(1)建立信任机制。区块链技术可以用于建立物联网设备之间的信任机制,确保设备之间的数据交换和协作的安全性。通过区块链的去中心化特性,可以避免单点故障和数据篡改的风险。

(2)实现设备间的价值转移。物联网设备可以通过区块链技术实现价值的直接转移,无须经过中心化机构。这有助于降低交易成本,提高交易效率。

(3)数据共享与隐私保护。通过区块链技术,物联网设备可以实现数据的安全共享和隐私保护。这有助于解决物联网领域的数据安全和隐私泄露问题。

3. 与大数据的结合

(1)数据可信度提升。区块链技术可以确保大数据的完整性和可信度,避免数据被篡改或伪造。这有助于提高大数据分析和决策的准确性。

(2)优化数据处理流程。区块链技术可以简化大数据处理流程,提高数据处理效率。通过智能合约和自动化执行机制,可以实现数据的自动化处理和验证。

(3)增强数据安全。区块链技术可以加强大数据的安全保护,防止数据泄露和被非法访问。这有助于保障企业和个人的数据安全。

4. 挑战与前景

(1)技术整合难度。将区块链技术与前沿技术有效整合需要克服一定的技术挑战,如接口标准、数据互操作性等。

(2)法规与标准制定。随着区块链技术与前沿技术的结合应用日益广泛,需要制定相应的法规和标准来规范其发展,确保其合法合规。

(3)前景展望。随着技术的不断成熟和创新应用的不断涌现,区块链技术与前沿技术的结合将带来更加广阔的应用前景和市场空间。

总体而言,与前沿技术的结合将为区块链技术的发展注入新的动力,推动其在更多领域的应用和普及。未来,随着技术的不断进步和创新应用的不断涌现,区块链技术有望与其他前沿技术共同推动数字化转型的进程。

6.2.6　区块链在实体经济中的应用

区块链技术,尽管在虚拟经济领域如数字货币、智能合约等方面得到了广泛应用,但其实体经济领域的应用潜力仍然巨大。随着技术的成熟和应用场景的不断拓展,未来区块链技术有望在实体经济中扮演更加重要的角色,助力传统企业降低成本、提高协作效率,从而激发实体经济增长。

1. 降低交易成本

区块链技术通过去中心化、数据不可篡改等特性,为实体经济中的交易提供了更高的透明度和信任度。在供应链、物流等领域,区块链技术可以确保交易数据的真实性和完整性,降低交易双方的信息不对称和信任成本。此外,智能合约的自动执行功能还可以减少人为干预和纠纷,进一步提高交易效率。

2. 提高协作效率

在实体经济中,企业间的协作往往涉及多个环节和多个参与方,协作效率往往受到信息不对称、信任缺失等因素的制约。区块链技术通过建立一个去中心化的信任机制,可以促进企业间的协作和信任建立,提高协作效率。例如,在供应链管理中,区块链技术可以实现各环节数据的实时共享和验证,确保供应链的透明度和可追溯性,提高供应链的协作效率。

3. 优化资源管理

区块链技术还可以用于优化实体经济中的资源管理。通过智能合约和去中心化的管理机制,区块链技术可以确保资源的合理分配和利用,减少资源浪费和过度消耗。例如,在能源领域,区块链技术可以实现能源交易的去中心化和透明化,促进能源的高效利用和可持续发展。

4. 保障数据安全

在实体经济中,数据的安全性和隐私保护至关重要。区块链技术的去中心化和数据不可篡改特性可以确保数据的安全性和可信度,防止数据被篡改或泄露。这对于保护企业和个人的隐私数据、防止数据泄露和被非法访问具有重要意义。

5. 推动数字化转型

区块链技术作为一种新兴的数字化技术,有助于推动实体经济的数字化转型。通过引入区块链技术,企业可以实现业务流程的数字化、智能化和自动化,提高生产效率和竞争力。同时,区块链技术还可以与其他前沿技术如人工智能、物联网等结合,催生出更多具有颠覆性的创新应用,推动实体经济的转型升级。

6. 挑战与前景

尽管区块链技术在实体经济中的应用具有广阔的前景和潜力,但也面临着一些挑战。例如,技术成熟度、成本效益、法规政策等方面的问题仍需进一步解决。同时,随着区块链技术的不断发展和创新应用的不断涌现,其在实体经济中的应用也将面临更加复杂和多元的场景和挑战。

总体而言,区块链技术在实体经济中的应用前景广阔,有望成为未来一段时间区块链应用的主战场。随着技术的不断成熟和创新应用的不断涌现,区块链技术将助力传统企业降低成本、提高协作效率,从而激发实体经济增长。同时,政府、企业和社会各界也需要共同努力,加强技术研发、人才培养、法规制定等方面的工作,推动区块链技术在实体经济中的广泛应用和发展。

综上所述,区块链技术的未来发展趋势将是一个多元化、融合化、安全化和实用化的过程。随着技术的不断进步和应用的不断拓展,区块链技术有望为社会带来更多的变革和机遇。

结　论

在本章中,我们回顾了区块链的历史演变,并探讨了其未来的发展趋势。

首先,我们回顾了区块链技术的起源。从 2008 年比特币的白皮书发布开始,区块链技术经历了从比特币的底层技术到支持各种去中心化应用的演变。我们详细地描述了区块链技术如何从单一的数字货币交易工具,发展成为一个多应用场景的底层技术,包括供应链管理、数字身份认证、金融科技等领域。

然后,我们深入探讨了区块链技术的未来发展趋势。随着技术的不断进步和应用场景的不断拓展,区块链技术将面临更多的挑战和机遇。为了应对这些挑战,我们看到了区块链技术在可扩展性、隐私保护和安全性等方面的持续创新。同时,我们也看到了区块链技术与人工智能、大数据等其他技术的深度融合,以实现更广泛的应用和更大的价值。

此外,随着区块链技术的普及和影响力扩大,监管和合规性将成为未来发展的重要方向。监管机构将更加注重区块链行业的规范和引导,以确保技术的健康发展和社会利益的平衡。

综上所述,区块链技术已经从单一的数字货币交易工具发展成为一个多应用场景的底层技术,并将在未来继续发展和创新。随着技术的不断进步和应用的不断拓展,区块链技术将在各个领域发挥更加重要的作用,推动数字经济的发展和社会进步。

第7章　区块链的应用(数字化技术)

区块链技术是一种数字化技术,主要应用于数字货币、供应链管理、智能合约、数据管理、身份验证和防欺诈、嗅探设备和物联网等领域。通过该技术,可以提高效率、降低成本、增强安全性和可靠性,促进数字经济的发展。

7.1　区块链技术与数字货币:颠覆性的变革

区块链技术,起源于比特币的发明与交易,以其独特的去中心化特性对传统金融体系产生了深远的影响。数字货币作为区块链技术的首个应用领域,不仅提高了交易的安全性、透明度和效率,更打破了传统金融体系中由中央机构控制的货币发行与交易模式。

7.1.1　区块链技术与数字货币的融合

(1)去中心化网络的安全交易。比特币的出现,实现了无须中介的数字交易,大大降低了汇款或转账的高昂费用。

(2)确保交易质量。通过去中心化技术、安全的数字身份标识和透明的交易记录,区块链技术为比特币交易提供了强有力的保障。

(3)数字货币的多样性。除了比特币,众多新兴货币也依赖于区块链技术,确保货币的流通量、交易安全和透明度,同时更好地保护个人隐私。

7.1.2　区块链技术在数字货币领域的创新应用

(1)数字钱包与智能合约。数字钱包的出现使各种数字货币的存储和使用更为安全便捷;智能合约则能自动化执行货币转账或收款,加快了交易速度,降低了交易成本。

(2)金融科技的发展。区块链技术不仅推动了数字货币的进步,更在金融科技领域催生了众多创新应用。

7.1.3　阿里巴巴在区块链与数字货币领域的探索

作为全球领先的跨境电商平台,阿里巴巴早在 2018 年便开始了区块链技术在数字货币领域的应用探索。

(1)阿里巴巴云货币平台。该平台利用区块链技术的分布式账本,实现了全网节点的数据实时同步,确保了数据的安全性、透明性和一致性。

(2)数字资产的全流程管理。平台不仅支持数字货币,还涵盖了代币、数字证券等多种形式的数字资产,提高了资产流转和使用效率。

(3)应用场景的拓展。在贸易融资和供应链金融领域,阿里巴巴云货币平台通过智能合约技术,实现了交易的自动化和规范化,降低了交易成本,提高了交易效率,同时也为商家提供了更加灵活的融资方式。

7.1.4　前景与挑战

尽管区块链技术在数字货币领域的应用前景广阔,但仍面临如货币贬值、黑市交易、兑换难题和合规问题等挑战。这需要企业、监管机构和政府共同努力,制定和完善相关法律法规,推动数字货币领域的持续创新和发展。

综上所述,区块链技术正以其独特的优势改变传统金融和货币体系的运行方式,推动数字货币的发展。随着技术和监管的不断完善,数字货币领域的应用前景将更加广阔。

7.2　区块链在数字证书领域的应用

随着数字化时代的到来,数字证书成了信息安全领域中重要的一环。传统的数字证书使用中心化的方式进行管理,存在单点故障和容易被攻击等问题。因此,区块链技术的出现为数字证书领域带来了新的解决方案。

区块链可以作为分布式的数据库,记录生成和验证数字证书的过程,并将这些记录链接起来,形成区块,保障数字证书的安全性、可靠性和可溯性。下面我们具体分析一下区块链在数字证书领域的应用:

7.2.1　传统数字证书与区块链数字证书的比较及企业应用分析

1.传统数字证书的问题

传统数字证书的管理方式主要依赖于中心化的证书颁发机构。这种方式存在明显的缺点：

（1）中心化风险。中心机构成为单点故障，一旦遭受攻击或出现问题，整个证书系统可能面临崩溃的风险。

（2）效率问题。证书的更新、撤销等操作需要经过中心机构，导致处理速度缓慢，特别是在大规模操作时。

（3）成本问题。维护中心化的证书管理机制需要大量的人力、技术和物理资源投入。

2. 区块链技术的优势

区块链技术为数字证书管理带来了新的解决方案，其核心优势如下：

（1）去中心化。通过区块链的分布式特性，数字证书的管理不再依赖于单一的中心机构，而是由网络中的多个节点共同维护和验证。

（2）安全性和透明度。区块链的不可篡改性确保了数字证书的安全，同时所有操作都是公开透明的。

（3）效率提升。去除了中心化的验证环节，大大加快了数字证书的颁发、更新和撤销速度。

（4）成本降低。减少了维护中心化证书系统所需的资源投入，为企业节省成本。

3. 企业应用实例

多家企业已经认识到区块链在数字证书管理中的潜力，并付诸实践：

（1）蚂蚁金服。利用区块链技术为数字身份提供去中心化管理方案，实现公民身份信息的共享和验证，提高公共服务效率。

（2）微软。在 Azure 平台上集成区块链技术，为企业提供安全、去中心化的数字证书管理系统，简化证书管理流程。

（3）IBM。通过区块链解决方案为供应链管理提供高度安全的数字证书系统，确保供应链各环节的身份验证和数据安全。

（4）苹果和华为。从用户数据安全角度出发，利用区块链技术提供更安全的数据存储和传输环境，保护用户隐私和数据安全。

总之，这些企业的实践表明，区块链技术正逐渐成为数字证书管理的新标准。它不仅提高了安全性和效率，还为企业节省了大量的成本。随着技术的进一步发展，预计未来将有更多企业采用区块链技术来管理其数字证书，确保数据的安全和高效传输。

7.2.2　区块链技术与数字证书验证:确保可溯性、安全性和可靠性

区块链技术为数字证书提供了可溯性和可验证性,通过存储在区块链上的数据进行验证,降低了信息泄露和篡改的风险,从而确保数字证书的安全性和可靠性。

1.数字证书验证的重要性

数字证书是确保在线交易和信息传输安全的关键。传统的数字证书验证方法往往依赖于中心化机构,存在单点故障和信息泄露的风险。

2.区块链技术的优势

(1)分布式特性。区块链的分布式账本技术确保数据不被篡改。

(2)不可篡改性。一旦数据上链,就无法被更改,保证了数据的真实性。

3.企业应用案例

(1)蚂蚁金服。"五因素认证"结合传统密码与生物识别技术(如指纹、声纹),结合区块链技术提高认证安全性。

(2)微软。Microsoft Authenticator 应用利用区块链确保用户身份的安全和隐私。

(3)IBM。Trust Your Supplier 解决方案利用区块链在供应链管理中确保各参与方的身份和数据安全。

(4)苹果。Face ID 利用生物特征识别技术与区块链结合,提供安全便捷的验证方式。

(5)华为。数字身份认证解决方案同样结合生物识别与区块链技术,为用户提供安全验证。

总之,这些案例展示了区块链在数字证书验证中的巨大潜力,结合生物识别、智能合约等先进技术,不仅提高了安全性和可靠性,还为用户提供了更便捷的服务体验。随着技术的进步,预计将有更多企业采纳这种高效、安全的验证方式,为用户和企业创造更加安全、透明的数字环境。

7.2.3　区块链技术与数字证书传输:提升效率、降低成本与增强安全性

区块链技术为数字证书的传输带来了革命性的变革,实现了快速、安全、低成本的传输,极大提升了数字证书颁发和验证的效率。

1.传统数字证书传输的局限

传统的数字证书传输涉及多个中间环节,效率低下,成本高昂,且存在安全风

险,如数据泄露和篡改。

2. 区块链技术的优势

(1)高效性。区块链技术允许数字证书在节点间直接传输,减少了中间环节,提高了传输效率。

(2)低成本。减少了人工审核、数据录入等中间环节,降低了传输成本和时间成本。

(3)安全性。区块链的分布式特性确保了数字证书在传输过程中的完整性和真实性,降低了安全风险。

(4)可追溯性。每个数字证书都有独特的数字指纹,可以追溯到原始颁发节点,增加了证书的真实性和问题定位的准确性。

3. 实际应用案例

某公司利用区块链技术优化了证书颁发流程,实现了证书的快速、安全传输,大大提高了传输效率和颁发速度,降低了成本和潜在的安全风险。

总之,区块链技术为数字证书的传输带来了革命性的变革,提高了效率,降低了成本,增强了安全性。随着技术的进一步发展,区块链有望在更多领域发挥独特优势,推动行业的数字化进程。

7.2.4 华为利用区块链技术推动数字证书安全与可靠性

随着数字时代的来临,数字证书的安全性与可靠性变得尤为重要。华为,作为可信数字身份解决方案领域的领先企业,通过结合区块链技术,为数字证书的安全和可靠性提供了创新性的解决方案。

1. 区块链技术与数字证书

(1)智能合约的应用。利用区块链技术,华为实现了数字证书的智能合约。这些智能合约可以自动验证证书的有效性,确保数字证书的真实性和可靠性,减少了人为干预和潜在的错误。

(2)数字证书的去中心化。通过区块链技术,华为实现了数字证书的去中心化管理。数字证书链表被记录在区块链上,并由全球节点同步维护,从而大大提高了数字证书的安全性和可靠性。

2. 华为在数字证书领域的区块链技术应用

(1)数字身份的去中心化管理。利用区块链,华为确保了数字身份的分散式管理,避免了单点故障和安全隐患。

(2)安全传输。通过区块链技术,华为解决了数字证书在传输过程中可能遭受的篡改和攻击问题,实现了快速、安全、可靠的数字身份认证。

(3)智能合约的数字身份认证。华为利用智能合约自动验证数字身份的有效性和合法性,降低了人为干预,提高了认证准确性。

(4)建立数字身份信用体系。通过区块链技术,华为为数字身份创建了一个可靠、公共的信用体系,加强了数字身份管理的安全性。

华为通过区块链技术在数字证书领域的应用,不仅实现了数字身份的去中心化管理和安全传输,还通过智能合约提高了数字身份认证的准确性。这些创新性的解决方案不仅增强了数字证书的可靠性和信任度,还为数字信息安全提供了新的保障措施。随着技术的进一步发展,我们有理由相信,华为将继续引领数字证书领域的发展,为数字世界的安全与可靠做出更大贡献。

总之,数字证书是信息安全领域中得到广泛应用的技术。随着区块链技术的不断发展和应用,数字证书的管理和验证也可以实现去中心化和安全性的提升。未来,随着区块链技术在数字证书领域的应用不断深入,数字证书的发展将迎来更加广阔的前景和市场空间。

7.3　区块链在数字版权领域的应用

随着数字化时代的到来,数字版权保护问题越来越受到人们的关注。传统的数字版权保护手段受到各种问题的限制,区块链技术则为数字版权保护提供了新的解决方案。本文将介绍并分析区块链在数字版权领域的应用。

区块链技术是一种去中心化的数据库技术,其核心特点是不可篡改和去中心化。区块链可用于记录信息和交易,而信息和交易记录则存储在每个参与者节点的数据库中,形成不可篡改的数据链。因此,区块链在数字版权领域能够提供更为安全和透明的版权保护方式。

7.3.1　区块链在数字版权保护中的应用

1.数字版权登记

在数字版权保护中,区块链可以用于数字版权登记和证明版权归属。具体来说,版权持有者可以将其作品的版权信息记录在区块链上,以证明其作品的版权归属。这种记录方式可对外公开,便于权利的行使和保护。

数字版权登记是区块链在数字版权保护中的一项重要应用。它可以帮助版权持有者证明作品的版权归属,并且对于版权侵权维权提供了重要的证据。下面举例说明数字版权在登记时的应用。

以音乐版权为例,版权持有者可以将自己的作品上传至区块链上,记录其版权信息,包括但不限于作品名称、作曲者、演唱者、出版社、发行时间等。同时,将版权信息与作品进行绑定,生成唯一的"指纹"或"哈希值",该指纹将在区块链上保存。

作品的哈希值是通过对作品进行哈希算法加密生成的一串固定长度的字节序列,可以唯一地代表一个作品。每当版权持有者在区块链上登记作品时,系统会自动生成一个与作品绑定的哈希值,该哈希值将永久保存在区块链上,并且不可篡改。

此时,版权持有者可以使用登记成功的版权信息作为版权的证明,用于版权的维权。在发生版权侵权事件时,版权持有者可以通过对比侵权作品的哈希值和在区块链上保存的登记作品的哈希值来证明其版权所有权,进而实施版权保护。

需要注意的是,登记版权信息并不代表版权受到法律保护,其法律效力仍需要根据国内法律规定来认定。但区块链技术在数字版权保护中应用的发展,为数字版权的保护和维权提供了新的手段和研究思路,未来数字版权登记的应用将点燃数字版权领域的新火花。

2. 作品监管

由于区块链的去中心化特点,可以实现对版权作品的严格监管。该监管方式基于区块链存储,并由智能合约自动执行,从而确保版权的未经授权使用、拷贝、传播等不良行为。

区块链在数字版权保护中的应用不仅仅限于数字版权登记,还可以通过作品监管来保障版权,在数字版权保护中扮演着重要角色。下面举例说明区块链在数字版权保护中的作品监管应用。

以电影版权为例,电影制片公司可以将电影的版权信息上传至区块链,包括但不限于电影名称、导演、演员、发行时间等。同时,将电影版权信息与电影的存储信息进行绑定,生成唯一的哈希值,该哈希值将在区块链上保存。

一旦电影被上传到区块链后,其版权信息和存储信息都将被不可篡改地保存在区块链中,任何人都不能删除或修改。制片公司可以通过在区块链上对电影进行时间戳记记录,保证电影存储信息不被篡改或删除。

此外,制片公司还可以将电影的播放授权交由区块链进行管理。只有符合播放条件的播放方才能获得电影播放的授权,而且每一次播放的信息都将被记录在区块链上。如果有未授权的电影传播事件,版权持有者可以基于在区块链上保存的记录对侵权行为进行追踪与追究。

因此,区块链技术在数字版权保护中的作品监管应用可帮助版权持有者对数字作品进行有效监管,防止未经授权的传播和侵权行为的发生,提高数字版权的保护水平。

3.数字版权交易

在数字版权交易中,区块链可以用于版权内容分发、管理和结算等流程。版权内容分发过程中,区块链可用于记录分发时间、地点、用户等信息;管理过程中,区块链可用于管理版权信息、建立版权档案和保护版权;结算过程中,区块链可实现支付和收入的实时结算。

区块链技术可以用于数字版权交易,其保证了版权交易的透明性、可追溯性、安全性和低成本,从而帮助版权持有者更好的保护和管理自己的版权。以下是一个例子:

假设某一位艺术家想要通过数字交易平台出售自己的数字画作版权。通过数字版权交易平台,艺术家可以将自己的数字画作版权信息,如名称、作者、版权类型、发行时间、使用范围、使用期限等详细信息上传至区块链。

数字版权将被存储在区块链上,并通过智能合约进行管理,艺术家可以在其中设置一些版权使用规则,如期限、价格等。同时,艺术家的数字画作也将被上传至区块链上,该数字画作将被加密,并生成一个唯一的哈希值。

下一步,数位收藏家可以通过数字版权交易平台直接向艺术家购买数字画作的版权。在购买时,数位收藏家需要支付一定的费用,同意平台的交易规则,然后通过智能合约直接将费用发放给艺术家。

此时,艺术家也可以同意将这些版权给数位展商展示或销售等操作,通过智能合约可授权他人使用自己的版权。当数位展商获得授权后,他们也可以在平台上发布展示、出售等操作。

因此,区块链技术有助于数字版权交易的实现,包括版权的存储、交易、管理、授权等操作,从而实现版权所有权的透明、可追溯、节约成本以及信息安全的多方验证,以及规避作品盗版等问题,保障了艺术家和数位收藏家的权益。

7.3.2　区块链在数字版权保护中的优势

1.安全性

区块链在数字版权保护中的关键优势之一是安全性。由于区块链数据库采用加密算法和分布式存储方式,以及去中心化的控制结构,因此可保证版权信息的安全。此外,区块链记录每个交易的历史数据,可检测到未经授权的修改和篡改行为。

2. 透明性

区块链记录的信息是完全透明的,并可由任何想要了解相应信息的人进行查询。因此,版权持有者和消费者可以更容易地了解版权内容的使用、分发、授权等方面的情况。

3. 自动化

智能合约的应用使得版权信息的管理和维护更为便捷和高效。根据智能合约执行的规则,包括版权内容管理、授权、监管和交易结算等,可以在不需要人为干预的情况下自动执行。

总之,区块链技术能够为数字版权保护提供高效、安全和透明的解决方案。通过区块链技术,数字版权保护将不再限于传统的版权认证和授权,更进一步的提高数字版权的可信和公正性,促进数字化时代版权业的发展和应用。

7.4 区块链在数字文物领域的应用

区块链在数字文物领域的应用主要体现在确保文物信息的真实性、完整性、安全性和可追溯性,以及优化文物的展示、管理和交易等方面。以下是对这种应用的详细具体讲解和分析:

7.4.1 确保文物信息的真实性和完整性

(1)在数字文物领域,区块链技术可以用来记录文物的详细信息,包括其来源、历史、鉴定结果等。这些信息一旦上链,就无法被篡改或删除,从而确保了其真实性和完整性。

(2)这对于防止文物信息被篡改或伪造具有重要意义,有助于维护文物的历史和文化价值。

7.4.2 保障文物信息的安全性

(1)区块链的分布式存储和加密技术使得文物信息在多个节点上得到保护,即使某个节点遭受攻击或损坏,其他节点仍然可以保存完整的数据。

(2)这种去中心化的存储方式大大提高了文物信息的安全性,防止了数据泄露或被篡改的风险。

7.4.3　文物的追溯和鉴定

(1)通过将文物的所有信息记录在区块链上,可以实现文物的追溯。这意味着可以追溯到文物的来源和历史,有助于打击文物盗窃和非法交易。

(2)同时,区块链技术还可以与 AI 等先进技术结合,实现文物的自动化鉴定和评估,提高鉴定的准确性和效率。

7.4.4　优化文物的展示和管理

(1)通过将文物信息以数字形式存储在区块链上,可以实现文物的数字化展示和管理。这不仅方便了公众对文物的欣赏和了解,也提高了文物管理的效率。

(2)区块链技术还可以支持文物的数字化复制和传播,有助于扩大文物的传播范围和影响力。

7.4.5　促进文物的交易和流通

(1)在传统的文物交易中,由于信息不对称和信任缺失等问题,交易双方往往难以达成交易。而区块链技术通过确保文物信息的真实性和完整性,以及提供透明的交易记录,有助于建立信任机制,促进文物的交易和流通。

(2)区块链技术还可以支持跨境文物交易和支付,降低交易成本和时间成本。

总之,区块链技术在数字文物领域的应用具有广阔的前景和潜力。通过确保文物信息的真实性、完整性、安全性和可追溯性,以及优化文物的展示、管理和交易等方面,区块链技术有助于推动数字文物领域的发展和创新。

7.5　电商和区块链之间的联系

电商和区块链之间的联系主要体现在如何利用区块链技术来改进和优化电商领域的各个方面。以下是对这种联系的详细具体讲解和分析:

7.5.1　安全性与隐私保护

(1)在传统的电商模式中,用户的个人信息和交易数据通常存储在中心化的服务器上,这导致了大规模的信息泄露风险。

(2)区块链技术通过加密的方式将用户信息存储在去中心化的数据库中,从而实现了用户数据的去中心化管理。这样,用户的个人信息不会集中存储在一个中心服务器上,大大降低了信息泄露的风险。

(3)同时,区块链的分布式存储特性意味着数据在多个节点上被复制和存储,进一步增强了数据的安全性。

7.5.2 供应链透明度

(1)在电商领域,供应链的透明度是一个关键问题。消费者通常希望了解他们购买的产品的来源和制造过程。

(2)区块链技术允许将产品的所有信息,如生产、运输、存储等,都记录在区块链上。这意味着消费者可以追踪产品的来源,确保产品的真实性和质量。

(3)同时,供应商也可以通过区块链技术了解市场需求,从而更加高效地管理供应链。

7.5.3 智能合约与交易自动化

(1)在传统的电商交易中,通常需要依赖第三方机构(如支付平台)来确保交易的安全和可靠。

(2)区块链技术通过智能合约的方式,可以实现电商交易的自动化和可信度。智能合约是一种基于区块链技术的可编程合约,它可以在没有第三方的情况下自动执行。这意味着消费者和商家可以直接进行交易,无须依赖中介机构,从而降低了成本和交易复杂度。

7.5.4 区块链的类型与电商应用

(1)区块链主要分为公有链、私有链和联盟链。

(2)公有链的用户基数庞大,人人皆为节点,这有助于增强用户共识度和公开透明性。但在电商领域,由于并发量过大,可能会导致服务器负载严重和交易反应时间缓慢。

(3)私有链和联盟链则更适合用于特定的电商场景,因为它们可以在一定的范围内控制节点的数量和权限,从而确保交易的安全和效率。

总之,电商和区块链之间的联系主要体现在如何利用区块链技术来增强电商领域的安全性、隐私保护、供应链透明度和交易自动化。通过结合这两种技术,我们可以期待电商行业的进一步发展和优化。

结　论

在本章中,我们深入探讨了区块链技术在不同数字化领域的应用,并对其进行了研究分析。

首先,我们讨论了区块链在数字货币领域的应用。通过比特币和其他加密货币的实例,我们展示了区块链如何提供去中心化、安全和透明的交易机制,从而改变了传统的金融体系。区块链技术不仅提高了交易速度、降低了交易成本,还增强了交易的匿名性和安全性,为数字货币的发展提供了坚实的基础。

其次,我们探讨了区块链在数字证书领域的应用。通过数字证书的发放和验证过程,区块链可以确保其真实性和不可篡改性。这为各种身份认证、数据完整性保护和知识产权保护等领域提供了有效的解决方案。通过区块链技术,我们可以轻松地验证证书的真伪,防止伪造和篡改,提高信息的安全性和可信度。

再次,我们还研究了区块链在数字版权领域的应用。随着数字内容的普及和版权问题的日益突出,区块链为版权保护和管理提供了一种新的解决方案。通过将版权信息和交易记录存储在区块链上,可以有效地追踪和保护数字内容的所有权,减少侵权行为的发生,为创作者和版权所有者提供更好的权益保障。

最后,我们讨论了区块链在数字文物领域的应用。数字文物是文化遗产的重要组成部分,但长期以来面临着保护和传承的难题。区块链技术为数字文物的存储、认证和交易提供了新的可能性。通过区块链的不可篡改性和可追溯性,我们可以确保数字文物的真实性和完整性,为文物的保护和传承提供强有力的支持。

综上所述,区块链技术在数字化领域具有广泛的应用前景。通过在数字货币、数字证书、数字版权和数字文物等领域的应用,区块链技术为数字化技术的发展提供了新的动力和可能性。然而,我们也应认识到,区块链技术的应用仍面临一些挑战和限制,如可扩展性、隐私保护和监管问题等。未来仍需进一步研究和探索,以充分发挥区块链技术在数字化领域的潜力。

第8章 区块链环境下智慧物流流通体系

智慧物流流通体系是指通过区块链等技术手段,在物流链条中实现智能化管理、优化物流业务流程和资源配置,提高物流效率,促进物流行业的发展和升级。它可以用于从物流信息的管理到物流资源的调度,从供应链管理到物流终端服务的协同,利用区块链的分布式账本、不可篡改性、去中心化的特点,透明地记录参与物流过程的各个节点的信息和行为,确保物流商品的真实性和流通过程的可追溯性,从而实现更高效、更安全、更可靠的物流体系。本章以京东智能物流为例,具体介绍区块链环境下智慧物流流通体系发展和运用。

8.1 京东智能物流基础架构

京东智能物流基础架构主要包括物流大数据平台、自动化仓储、配送线路优化、智能配送车队、末端配送等五大部分。

8.1.1 物流大数据平台

京东在物流运营中引入了大数据和人工智能技术,将订单数据、运营数据、实时路况等数据进行分析和挖掘,实现全程智能化管理。该平台还提供了预测分析、规划和优化等功能,帮助提高物流效率和质量。

京东物流大数据平台:智能化的物流管理之道

京东作为中国电商巨头,一直走在技术革新的前沿。其中,京东在物流运营中引入的大数据和人工智能技术,无疑是其智能化的一个重要体现。

该物流大数据平台不仅仅是一个简单的数据分析工具。它整合了订单数据、运营数据以及实时路况等多维度信息,通过对这些数据的深入分析和挖掘,能够为物流运营提供全面的智能化管理。例如,平台可以根据历史订单数据预测某一时间段内的需求量,从而提前进行资源调配,确保快速响应。

而实时路况数据的引入,使得京东能够更加精准地规划运输路线,减少不必要的延误。这不仅有助于提高物流效率,还为消费者带来了更为快捷的配送服务。

除了实时分析功能,该平台还提供了预测分析、规划和优化等功能。例如,利用人工智能技术,平台可以预测某一商品在未来一段时间内的销售趋势,从而提前进行库存管理,避免缺货或积压现象。

另外,通过大数据分析,京东还能够为供应商和第三方物流公司提供更为精确的物流规划建议,帮助他们优化运输策略,提高整体物流效率。

京东的物流大数据平台不仅仅是一个数据仓库,更是一个智能化的决策支持系统。它充分利用了大数据和人工智能的优势,实现了全程智能化管理,为整个供应链带来了前所未有的效率提升和成本优化。

这一案例也充分展示了大数据和人工智能在物流领域的巨大潜力。随着技术的不断进步,我们有理由相信,未来的物流行业将更加高效、智能和便捷。

8.1.2　自动化仓储

京东在各地建设了多个自动化仓库,采用自动化设备和智能化系统管理,实现仓储、分拣、包装等物流环节的自动化,提高了操作效率和准确性。

京东自动化仓储:效率与准确性的双重提升

在电商行业飞速发展的背景下,高效的物流体系成了核心竞争力之一。京东作为电商巨头,自然在物流领域有着自己的独到之处。其中,自动化仓储体系的建设便是其物流优势的一个重要体现。

京东在各地建设的自动化仓库不仅是一个高科技的集成,更是对传统仓储模式的一次颠覆。这些仓库采用先进的自动化设备和智能化系统进行管理,实现了从入库、存储到出库、分拣等各个环节的自动化。

自动化设备的应用大大减少了人工干预,从而降低了人为错误的可能性,确保了操作的准确性和高效性。同时,智能化的系统能够实时监控库存情况,自动调整货位和库存量,确保库存管理始终处于最佳状态。

这种自动化的仓储模式为京东带来了多重优势。首先,它大大提高了仓储操作的效率,缩短了商品从入库到出库的时间,从而加快了物流速度。其次,自动化和智能化管理减少了人为错误,提高了操作的准确性,确保了商品的质量和安全。

此外,自动化仓储还有助于京东实现精细化管理。通过对库存数据的实时监控和分析,京东可以更加精准地进行库存规划和调整,避免库存积压和浪费。这不仅有助于降低库存成本,还为消费者带来了更加优质的购物体验。

京东的自动化仓储体系是其在物流领域不断创新的一个缩影。通过引入先进的自动化设备和智能化系统,京东成功地提高了操作效率和准确性,进一步巩固了其在电商行业的领先地位。

8.1.3　配送线路优化

京东借助区块链技术和路线优化算法,实现快速高效的配送,优化物流路径,降低配送成本,提供更好的物流服务。

京东配送线路优化:区块链技术与路线算法的完美结合

在电商配送领域,配送效率与成本是关键的竞争要素。京东作为电商巨头,一直在寻求技术突破以优化其配送服务。近年来,京东成功借助区块链技术与路线优化算法,对配送线路进行了全面升级。

区块链技术的引入,为配送线路的优化提供了坚实的数据基础。这一技术确保了数据的真实性与不可篡改性,为路线规划提供了更加准确的信息。例如,通过区块链技术,京东可以实时追踪货物的状态、位置和运输情况,确保信息的透明度和准确性。

而路线优化算法则是实现高效配送的核心。这一算法基于大数据分析,能够根据历史配送数据、路况信息、天气状况等多种因素,智能规划出最优的配送路线。这不仅大大提高了配送效率,还减少了不必要的运输时间和成本。

这种结合使得京东在配送领域取得了显著的优势。首先,通过区块链技术确保数据的真实性和准确性,京东能够更加精准地预测和规划配送线路,避免了因信息误差导致的延误或错误。其次,路线优化算法的应用进一步提升了配送效率,缩短了货物到达消费者手中的时间,提高了客户满意度。

此外,这种优化还为京东带来了经济效益。降低的配送成本使得京东在物流环节更具竞争力,同时也为其提供了更多的资源来提升其他方面的服务质量。

京东借助区块链技术和路线优化算法实现的配送线路优化,不仅是技术进步的体现,更是其持续创新、追求卓越服务的体现。这一举措不仅提高了配送效率、降低了成本,更为消费者带来了更加优质的购物体验,进一步巩固了京东在电商行业的领先地位。

8.1.4　智能配送车队

京东智能物流还建立了智能配送车队。通过 GPS、RFID 等技术,实现对车队的精细调度、远程监控等多种智能化管理手段,优化配送车辆的路线和运行效率。

京东智能配送车队:技术驱动的物流革新

在智能物流领域,京东走在了行业的前列。除了之前的区块链技术与路线优化算法,京东还建立了一支智能配送车队,进一步提高了配送的效率与智能化水平。

这支智能配送车队的核心优势在于对先进技术的应用。通过 GPS 和 RFID 等技术,京东能够实现对车队的实时、精确的监控和管理。GPS 技术使得车辆位置信息得以实时掌握,而 RFID 技术则用于物品信息的快速识别,确保配送过程中的信息准确性。

这些技术手段的应用,为京东带来了诸多优势。首先,精细的调度系统确保了车辆的有效利用,避免了资源的浪费。例如,根据实时的路况信息和车辆位置,系统能够智能分配任务,确保车辆运行在最短的路线,从而减少运输时间和成本。

其次,远程监控功能增强了京东对车队的掌控能力。一旦出现异常情况,如车辆故障或交通堵塞,系统能够立即发出警报,以便京东迅速做出反应,确保配送服务的连续性和稳定性。

此外,智能配送车队的建立还为客户提供了更加个性化的服务。基于用户的需求和地址信息,系统能够智能规划最佳的配送路线,确保货物快速、准确地送达客户手中。

京东的智能配送车队是技术驱动的物流革新的一个缩影。它不仅提高了配送效率、降低了成本,还为消费者带来了更加便捷、个性化的服务体验。通过不断创新和引入先进技术,京东将继续巩固其在智能物流领域的领先地位,并为整个行业树立一个典范。

8.1.5　末端配送

京东在全国范围内建立了物流末端配送网络,实现了从中心城市到乡镇和村庄的全面物流覆盖,为用户提供了及时、高效的配送服务。同时,京东还在末端配送中引入了社区代收、自提等便捷模式,提升了用户体验。

京东末端配送:乡镇覆盖与用户体验的双重升级

京东,作为中国电商巨头,一直以其高效的物流配送而备受赞誉。末端配送作为物流的“最后一公里”,是决定用户体验的关键环节。京东在全国范围内建立的末端配送网络,正是其持续优化服务的缩影。

首先,从覆盖范围来看,京东的末端配送网络不仅覆盖了中心城市,还将触角延伸到了乡镇和村庄。这意味着无论用户身处繁华都市还是偏远乡村,都能享受到京东的配送服务。这种全面的物流覆盖不仅体现了京东的市场布局策略,更彰显了其服务下沉的决心和能力。

其次,在配送模式上,京东不仅提供了传统的“送货上门”服务,还创新地引入了社区代收和自提模式。对于那些在工作或外出时无法接收包裹的用户,社区代收提供了一个便捷的选择。包裹被送到指定的社区代收点,用户可以在方便的时候自行提取,既节省了时间,又避免了因家中无人而造成的投递困难。自提模式则更加灵活,用户可以根据自己的时间安排,选择在最近的自提点提取包裹。这种模式大大提升了用户的自主性和便利性。

除了模式创新,京东在末端配送中还注重细节服务。例如,对于生鲜、冷冻等特殊商品,京东会提供定制化的包装和配送方案,确保商品在运输过程中不受损坏。此外,为了应对各种天气和路况条件,京东的配送员都经过专业培训,具备应对各种复杂环境的能力。

京东末端配送的成功之处在于,它不仅在物理层面上实现了全面的覆盖,还在服务模式和用户体验上进行了深度创新。这种既关注规模又注重质量的策略,使得京东在末端配送领域取得了显著的优势。

可以说,京东的末端配送网络不仅是其物流体系的重要支柱,更是提升用户体验、增强品牌影响力的关键环节。在未来,随着技术和市场的不断变化,京东如何在末端配送上持续创新和优化,将是我们值得关注的焦点。

8.2 京东智能配送系统

京东智能配送系统是京东的创新技术,结合自主研发的物流管理系统和智能化配送工具,旨在提升物流配送的高效性、精准性和便捷性。

8.2.1 京东智能配送系统特性

(1)高效性。通过大数据分析、智能算法和精准计算,优化配送路径、运输方式和时间,从而提高配送效率,降低物流成本。

(2)精准性。:全面的数据分析确保配送信息的真实性、准确性和及时性。深度融合互联网金融技术,提供物流金融服务,增强配送链的安全可靠性。

(3)便捷性。用户可轻松查看订单状态、货物追踪、配送时间及问题解决方案,提升物流服务的用户体验。

8.2.2 京东智能配送系统运用原理

(1)数据分析。采集海量数据,对配送路径、运输方式和时间进行分析和优化。利用大数据技术清洗、验证和整合数据,确保数据的真实性、准确性和完整性。

(2)智能化算法。根据不同配送场景,采用不同智能算法实现运输优化。自动匹配运输方式和途径,调整配送路线,预测配送困难和瓶颈。

(3)物流管理。结合数据分析和智能化算法,实现车辆调配、货物管理、订单跟踪等业务的自动化管理。减少不合理操作,提高物流效率和准确性。同时,具备在线跟踪和问题解决能力,确保物流过程的安全、稳定和可靠。

8.2.3 京东智能配送系统运用前景

随着科技的持续进步和创新,京东智能配送系统在未来具有广阔的运用前景。这一前景主要体现在以下几个方面:

(1)技术深化与升级。京东智能配送系统将不断引入新的技术,如更高级的数据分析算法、人工智能和机器学习技术,以优化配送过程。这些技术将进一步提升配送的精准性、高效性和安全性。

(2)智能化设备与系统整合。随着物联网、无人驾驶等技术的成熟,京东智能配送系统将实现与更多智能化设备和系统的整合。例如,无人驾驶车辆和无人机配送将逐渐成为主流,大大提升配送效率和覆盖范围。

(3)供应链与物流协同。京东智能配送系统将进一步与供应链管理系统、仓储管理系统等协同工作,实现整个物流链的智能化和自动化。这将大大提升物流效率和响应速度,为客户提供更优质的物流服务。

(4)跨界合作与生态构建。京东智能配送系统也将积极寻求与其他行业、企业的跨界合作,共同构建更加完善的物流生态。例如,与电商平台、金融机构、生产企业等合作,实现资源共享、优势互补,共同推动物流行业的创新发展。

(5)可持续与绿色发展。未来,京东智能配送系统将更加注重可持续发展和绿色物流。通过优化配送路线、提高能源利用效率、推广环保包装等措施,降低物流活动对环境的影响,实现经济效益与环境保护的双赢。

综上所述,京东智能配送系统的运用前景广阔,将在技术升级、智能化设备整合、供应链协同、跨界合作和绿色发展等方面取得更多突破和创新。这些进步将进一步提升京东智能配送系统的服务质量和效率,为用户带来更加优质、高效、便捷和安全的物流服务体验。

8.3 京东智能仓储系统

京东智能仓储系统是京东在物流领域推出的一项智能化创新产品,它借助于先进的物联网技术,利用大数据和人工智能算法对仓储过程进行智能化管理、优化和控制,实现了高效、安全、智能和可靠的仓储服务。

京东智能仓储系统采用了全面数字化的仓储模式,包括自动化分拣、自动化存储、自动化配送和仓库管理等环节,将人力、机械和网络无缝衔接,将传统的人工管理更加接近完美。这种智能化的仓储模式不仅提高了工作效率,减少了人工操作失误的可能性,而且还可以降低仓储成本,提高整体效益。

京东智能仓储系统主要有以下的特点:

8.3.1 智能化仓储管理

采用物联网感知技术、智能分拣和自动化仓储系统,通过数据分析和人工智能算法优化仓库流程和产品分配,实现仓储效率和服务质量的提升。

智能化仓储管理:技术与效率的完美融合

随着物联网、人工智能等技术的迅猛发展,仓储管理正经历着一场前所未有的变革。智能化仓储管理,凭借其高效、精准和智能化的特点,正逐渐成为现代物流体系的核心。

物联网感知技术为仓储管理提供了实时、动态的数据流。通过在仓库内部署各种传感器,可以实时监测货物的温度、湿度、位置等信息,确保存储条件和货物安全。此外,通过无线射频识别(RFID)技术,可以自动识别货物,减少人工操作的误差,提高库存的准确性。

智能分拣是智能化仓储管理的另一大亮点。传统的分拣过程往往依赖于人工,效率低下且容易出错。而智能分拣系统则可以根据订单信息和库存情况,自动选择最优的分拣路径,确保货物快速、准确地送达指定位置。这不仅大大提高了分拣效率,还降低了分拣错误率。

自动化仓储系统更是将仓储管理的效率和精度推向了新的高度。从货物的入库、上架、移库到出库,整个过程都可以通过自动化设备来完成。这不仅减少了人工干预,降低了人力成本,还极大地提高了仓库的空间利用率和作业效率。

数据分析和人工智能算法在智能化仓储管理中起到了"大脑"的作用。通过对海量的仓储数据进行深度挖掘和分析,可以及时发现潜在的问题和优化点,为管理者提供科学的决策依据。而人工智能算法则可以根据历史数据预测未来的库存需求,自动调整库存结构,确保库存既不过多也不过少。

总的来说,智能化仓储管理是技术与效率的完美结合。它通过物联网感知技术、智能分拣和自动化仓储系统,实现了仓储流程的全面优化和升级。这不仅提高了仓储效率和服务质量,还为企业带来了巨大的经济效益和竞争优势。随着技术的不断进步和应用范围的不断扩大,智能化仓储管理在未来还有着巨大的发展空间和潜力。

8.3.2　先进的仓储设备

京东智能仓储系统采用自动化设备,包括高速输送带、自动化分拣系统和仓库机器人等,实现货物的无人化自动化储存,提高仓储效率和收纳效果。

京东智能仓储系统:自动化设备的革命性应用。

在物流和电商领域,仓储设备的先进性直接决定了运营效率和服务质量。京东作为中国电商巨头,其在仓储设备方面的投入和创新,为整个行业树立了标杆。

京东智能仓储系统采用了高速输送带,确保货物能够快速、有序地进入仓库。这不仅减少了人工搬运的烦琐和误差,还大大提高了货物的输送效率。例如,当新货入库时,通过输送带可以迅速将货物送至指定位置,减少了中间环节和等待时间。

自动化分拣系统是京东智能仓储的核心。这一系统可以根据订单信息和库存情况,自动对货物进行分类和分拣,确保每一件商品都能准确、快速地送达打包区域。这大大降低了分拣错误率,减少了人工操作的负担,同时也提高了整体分拣效率。

仓库机器人技术的应用则为京东智能仓储系统增添了新的活力。这些机器人可以自主导航、搬运货物,甚至进行货架的整理和补货。通过预先设定的程序或人工智能技术,机器人能够识别货物的位置和数量,确保库存信息的实时性和准确性。此外,机器人作业还减少了人力成本和人为错误,进一步提高了仓储作业的精准度和效率。

京东智能仓储系统的应用实例表明,先进的仓储设备是现代物流的核心竞争力。通过高速输送带、自动化分拣系统和仓库机器人等技术的结合,京东成功实现了货物的无人化、自动化储存,大大提高了仓储效率和收纳效果。这不仅为京东自身带来了巨大的经济效益,也为整个电商物流行业树立了一个值得借鉴和学习的典范。

8.3.3　安全可靠的仓库环境

京东智能仓储系统具有严谨完备的物流安全管理制度、24 小时稳定的温湿度控制系统、多重制度的风险防范体系,并配备了高科技安保设备,保证仓储过程的安全性和稳定性。

京东智能仓储系统:安全可靠环境的典范

在电商和物流领域,安全可靠的仓库环境是确保货物完好无损、保障运营稳定的关键。京东智能仓储系统在这方面做得尤为出色,它通过严谨的管理制度、先进的温湿度控制系统和高科技安保设备,为货物提供了一个安全、稳定的存储环境。

首先,京东智能仓储系统拥有一套严谨完备的物流安全管理制度。这套制度明确规定了货物的进出库流程、存储条件以及应急处理措施等,确保每个环节都有章可循、有据可查。这不仅提高了仓储作业的规范性,也大大降低了操作失误和安全隐患的风险。

其次,该系统还具备 24 小时稳定的温湿度控制系统。无论是高温、低温还是潮湿、干燥的环境,智能仓储系统都能通过自动调节,确保仓库内的温湿度保持在一个适宜的范围内。这不仅有利于货物的长期保存,也延长了物品的使用寿命,降低了因环境问题导致的损坏风险。

除此之外,京东智能仓储系统还建立了多重制度的风险防范体系。这一体系涵盖了防火、防盗、防鼠、防虫等多个方面,通过先进的监控设备和感应器,实时监测仓库内的异常情况,一旦发现安全隐患,立即启动相应的应急处理程序。这为货物提供了一个全方位的安全保障。

最后,京东智能仓储系统还配备了高科技安保设备,如人脸识别门禁、智能巡航机器人等。这些设备不仅增强了仓库的物理安全性,也提高了安保工作的效率和准确性。

综上所述,京东智能仓储系统通过严谨的管理制度、稳定的温湿度控制、多重的风险防范体系和高科技安保设备等多方面的努力,为货物提供了一个安全、可靠的存储环境。这不仅确保了货物在存储过程中的安全性和稳定性,也为客户和消费者带来了更高的信任度和满意度。同时,也为整个电商物流行业树立了一个值得学习和借鉴的标杆。

8.3.4　灵活的配送方式

京东智能仓储系统为用户提供了多种配送方式,如同城急送、次日达等,同时可以根据用户的需求和特殊情况随时进行调整。

京东智能仓储系统:灵活配送的典范

在现代电商行业中,灵活的配送方式已经成为吸引和留住用户的关键因素之一。京东智能仓储系统凭借其卓越的配送能力,为用户提供了多种选择,满足了不同用户的需求。

首先,京东智能仓储系统为用户提供了同城急送的服务。对于急需物品或对时间要求较高的用户,可以选择同城急送服务,保证物品在短时间内送达。这种配送方式大大提高了物流的时效性,为急需物品的用户提供了极大的便利。

其次,该系统还提供了次日达服务。对于那些不急于一时,但对时间有一定要求的用户,可以选择次日达服务。这意味着用户在今天下单,明天即可收到物品。这种配送方式既满足了用户对时间的要求,又确保了物品的快速送达。

更为出色的是,京东智能仓储系统还根据用户的需求和特殊情况随时调整配送方式。例如,对于偏远地区的用户或特定时间段内的配送需求,系统会根据实际情况调整配送方案,确保物品能够准时、安全地送达用户手中。

这种灵活的配送方式不仅体现了京东智能仓储系统对用户需求的关注和重视,也彰显了其强大的物流调配能力和技术实力。通过为用户提供多样化的配送选择,京东智能仓储系统不仅满足了用户的个性化需求,还进一步提升了自身的市场竞争力。

总而言之,京东智能仓储系统的灵活配送方式为用户带来了极大的便利和满足感。这种灵活、多样的配送方式不仅展示了京东对用户需求的深度理解和贴心服务,也为整个电商物流行业树立了一个值得借鉴的标杆。

总之,京东智能仓储系统的推出,不仅大大优化了物流管理和服务,同时还为实现智能化物流提供了新的展望和思路。未来,随着物联网、人工智能、大数据和云计算技术的不断发展,京东智能仓储系统将会不断提高服务水平,为用户创造更大的价值。

8.4　京东智能运载系统

随着人类社会的迅速发展和技术的不断进步,物流行业的需求也日益增长。在这种情况下,物流企业需要提高运载效率和质量,并通过创新技术实现智能运载。京东智能运载系统是依托于物联网、大数据和人工智能技术,帮助企业通过运载过程中的自动化和智能化,提高运载速度和质量,推动物流行业的发展。本文将对京东智能运载系统进行详细介绍。

8.4.1　定位和优势

京东智能运载系统是一种高效、智能、可靠的新一代运载工具。它凭借先进的物联网、人工智能技术和大数据技术,可以更有效地管理物流运输过程。京东智能运载系统具有以下优势。

(1)自动化操控。可以利用感应技术和机器视觉技术,实现运载装置中的自动化操作,大大提高了工作效率。

（2）智能化导航。通过采用丰富的地图和实时路况信息,实现运载路径的智能规划,避免了交通拥堵和路面危险。

（3）精确定位系统。采用全球定位系统和高精度测量技术,可以追踪和定位物流运输过程中的运载设备,提高运载工作的安全性和准确度。

8.4.2　工作流程

京东智能运载系统通过自动化和智能化的技术手段,可以简化物流运输过程中的难点,提高物流效率和质量。它的工作流程可以概括如下:

（1）制定运输计划。首先,京东智能运载系统会通过大数据技术分析物流需求和货物信息,生成最优的运输计划。这样,在运输货物时就能有效减少路程和时间上的浪费,使得运载整个过程更快捷、更高效。

（2）自动化运载搬运。通过运用物联网、机器视觉技术和自动控制技术,实现自动化的运载搬运,包括运载设备的自动导航和安全碰撞等控制,提高了安全性和工作效率。

（3）实时监控导航。实时监控运输过程,随时修改运输路径、调整运载量,使得运输过程中任何问题都能及时得到解决,保证了物流运输工作的畅通性和安全性。

8.4.3　应用前景

京东智能运载系统在物流行业的应用前景非常广阔。随着人工智能和自动化技术的发展,企业利用智能化的运载系统可以提高运输效率和质量,降低成本。此外,随着消费者对物流服务的需求越来越高,智能的运载技术也可以满足用户更高效、更安全、更便捷的物流需求。

总之,智能运载技术是物流企业实现高效运输和提高物流效率的重要手段之一。京东智能运载系统以其高效、智能、可靠的特点,得到了市场广泛的认可和欢迎,预计在未来的物流市场中将占据重要的地位。

8.5　京东智能客户服务系统

京东智能客户服务系统是京东通过人工智能技术推出的客户服务解决方案。旨在帮助京东顾客更快地获取到答案和解决方案,提高顾客满意度,减少客户服务成本。

由于客服人力资源有限,传统客服工具很难应对如此庞大的客户咨询。如果使用传统的人工客服,会导致客服效率低下,等待时间长,客户不满意等问题。针对这一问题,京东智能客户服务系统应运而生。

8.5.1　京东智能客户服务系统的工作原理

(1)大数据挖掘。该系统通过收集大量的用户询问数据,经过算法分析和挖掘,并进行分类处理,建立了一个库,库里包涵大量常见的客服问题和相应的解决方案。

(2)自然语言处理。京东智能客户服务系统采用自然语言处理技术,可以自动识别和理解客户提问,进行语义分析,并对用户问题进行分类。京东智能客户服务系统可以生成类似于人工客服的回答。

(3)智能问答。在识别用户问题后,系统可以根据之前的经验信息库提供最相关的解决方案,而不是传统靠人工去查找答案。系统还可以根据用户提供的信息对解决方案进行优化,使其更贴合用户的需求。

京东智能客户服务系统还有一些其他有用的功能。例如,系统具有智能客服呼入功能,通过语音识别技术,可以自动将客户电话分配到相应的服务部门,提高客户服务效率和顾客满意度。此外,还支持在线客户服务、虚拟客户服务及人机交互式客户服务等多种形式。

总之,京东智能客户服务系统的出现解决了客户服务行业的一个瓶颈问题,实现了客户需求与运营成本的平衡。在未来,随着 AI 技术的不断发展,京东智能客户服务系统将会变得越来越完善,为顾客提供更快捷、更高效、更优质的服务。

8.5.2　京东智能客户服务系统的运行原理基于自然语言处理和大数据挖掘技术

京东智能客户服务系统的运行原理的处理流程可以分为以下几个步骤:

(1)对话意图识别。首先,系统需要对用户提问的意图进行识别。这一过程通过自然语言处理技术实现,系统基于对自然语言的语义分析,对用户的提问进行分类和识别,从而确定用户的意图。

(2)知识库查询。一旦确定了用户的提问意图,系统会在已有的知识库中进行查询,从而提供满足用户需求的答案。这里的知识库是由大量的数据挖掘技术分析处理而来,包括了各种类型的问题和答案,同时也会通过机器学习算法不断进行更新、优化和增强。

(3)答案生成。一旦从知识库中获取了相关的问题和答案,系统会根据具体的用户问题和情境,自动生成相应的回答。这个过程中主要应用到自然语言处理技术,使得系统能够更加精准地理解用户的问题和需求,提供个性化的回答。

(4)智能推理和优化。在用户和系统之间进行对话的过程中,系统会通过智能推理和认知技术对用户的要求进行分析和优化,从而提供更为精准的答案和更加贴近用户需求的方案。

综上所述,京东智能客户服务系统是一个基于大数据挖掘和自然语言处理技术实现的人工智能客户服务解决方案。它可以为用户提供快速、精准、自动化的服务,并不断探索智能化与个性化的用户服务的新方法和新技术。

结　　论

在本章中,我们详细探讨了京东智能物流的基础架构以及其在区块链环境下的运作方式。通过深入研究京东的智能配送、智能仓储、智能运载和智能客户服务系统,我们得出了以下结论:

首先,京东的智能物流基础架构在区块链技术的支持下,实现了高度智能化和自动化的物流管理。区块链技术确保了数据的真实性和不可篡改性,为物流过程中的各个环节提供了可靠的信息来源和追溯机制。这大大提高了物流运作的效率和准确性,减少了物流过程中的风险和损失。

其次,京东的智能配送系统利用区块链技术,实现了配送信息的透明化和可追溯性。通过区块链技术,消费者可以轻松追踪到商品的配送状态和位置,提高了消费者的信任度和满意度。同时,智能配送系统还优化了配送路线和时间,提高了配送效率,减少了物流成本。

此外,京东的智能仓储系统也受益于区块链技术。区块链技术为仓储管理提供了高效的信息共享和协同工作机制,确保了库存信息的准确性和实时性。这有助于减少库存积压和浪费,优化库存配置,提高仓储管理的效率和效益。

京东的智能运载系统利用区块链技术实现了运载信息的透明化和安全保障。通过区块链技术,可以实时追踪货物的运输状态和位置,确保货物的安全和及时到达。同时,智能运载系统还优化了运输资源和路线,提高了运输效率,降低了运输成本。

最后,京东的智能客户服务系统借助区块链技术,提供了更加智能化和个性化的客户服务。通过区块链技术,可以收集和分析客户的行为和需求信息,提供更加精准和贴心的服务。同时,智能客户服务系统还实现了快速响应和解决客户问题的能力,提高了客户满意度和忠诚度。

　　综上所述,京东在区块链环境下的智慧物流流通体系展现了强大的潜力和优势。通过深入研究和应用区块链技术,京东成功地提高了物流运作的效率和准确性,优化了资源配置和降低了成本。未来,随着区块链技术的进一步发展和应用,智慧物流流通体系有望实现更加智能化、高效化和安全化的运作。

第9章 区块链创新智慧物流服务模式

区块链创新智慧物流服务模式,是基于区块链技术,以智能化、信息化、联网化为主要特征,通过多种技术手段,提高物流服务效率的一种新型物流服务模式。

其主要特点包括:通过区块链技术建立区块链供应链,实现信息、资金的安全、快速、透明、可追溯的流通;基于大数据分析和智能算法,优化物流运输路线,实现最佳化资源配置和成本控制;构建互联网物流平台实现货主、物流公司、承运人的产业链协作;使用物联网、云计算、人工智能等技术,提高设施设备的智能化、自动化、可控化,提升物流服务水平和质量。

这种模式具有降本增效、提高服务质量、减少信息不对称等优点,能够实现物流产业链的优化协同,为物流行业提供创新的解决方案。下面以阿里巴巴物流体系为例来了解和分析区块链创新智慧物流服务模式运用和未来的发展。

9.1 阿里巴巴智慧物流的应用分析

阿里巴巴作为中国领先的电商平台之一,其智慧物流的应用在整个物流行业中具有显著的示范和引领作用。下面将详细分析阿里巴巴智慧物流的应用情况:

9.1.1 实时监控与跟踪

1. 应用

通过物联网技术,阿里巴巴可以实时监控货物的位置、温度、湿度等信息,确保货物在运输过程中的安全和完整性。

2. 举例

当消费者购买生鲜产品时,由于这些产品对温度和湿度有严格要求,通过实时监控,阿里巴巴可以确保这些产品在最佳条件下运输,从而保证产品的新鲜度和质量。

9.1.2　路线优化

1. 应用

利用大数据分析和人工智能算法,阿里巴巴可以为货物选择最佳的运输路线,避开拥堵和绕路,提高运输效率并节省成本。

2. 举例

在双十一、双十二等购物狂欢节期间,由于订单量巨大,路线优化显得尤为重要。通过智慧物流系统,阿里巴巴能够实时分析交通数据,为每一笔订单选择最快、最省钱的路线,确保包裹能够及时送达消费者手中。

9.1.3　自动化仓储和分拣

1. 应用

阿里巴巴使用自动化设备,如 AGV(自动导引车)、机器人等,来实现仓储货物的快速分拣和装卸,提高仓储效率。

2. 举例

在阿里巴巴的"菜鸟"网络中,大量的 AGV 自动导航小车在仓库中穿梭,它们能够自动找到指定的货架,准确地将货物运送到指定的位置,大大减少了人力成本和仓储周期。

9.1.4　预测性维护

1. 应用

通过传感器和大数据分析,阿里巴巴可以实现对运输车辆和设备的预测性维护,提高设备的可靠性和减少维修成本。

2. 举例

通过对车辆的运行数据进行分析,阿里巴巴可以预测出车辆何时需要维护或更换部件,从而提前进行干预,确保车辆始终保持良好的运行状态,减少因设备故障导致的运输延误。

9.1.5　逆向物流管理

1. 应用

智慧物流也应用于逆向物流,如处理退货、旧货物回收等环节,优化资源利用和降低环境影响。

2.举例

当消费者退货时,阿里巴巴的智慧物流系统能够快速处理这些退货,对可再利用的货物进行重新上架销售,对无法再利用的货物进行环保处理,从而实现对资源的最大化利用和对环境的最小化影响。

总的来说,阿里巴巴的智慧物流应用涵盖了实时监控与跟踪、路线优化、自动化仓储和分拣、预测性维护以及逆向物流管理等多个方面。这些应用不仅提高了物流效率、降低了成本,还提升了用户体验和环境保护效果。随着技术的不断进步和创新,阿里巴巴的智慧物流应用还将有更广阔的前景和更多的可能性。

9.2　早期创新实践:阿里巴巴物流体系

阿里巴巴物流体系在早期的创新实践中发挥了至关重要的作用。早期的阿里巴巴物流体系主要包括四个方面:电子商务物流、智慧仓储、智慧配送和智能化供应链管理。

9.2.1　阿里巴巴物流体系推动了电子商务物流的发展

在传统物流体系中,物流公司和电商公司的合作往往存在矛盾和不协调。因此,阿里巴巴通过建立独立的物流公司,将其与电商公司结合起来,从而实现了电商物流的整合和优化。同时,阿里巴巴还推动了在线支付、物流跟踪和智能化仓储等技术的发展,进一步提高了电商物流服务的效率和质量。

9.2.2　阿里巴巴物流体系实现了智慧仓储的创新实践

在传统仓储体系中,仓库管理往往存在低效、低端和信息不透明等问题。因此,阿里巴巴通过引进物联网、云计算和大数据等技术,建立了全球领先的智慧仓储系统,实现了仓储物流的数字化和智能化。通过智慧仓储系统,阿里巴巴实现了仓储场地的最优定位、货品的最优存储、库存的最优管理等目标。

9.2.3　阿里巴巴物流体系推动了智慧配送的实践创新

在传统配送体系中,快递公司和物流公司往往存在配送不准、不及时和不安全的问题。因此,阿里巴巴通过智能化路线点位规划、智能化配送员管理等方式,实现了全方位的配送服务优化。同时,阿里巴巴还推广了绿色包装和绿色配送等环保措施,提高了物流配送的可持续性和社会责任感。

9.2.4 阿里巴巴物流体系推动了智能化供应链管理的创新实践

在传统供应链管理中,生产商、供应商、经销商、零售商等环节往往存在信息不对称、资源浪费和效率低下等问题。因此,阿里巴巴通过建立智能化供应链管理平台,实现了流程优化、资源共享和数据分析等目标,进一步提高了供应链管理的效率和效益。

综上所述,阿里巴巴物流体系在早期创新实践中发挥了重要的作用。通过数字化、智能化和环保化等创新实践,阿里巴巴打造了全球领先的物流体系,推动了物流行业的升级和发展。

9.3 阿里巴巴智能物流体系

阿里巴巴智能物流体系是指以物流为主要服务内容,以云计算、大数据、物联网、自动化等技术为基础,经过整合和优化的全球领先的物流管理系统。该系统着眼于提高物流效率、降低物流成本、优化物流体验,为全球各行业用户提供一站式物流服务。

9.3.1 阿里巴巴智能物流体系

阿里巴巴智能物流体系包括四个方面:物流大脑、智慧仓储、智能化配送和智能服务。

1. 物流大脑

物流大脑是阿里巴巴智能物流体系的核心。它是基于云计算、大数据、智能算法和物联网等技术,对物流运作过程的各个环节进行全方位管理和优化的系统。物流大脑集数据、算法和应用于一身,可以自动分析、处理和应答,为物流服务提供全流程的智能化管理。

2. 智慧仓储

阿里巴巴智能物流体系的智慧仓储是另一核心组成部分。它是基于物联网、自动化技术和云计算平台,对仓储物流环节进行管理和优化的系统。智慧仓储系统通过运用智能化的设备,如物流机器人、传感器、翻台车等等,实现货品的自动化管理、存储、装卸等过程,可以大大提高物流效率和降低成本。

3. 智能化配送

智能化配送是阿里巴巴智能物流体系的另一重要组成部分。它是通过运用物联网、自动化技术、大数据分析等手段,对物流配送的路线规划、配送员分配、车辆调度等各个环节进行管理和优化的系统。阿里巴巴智能化配送采用了人工智能、分布式路由、智能站场等技术手段,实现了快递达到站后二小时内派送的目标,从而大大缩短了物流配送的时间。

4. 智能服务

阿里巴巴智能物流体系的智能服务是指通过互联网技术和物联网技术,为全球各行业客户提供物流咨询、监管、绩效评估、培训等定制化服务。该服务集成了财务、人力、营销等方面的管理功能,为用户提供更智能、高效的物流管理方案。

总之,阿里巴巴智能物流体系是全球领先的物流管理系统,为物流行业的升级和发展提供了重要的支撑和推动作用。在未来,阿里巴巴智能物流体系将继续引领物流行业的变革和创新,为广大用户创造更加便捷、智能、高效的物流服务体验。

9.3.2 阿里巴巴智能物流体系的实际运用案例

以下是阿里巴巴智能物流体系的几个实际运用案例:

1. 菜鸟网络与欧莱雅

菜鸟网络利用智慧仓储技术,根据欧莱雅各个产品的属性,采用高位库储存、自动拣选等方式,实现了零出错率的仓储管理和即时发货。同时,菜鸟网络在智能化配送方面,运用全球顶级的路由算法和排车算法,实现了优化路线、高效配送的目标。这些技术的应用,使欧莱雅的物流配送效率大幅提升,减少了仓储和配送中的人力成本和时间成本。

2. 淘宝"双11"

每年的"双11"是阿里巴巴智能物流体系的大考之一,同时也是智能化配送的高峰期。淘宝在"双11"期间,利用智能配送的技术,将订单分配给最优的配送员和车辆,实现了最短路线、最少等待时间的配送;同时,智能化配送还可以实时监控和调整配送情况,以保证"双11"期间配送的高效和快速。

3. 国际物流中心

阿里巴巴在杭州建立了一个国际物流中心,利用智慧仓储和智能化配送技术,实现了跨境电商的一站式物流服务。该物流中心不仅优化了进出口货物通关、海关申报等流程,还加强了国际物流数据整合与互通,为全球各地的消费者提供了快速、便捷的海外购物体验。

这些案例表明,阿里巴巴智能物流体系在实际中已经得到了广泛的应用,取得了显著的效果。智慧仓储和智能化配送技术的运用,为物流行业提供了重要的推动力,促进了我国物流行业的快速发展和升级。

9.4　阿里巴巴智慧物流整体服务

阿里巴巴智慧物流整体服务不仅优化了物流供应链的各个环节,提高了效率、降低成本,同时还构建了一个普惠、互通的物流网络体系,让消费者和商家享受更加便捷、高效、安全、稳定的物流服务,推动了物流产业的升级和创新。阿里巴巴智慧物流整体服务包括以下方面:

9.4.1　智能仓储管理

智能仓储管理是利用智能物联网(IoT)、大数据、人工智能(AI)等先进技术手段,对传统仓储管理进行数字化、自动化和智能化的升级。这种管理模式的目的是实时监控库存情况、提高货物存取效率、降低仓储成本,并减少因人为操作而引发的错误。

1. 技术手段

(1)物联网(IoT)。通过在仓库内部署各种传感器和 RFID(无线射频识别)标签,实现对货物和仓库环境的实时监控。比如,传感器可以检测仓库的温度、湿度、光照等环境参数,确保货物在最佳条件下保存。而 RFID 标签则可以附着在货物上,实现货物的自动识别和数据采集。

(2)大数据分析。通过收集和分析仓库的运营数据,智能仓储管理系统可以预测未来的库存需求、优化库存布局,以及预测货物的出入库时间等。

(3)人工智能(AI)。AI 算法可以应用于仓库的自动化操作,如自动化拣选、路径规划、装卸优化等。通过 AI 技术,可以实现更高效的货物处理和更少的错误。

2. 主要功能

(1)实时监控库存情况。通过物联网技术,智能仓储管理系统可以实时获取仓库内货物的数量、位置和状态等信息,确保库存数据的准确性。

(2)提高货物存取效率。通过 AI 算法,智能仓储管理系统可以自动规划货物的存取路径,优化货物的搬运和存储过程,从而提高货物的存取效率。

(3)降低仓储成本。通过大数据分析和 AI 优化,智能仓储管理系统可以减少仓库的运营成本,如人力成本、设备成本等。同时,通过减少库存积压和浪费,也可以降低库存成本。

(4)减少人工错误率。通过自动化操作和 AI 识别,智能仓储管理系统可以大大降低因人为操作而引发的错误,提高仓储管理的准确性和可靠性。

3.操作流程举例

（1）入库操作。当货物进入仓库时，智能仓储管理系统会自动识别货物的种类、数量等信息，并自动分配货物的存储位置。然后，通过 AGV（自动导引车）或机器人等设备，将货物自动运送到指定的存储位置。

（2）出库操作。当有订单需要发货时，智能仓储管理系统会自动根据订单信息，找到相应的货物位置，并规划出最优的拣选和出库路径。然后，通过自动化设备或人工操作，将货物从仓库中取出，并进行打包、封箱等操作。

（3）库存调度。当某个货物的库存量低于警戒线时，智能仓储管理系统会自动触发库存调度操作，从其他仓库或供应商处调货，确保库存的稳定供应。

总的来说，智能仓储管理通过物联网、大数据和 AI 等技术的结合应用，实现了仓储管理的自动化、数字化和智能化，大大提高了仓储效率、降低了成本，并提高了库存管理的准确性和可靠性。这种管理模式是未来仓储业发展的重要趋势之一。

9.4.2　智能化配送体系

智能化配送体系是指利用大数据、人工智能、物联网等先进技术手段，对物流配送过程进行智能化管理和优化，以提高配送效率、减少成本、提升客户满意度的一种现代物流配送模式。

1.技术手段

（1）大数据分析。通过收集和分析历史配送数据、交通路况、天气状况等多维度信息，智能化配送体系能够预测未来的配送需求和趋势，从而做出更合理的配送计划。

（2）自动化仓储。结合物联网技术和自动化设备，实现仓库内部的货物自动存储、拣选和打包，为快速配送提供前提条件。

（3）物流自动化。利用机器人、无人机等自动化设备，实现货物的快速装载、运输和卸货，提高配送效率。

（4）人工智能。AI 算法可用于路径规划、配送员和车辆的智能调度，确保货物以最短的路线、最少的等待时间送达客户手中。

2.主要功能

（1）智能调度。根据订单信息、配送员和车辆的状态、交通路况等因素，智能调度系统能够自动分配最合适的配送员和车辆，确保配送的高效进行。

（2）路径规划。AI 算法能够实时计算最优配送路径，避开拥堵路段和繁忙区域，减少配送时间和成本。

（3）实时监控和调整。通过物联网技术，可以实时监控配送员的位置、车辆状态、货物状态等信息,并根据实际情况进行调整和优化,确保配送的顺利进行。

(4)提高配送效率和准确率。通过智能化管理和优化,可以大大减少配送过程中的错误和延误,提高配送效率和准确率。

3. 举例分析

假设某电商平台接到一个客户的订单,要求将商品在 2 小时内送达。智能化配送体系会按照以下步骤进行操作:

(1)订单接收与分析。系统接收订单后,立即对订单信息进行分析,包括商品种类、数量、配送地址等。

(2)智能调度。系统根据订单信息和配送员、车辆的状态,自动分配最合适的配送员和车辆。同时,系统会考虑交通路况、天气状况等因素,确保配送员能够在最短的时间内到达客户所在地。

(3)路径规划。AI 算法根据实时交通数据,为配送员规划出最优的配送路径,避开拥堵路段和繁忙区域。

(4)实时监控与调整。在配送过程中,系统会实时监控配送员的位置、车辆状态、货物状态等信息。如果发现异常情况,如交通拥堵、配送员延误等,系统会立即进行调整和优化,确保配送的顺利进行。

(5)货物送达。在最短的时间内,配送员将货物送达客户手中。客户可以通过手机 App 或网站实时查看配送进度和货物状态,确保货物安全送达。

通过智能化配送体系的应用,电商平台可以大大提高配送效率和准确率,提升客户满意度,从而增强市场竞争力。同时,通过减少配送成本和错误率,也可以为企业节省成本,提高盈利能力。

9.4.3　跨境电商的一站式物流服务

一站式物流服务是指跨境电商平台或第三方物流服务提供商通过整合进出口货物的通关、物流运作、跨境支付等多个环节,为客户提供一个统一的、便捷的、高效的物流服务体验。这种服务模式简化了跨境电商交易的流程,降低了客户的操作难度,提高了整体物流效率。

1. 功能与特点

(1)整合与协同。跨境电商物流服务中心将原本分散的多个环节(如进出口货物的通关、物流运作、跨境支付等)进行有效整合,实现各环节之间的协同作业。这大大减少了中间环节和等待时间,提高了整体运作效率。

(2)动态决策能力。一站式物流服务具备动态决策能力,能够根据实时数据(如货物状态、交通状况、客户需求等)进行智能决策,调整物流计划,确保货物以最快、最安全的方式送达客户手中。

(3)客户需求满足。这种服务模式旨在最大限度满足客户的需求。无论是个人消费者还是企业用户,都可以通过一站式物流服务享受到个性化的、定制化的物流解决方案。

(4)信息透明化。通过集成的服务窗口,客户可以方便地查看其物品的进出口关税支付情况、物流追踪信息等,实现了信息的透明化。这不仅增强了客户的信任度,也提高了物流运作的透明度。

(5)丰富的物流配套服务。一站式物流服务还提供了丰富的物流配套服务,如全球快递、国际仓储、国内物流等。这些服务可以满足客户多样化的需求,进一步提升客户的满意度。

2. 举例分析

以阿里巴巴国际物流服务为例,假设一个中国消费者想要购买一款来自美国的电子产品。通过阿里巴巴国际平台,消费者可以轻松地完成购买操作。随后,阿里巴巴国际物流服务会介入,为消费者提供一站式的物流服务:

(1)商品采购与集货。阿里巴巴国际物流服务会帮助消费者从美国的供应商处采购商品,并将多个订单集中在一起,进行集货处理。

(2)进出口通关。根据商品的属性和目的地国家的要求,阿里巴巴国际物流服务会协助消费者完成进出口货物的通关手续,包括报关、报检等。

(3)物流运作。一旦商品通过通关,阿里巴巴国际物流服务会选择合适的运输方式(如空运、海运、陆运等)将商品运往中国,并确保在整个运输过程中的安全和时效。

(4)关税支付。消费者可以通过集成的服务窗口查看并支付进出口关税,简化了支付流程。

(5)物流追踪与信息更新。在整个物流过程中,消费者可以通过阿里巴巴国际物流服务提供的追踪功能实时查看货物的位置和状态,确保信息更新及时、准确。

(6)国内配送。当商品到达中国后,阿里巴巴国际物流服务会与国内物流合作伙伴协同,将商品送达消费者的手中。

通过阿里巴巴国际物流服务的一站式解决方案,中国消费者可以享受到更加快捷便利的海外购物体验。同时,这也为卖家提供了一个高效、可靠的物流渠道,促进了跨境电商交易的顺利进行。

结　论

在本章中,我们深入探讨了阿里巴巴智慧物流的应用和发展。通过分析阿里巴巴的早期创新实践、智能物流体系以及整体服务模式,我们得出以下结论:

首先,阿里巴巴在智慧物流领域的应用分析显示,其在区块链技术的驱动下,已经构建了一套高效的智慧物流服务体系。这一体系通过数据共享、智能追踪、透明化管理等手段,大大提高了物流运作的效率和准确性。同时,阿里巴巴还通过与各类物流服务商的合作,实现了资源的优化配置和共享,进一步降低了物流成本。

其次,阿里巴巴的早期创新实践为其在智慧物流领域的发展奠定了基础。通过早期的物流体系创新,阿里巴巴成功地提高了物流运作的效率和客户满意度。这些创新实践为后来的智能物流体系和整体服务模式提供了宝贵的经验和启示。

再次,阿里巴巴的智能物流体系是其智慧物流服务模式的核心。这一体系利用区块链技术,实现了物流信息的透明化、安全化和可追溯性。同时,通过大数据分析和人工智能技术的应用,阿里巴巴的智能物流体系还能够预测市场需求、优化配送路线和降低运输成本。这为消费者和企业提供了更加高效、便捷和可靠的物流服务。

最后,阿里巴巴智慧物流的整体服务模式是其成功的关键。通过整合资源、优化流程和不断创新,阿里巴巴成功地打造了一个全方位、一体化的智慧物流服务体系。这一体系不仅涵盖了仓储、配送、运载等各个环节,还提供了智能客服、数据分析等增值服务。这使得阿里巴巴在智慧物流领域取得了显著的优势和市场地位。

综上所述,阿里巴巴在区块链创新智慧物流服务模式方面取得了显著的成果。通过不断探索和实践,阿里巴巴成功地构建了一个高效、智能、安全的智慧物流服务体系。这一体系不仅提高了物流运作的效率和准确性,还为消费者和企业提供了更加优质、便捷的服务。未来,随着区块链技术和人工智能的进一步发展,阿里巴巴有望在智慧物流领域取得更大的突破和创新。

第 10 章　国外区块链+智慧物流应用案例

智慧物流区块链是一种新兴的物流技术,已经在国外得到广泛的应用。其主要特点是实现了物流信息的共享和透明,并能够对物流资产进行数字化和可追溯化处理,提高了物流业的效率和服务水平。

在国外,智慧物流区块链应用于不同的物流领域,如供应链管理、运输管理、仓储管理等。例如,Walmart 使用区块链技术追踪食品来源,保证食品安全;DHL 利用区块链技术优化货车调度,降低运输成本;Maersk 使用智能合约自动化处理船运过程,提高业务效率。

此外,国外还出现了一些区块链+智慧物流生态体系,如 VeChain、ShipChain 等,这些平台通过区块链技术将供应链、物流、贸易等各个环节进行整合,提供一站式的智慧物流服务,改善传统物流供应链的不足和问题。

总之,国外智慧物流区块链的应用不断拓展,将在未来为物流行业带来更多的创新和优化。

10.1　亚马逊的智慧物流技术

亚马孙作为全球最大的在线零售商之一,在智慧物流方面一直处于领先地位。以下是亚马孙智慧物流技术的详细介绍:

10.1.1　机器人仓库

亚马逊推出了一种高效的机器人仓库系统,名为 Kiva。该系统使用小型机器人它来搬运货物和文具,可直接将货品推到包装站台以减少人工操作。Kiva 机器人可以自主导航和定位,确保货物的快速和准确交付。

亚马逊推出的 Kiva 机器人仓库系统是一种高效的自动化解决方案,旨在提高物流运作的效率和准确性。以下是关于 Kiva 系统的详细分析和讲解:

(1)系统概述。Kiva 机器人仓库系统利用小型机器人来完成货物和文具的搬运工作。这些机器人可以在仓库内自由移动,并将货品直接推送到包装站台,从而减少了人工操作和传统物流流程中的多个中间环节。

(2)自主导航与定位。Kiva 机器人具备先进的自主导航技术,可以在仓库内自由移动,而无须预设轨道或路径。它们使用先进的传感器和算法来识别周围的物体和环境,以便准确避开障碍物并找到最佳的货物搬运路径。此外,Kiva 机器人还具有高度准确的定位能力,可以确保货物准确无误地送达目的地。

(3)提高效率。通过使用 Kiva 机器人系统,亚马逊可以实现货物的快速和准确交付。由于机器人可以全天候工作,并且不受疲劳或工作速度的限制,因此它们可以显著提高仓库的运作效率。此外,减少了人工操作和中间环节也进一步加速了整个物流流程。

(4)降低成本。自动化和机器人化的仓库运作可以显著降低人力成本。企业不再需要雇佣大量的员工来进行重复和烦琐的物流任务,而是可以通过少数的管理人员来监控整个机器人仓库系统的运作。此外,由于减少了人工错误和延误,企业也可以降低与物流相关的损失和赔偿。

(5)未来展望。随着技术的不断进步和普及,我们可以预期在未来看到更多的自动化和机器人化技术在物流和仓储行业中的应用。Kiva 机器人仓库系统是一个具有开创性的例子,它展示了如何利用先进技术来提高物流运作的效率和准确性。随着更多企业开始采用这种自动化解决方案,我们可以期待整个物流行业将朝着更加智能化和高效化的方向发展。

总之,亚马逊推出的 Kiva 机器人仓库系统是一个创新的自动化解决方案,旨在提高物流运作的效率和准确性。通过自主导航、定位和全天候运作的能力,Kiva 机器人可以为企业带来诸多优势,包括降低成本、减少人工错误、提高效率和快速准确的货物交付。随着技术的不断进步和应用,我们期待看到更多类似的自动化解决方案在物流行业中得到广泛应用,推动整个行业的智能化和高效化发展。

10.1.2　精密预测系统

亚马逊的精密预测系统使用人工智能和机器学习技术来分析消费者购物行为、趋势和偏好等信息,预先进行库存规划和订单管理。这可以减少运营成本和库存损失,同时提高客户服务水平。

亚马逊的精密预测系统是一个集成人工智能和机器学习技术的先进系统。它的主要功能是分析消费者购物行为、趋势和偏好等信息,以实现库存规划和订单管理的预先处理。以下是对该系统的详细讲解和分析:

(1)技术基础。精密预测系统基于人工智能和机器学习技术。这些技术使得系统能够从大量数据中提取有用的模式和趋势,并利用这些信息进行预测和决策。通过持续学习和自我优化,该系统能够不断提高其预测的准确性和精度。

(2)消费者行为分析。系统通过分析消费者的购物历史、浏览行为、搜索记录和购买决策等信息,深入了解消费者的购物偏好、需求和趋势。这种分析不仅有助于预测未来的销售趋势,还可以帮助亚马逊更好地理解消费者,从而提供更加个性化的服务和产品推荐。

(3)库存规划。基于对消费者行为和市场趋势的深入理解,精密预测系统能够进行精确的库存规划。这意味着亚马逊可以预先知道哪些商品可能会畅销,哪些可能会滞销,并据此调整库存。通过这种方式,可以减少库存积压和损失,避免不必要的成本。

(4)订单管理。通过精密预测系统,亚马逊可以提前预测未来的订单需求,并据此进行订单管理。这使得亚马逊能够更加高效地处理订单,减少错误和延误,提高客户满意度。同时,由于订单处理的前瞻性,亚马逊还可以更好地协调供应链,减少物流成本。

(5)提高运营效率和客户服务水平。通过精确的库存规划和订单管理,精密预测系统可以显著提高亚马逊的运营效率。此外,由于该系统能够提供更加个性化的服务和产品推荐,亚马逊的客户服务水平也可以得到提升。这有助于增强消费者忠诚度,进一步促进销售增长。

(6)持续改进与优化。由于精密预测系统基于机器学习技术,它能够随着时间的推移不断学习和改进。这意味着该系统的预测准确性和精度将随着数据的积累而提高,从而为亚马逊的库存规划和订单管理提供更加可靠的依据。

综上所述,亚马逊的精密预测系统是一个强大的工具,它利用人工智能和机器学习技术来分析消费者购物行为、趋势和偏好等信息,以实现库存规划和订单管理的预先处理。这不仅有助于降低运营成本和库存损失,还可以提高客户服务水平,增强消费者忠诚度。随着技术的不断进步和应用,我们期待看到更多类似的高级预测和分析工具在电子商务和其他行业中得到广泛应用。

10.1.3　装载机器人

亚马逊的装载机器人系统名为 Robo-Stow。这是一种自动化的货架拣选系统,能够即时解决瞬时业务和高压情况。它通过机器视觉和机器学习技术来追踪和排序货架,从而节省人工和时间成本,并加速订单处理速度。

亚马逊的 Robo-Stow 装载机器人系统是一个非常先进和高效的自动化货架拣选系统。以下是关于该系统的详细讲解和分析:

（1）系统名称与功。Robo-Stow 是亚马逊的装载机器人系统，其主要功能是自动化地完成货架的拣选工作。这不仅提高了订单处理的效率，而且减少了人工干预和错误。

（2）技术原理。Robo-Stow 系统通过先进的机器视觉和机器学习技术来追踪和排序货架。这意味着机器人能够识别货架上的商品，并根据订单需求进行自动拣选。

（3）优点与效益。①即时性。该系统能够即时解决瞬时业务和高压情况，确保订单能够迅速得到处理。②节省成本。通过自动化拣选，Robo-Stow 系统能够节省大量的人工成本和时间成本。这意味着亚马逊可以减少员工数量和工作强度，同时提高工作效率。③加速订单处理速度。由于机器人的高效率和准确性，订单处理速度得到了显著提高。这不仅满足了消费者的快速配送需求，还进一步提高了亚马逊的整体运营效率。

（4）应用场景与发展前景。①随着电子商务的快速发展，订单处理成为了一个关键的瓶颈。Robo-Stow 系统的出现为解决这一问题提供了一个有效的解决方案。它可以在大型仓库中发挥重要作用，尤其是在处理大量订单时。②随着技术的不断进步，机器学习和机器视觉将会更加精确和智能化。这意味着未来的装载机器人系统可能会更加高效，甚至能够处理更复杂的任务。

（5）结论。亚马逊的 Robo-Stow 装载机器人系统是一个创新的自动化解决方案，它通过机器视觉和机器学习技术提高了订单处理效率，节省了人工成本，并加速了整个订单处理流程。随着技术的不断进步，这类自动化系统将在未来的电商行业中发挥越来越重要的作用。

10.1.4　网点优化

亚马逊不断优化其物流部署，通过在关键区域建立更多的配送站点和物流中心，来缩短运输时间和费用，以提供更快、更高效和更稳定的配送服务。

亚马逊作为全球电商巨头，始终致力于提供更快、更高效和更稳定的配送服务。为了实现这一目标，亚马逊不断对其物流部署进行优化。以下是关于亚马逊如何优化其物流部署的详细讲解和分析：

（1）增加配送站点和物流中心。亚马逊在关键区域，如人口密集城市、交通枢纽和物流节点，不断建立更多的配送站点和物流中心。这样做有几个好处：

①缩短运输距离：在更接近消费者的地区建立配送站点，可以大大减少商品从仓库到消费者手中的运输距离，从而缩短运输时间。②提高效率：更多的配送站点和物流中心意味着更多的分拣和配送能力，提高了整体物流效率。③降低成本：通

过优化物流网络和提高效率,亚马逊可以减少运输过程中的中转和仓储成本,从而降低运营总成本。

(2)技术驱动的智能物流。亚马逊不断利用先进技术,如大数据、人工智能和机器学习,对其物流系统进行智能化升级。

①预测分析:利用大数据分析消费者的购买习惯和需求模式,提前预测并备货至配送站点,实现快速响应。

②智能调度:通过人工智能算法,自动规划最优的配送路线,减少不必要的绕行和等待时间。

③自动化分拣:利用机器学习技术训练机器人进行商品分拣,提高分拣效率和准确性。

(3)持续改进与创新。亚马逊不断对其物流系统进行微调和创新,以应对日益增长的订单量和不断提高的消费者期望。

①动态定价:根据市场需求、运输成本和其他因素动态调整配送费用,确保服务与价格之间的合理平衡。

②绿色物流:积极探索可持续的物流解决方案,如使用电动或氢能源的配送车辆,减少碳排放。

③智能仓储:研发和应用新型仓储管理系统,提高仓储空间的利用率和货物的存储、检索效率。

(4)合作伙伴关系与联盟。为了进一步扩展其物流网络和服务范围,亚马逊积极与各类合作伙伴建立合作关系。

①航空货运:与航空公司合作开展航空货运业务,确保跨境订单的快速送达。

②货车租赁与共享:与其他运输公司合作,共享货车资源和路线,提高车辆利用率。

③仓储与第三方物流服务:与第三方物流公司合作,将其仓储和配送能力扩展至更多地区。

(5)总结。亚马逊通过持续优化其物流部署、利用先进技术、不断创新和建立合作伙伴关系,努力为全球消费者提供更快、更高效和更稳定的配送服务。这也是其在全球电商市场取得领先地位的关键因素之一。

10.1.5　无人机配送

无人机配送是指利用无人机作为运输工具,将货物或信件从一个地点直接运送到另一个地点的过程。近年来,随着无人机技术的快速发展和普及,无人机配送已成为物流领域的一个新兴趋势,受到了各大电商和物流公司的青睐。

1. 亚马逊的无人机配送计划

亚马逊作为全球领先的电商巨头,一直在积极探索和尝试新的物流技术以提高送货效率和降低成本。其中,无人机配送是亚马逊重点投入的领域之一。

亚马逊计划利用无人机或自主驾驶车辆来进行送货,以降低人力成本和提高送货效率。具体来说,亚马逊的无人机配送计划主要包括以下几个方面:

（1）技术研发。亚马逊投入大量资源进行无人机技术的研发,包括无人机的设计、制造、导航、控制等。通过与各大科研机构和高校的合作,亚马逊不断推动无人机技术的创新和发展。

（2）基础设施建设。为了支持无人机配送的落地运营,亚马逊在多个国家和地区建立了无人机配送中心、起降点、航线等基础设施。这些设施的建设为无人机配送提供了必要的支持和保障。

（3）政策支持。亚马逊积极与各国政府沟通合作,争取获得政策支持。例如,亚马逊与多个国家签订了合作协议,获得了无人机飞行的许可和批准。

2. 无人机配送的优势与挑战

无人机配送相比传统的物流方式具有诸多优势,如速度快、成本低、灵活性高等。然而,同时也面临着一些挑战和问题,如飞行安全、法规限制、技术瓶颈等。

（1）优势

①速度快:无人机配送不受地面交通限制,可以在空中快速穿梭,大大缩短了送货时间。

②成本低:无人机配送可以大幅度降低人力成本,提高物流效率。同时,无人机配送还可以减少仓储和运输成本。

③灵活性高:无人机配送可以适应各种复杂的环境和地形,实现"最后一公里"的配送难题。

（2）挑战

①飞行安全:无人机的飞行安全是无人机配送面临的最大挑战之一。如何确保无人机在飞行过程中不与其他物体发生碰撞、如何避免无人机在恶劣天气下飞行等问题都需要得到解决。

②法规限制:目前,各国对于无人机的飞行都有严格的法规限制。如何获得飞行许可、如何确保无人机在合法范围内飞行等问题都需要考虑。

③技术瓶颈:虽然无人机技术已经取得了很大的进步,但仍然存在一些技术瓶颈需要突破。例如,无人机的续航能力、载荷能力、稳定性等方面还有待提高。

3. 举例分析

以亚马逊在英国的无人机配送项目"Amazon Prime Air"为例,该项目旨在利用无人机为顾客提供快速、便捷的送货服务。顾客在亚马逊网站上购买商品后,如果选择使用无人机配送服务,商品将被打包成适合无人机运输的尺寸和重量,并由无人机从配送中心起飞,直接送达顾客指定的地点。

这个项目在技术和运营层面都面临了诸多挑战。首先,亚马逊需要确保无人机的飞行安全,避免与其他物体或人员发生碰撞。为此,亚马逊采用了先进的导航和控制系统,确保无人机能够准确、稳定地飞行。同时,亚马逊还进行了大量的测试和验证工作,确保无人机的性能和安全性达到要求。

其次,亚马逊需要解决无人机的续航和载荷问题。为了延长无人机的续航时间,亚马逊采用了高效的电池技术,并优化了无人机的结构和设计。此外,亚马逊还通过合理安排配送路线和减少无人机在空中的等待时间等方式,提高了无人机的运输效率。

最后,亚马逊还需要与各国政府沟通合作,获得飞行许可和批准。为了确保无人机配送的合法性和合规性,亚马逊积极与英国政府沟通合作,共同制定了无人机飞行的相关法规和规范。

尽管面临诸多挑战和问题,但亚马逊通过不断的技术创新和运营管理优化,成功地将无人机配送项目落地并推向市场。这不仅为亚马逊带来了巨大的商业价值,也为整个物流行业带来了新的发展机遇和挑战。

综上所述,无人机配送作为智慧物流的一种重要形式,在未来将会得到更广泛的应用和推广。随着技术的不断进步和政策的逐步放开,我们有理由相信无人机配送将会成为物流行业的一个重要趋势和发展方向。

10.2　IBM 的区块链应用实践

IBM 一直在区块链领域积极探索和推动实践应用。以下是 IBM 的区块链应用实践案例:

10.2.1　食品安全

IBM 和各个供应链伙伴共同开发了基于区块链的食品安全解决方案,称为 Food Trust。该解决方案为制造商、供应商、零售商和消费者提供了完整的透明性和可追溯性,以确保食品的安全性和合规性。

IBM 和各个供应链伙伴共同开发的基于区块链的食品安全解决方案被称为 Food Trust。这个解决方案旨在为食品供应链中的各方提供完整的透明性和可追

溯性,以确保食品的安全性和合规性。下面是对这个解决方案的详细讲解和分析:

1.区块链技术的运用

(1)透明性:区块链技术为食品供应链提供了透明性,使所有参与方都能够实时查看产品的来源和流向。这样,如果出现问题,可以迅速定位到具体环节,大大缩短了调查时间。

(2)可追溯性:通过区块链技术,可以追踪食品从生产到销售的每一个环节,包括原料来源、生产过程、运输和仓储等。这种可追溯性有助于确保食品的质量和安全,并在出现食品安全问题时迅速召回相关产品。

2.参与方的利益

(1)制造商:通过 Food Trust,制造商可以验证其产品的原料来源和质量,提高产品质量控制。同时,可追溯性有助于减少因质量问题产生的退货和召回成本。

(2)供应商:供应商可以利用区块链技术确保产品在运输过程中的新鲜度和质量,同时能够实时监控产品的位置和温度等关键信息。

(3)零售商:零售商可以提供给消费者更安全、更可靠的食品,增强消费者信心,提高品牌形象。同时,通过实时数据共享,优化库存管理和物流效率。

(4)消费者:消费者可以查询到食品的详细来源和加工过程,增强对食品的信任感。当出现问题时,消费者可以迅速追溯问题源头,保护自身权益。

3.面临的挑战与前景

(1)数据整合与标准化:在实施 Food Trust 的过程中,需要确保各参与方的数据格式和标准统一,以便于数据的整合和共享。这需要各方的密切合作和标准化工作的推进。

(2)技术投入与维护成本:虽然区块链技术为食品安全提供了有力支持,但也需要各参与方进行一定的技术投入和维护。随着技术的不断发展,这些成本有望逐渐降低。

(3)法规与合规性问题:在实施基于区块链的食品安全解决方案时,需要确保符合相关国家和地区的法律法规要求。这需要与当地监管机构进行密切沟通与合作。

(4)前景展望:随着人们对食品安全问题的关注度不断提高,基于区块链的食品安全解决方案有望得到更广泛的应用。未来,随着技术的不断进步和完善,这种解决方案有望为更多行业和领域提供透明性和可追溯性,保障产品质量和安全。

4.结论

IBM 和供应链伙伴共同开发的 Food Trust 是一个基于区块链的食品安全解决方案,为制造商、供应商、零售商和消费者提供了完整的透明性和可追溯性。通过这种解决方案的应用,有望提高食品的安全性和合规性,增强消费者信心,并促进整个食品供应链的可持续发展。

10.2.2 供应链管理

IBM区块链解决方案也被广泛应用于现代供应链管理中。使用区块链技术,企业可以更容易地追踪产品和物流信息。通过与供应链伙伴共享信息,物流可大大提高效率,减少风险和主观因素,实现更高的可持续性。

IBM区块链解决方案在现代供应链管理中的应用为整个行业带来了许多变革。以下是关于其应用和影响的详细讲解和分析:

(1)提高透明度和追踪能力。使用区块链技术,企业可以实时追踪产品的位置和状态,从生产到销售的每一个环节都清晰可见。这种透明性不仅提高了企业的运营效率,还增强了与合作伙伴之间的信任。

(2)促进信息共享与协作。通过区块链平台,供应链中的所有参与方都可以实时共享信息。这大大减少了信息孤岛现象,使各方能够更好地协同工作,优化物流和运输过程。

(3)降低风险与提高可持续性。区块链技术可以减少供应链中的风险,如假冒伪劣、欺诈和延误等。同时,通过优化物流和减少浪费,企业可以实现更高的可持续性。

(4)增强供应链的韧性与灵活性。区块链解决方案提供了一种去中心化的方式来记录和管理供应链数据。这样,即使在供应链中的某些环节出现问题时,企业也可以迅速调整策略,保持运营的连续性。

(5)提高产品质量与追溯能力。通过区块链技术,企业可以追溯产品的每一个生产环节,从原材料到生产过程再到最终产品。这有助于确保产品的质量和安全,并在出现质量问题时迅速定位源头。

(6)降低成本和提高效率。区块链技术可以帮助企业自动化许多传统上需要人工处理的流程,从而减少错误、提高效率并降低运营成本。此外,通过减少纸张和人工流程,企业可以更快地处理订单和交货。

(7)未来展望。随着技术的不断进步,我们可以预见区块链在供应链管理中的应用将更加广泛和深入。未来,通过结合物联网、人工智能等先进技术,我们可以实现更加智能、自动化的供应链管理。

(8)结论。IBM的区块链解决方案为现代供应链管理带来了巨大的变革和机遇。通过提高透明度、促进信息共享、降低风险和提高可持续性,这种解决方案为企业提供了强大的工具,以优化其运营并更好地服务客户。

10.2.3　金融服务

IBM 通过与多个全球银行和金融机构进行合作,开发了区块链解决方案,以优化交易、支付和结算。其中一个应用是区块链支付平台 World Wire,它可以在多个国家之间实现实时支付,并且更加安全和高效,节省了交易成本。

IBM 通过与全球的银行和金融机构合作,共同研发了一种区块链解决方案,旨在优化交易、支付和结算流程。这个解决方案不仅具有划时代的意义,而且在实际应用中已经展现出了巨大的潜力和价值。

区块链解决方案的核心优势:

(1)安全性。区块链技术利用加密算法确保交易数据的安全,防止被篡改或攻击。

(2)高效性。通过分布式账本,交易可以迅速完成,大大提高了结算和支付的效率。

(3)降低成本。由于去除了中间环节和人工干预,交易成本得到了显著降低。

(4)全球化视野。该平台支持跨国交易,促进了全球金融市场的互联互通。

World Wire 平台的应用实例:

World Wire 作为 IBM 的区块链支付平台,其核心功能在于实现实时跨境支付。通过这一平台,用户可以在数分钟内完成交易,无须等待传统银行体系中的烦琐流程。此外,由于区块链的透明性,每一笔交易都可以被审计和追踪,大大增强了金融交易的透明度。

对行业的影响:

(1)提升金融服务效率。对于银行和金融机构来说,使用区块链解决方案可以大大提高交易和支付的效率,满足客户对快速、安全交易的需求。

(2)增强金融包容性。World Wire 平台降低了跨境支付的门槛,使得更多的人和企业能够参与到全球金融交易中。

(3)重塑金融行业格局。区块链技术的引入可能会对传统金融行业产生深远影响,促使整个行业进行自我革新。

未来展望:

随着技术的不断进步和应用场景的拓展,我们可以预见区块链将在金融领域发挥越来越重要的作用。不仅仅是跨境支付,其在证券发行、贸易融资、供应链金融等多个细分领域都有广泛的应用前景。

总结来说,IBM 与全球银行和金融机构的合作展现了区块链技术在金融领域的巨大潜力。通过优化交易、支付和结算流程,这种解决方案不仅提高了金融服务的效率,还为全球金融市场的进一步发展打下了坚实的基础。

10.2.4 物联网

IBM 也将区块链技术应用到物联网中。在物联网中,设备和传感器可以自动完成任务,并产生巨量的数据。区块链可以帮助存储和管理信息,确保数据的准确性和安全性,并支持可靠性和智能决策。

IBM 在物联网领域也发挥了区块链技术的优势。物联网是一个广阔的领域,其中设备和传感器能够自动执行任务并生成大量数据。而区块链技术的引入,为这个领域带来了新的可能性。

区块链在物联网中的核心价值:

(1)数据存储与验证。区块链可以作为一个可靠的存储系统,用于存储来自物联网设备的巨量数据。由于其去中心化的特性,数据不易被篡改,确保了数据的真实性和完整性。

(2)安全性增强。通过加密技术,区块链可以保护物联网设备生成的数据,防止未经授权的访问和篡改。

(3)智能决策支持。区块链可以提供透明和可信的数据环境,支持基于数据分析的智能决策。这有助于提高设备的自动化水平和智能化决策。

(4)增强设备间的互操作性。通过区块链技术,不同的物联网设备可以更容易地共享和交换数据,促进了设备间的互操作性和协同工作。

应用实例:

例如,在智能家居环境中,各种智能设备如恒温器、照明系统、安全系统等可以相互连接并与云端进行通信。通过区块链技术,这些设备可以安全地共享数据,并根据用户的需求进行智能决策,如自动调整室内温度、控制照明亮度等。

对行业的影响:

(1)提升物联网设备的智能化水平。区块链技术的应用将推动物联网设备更加智能化,能够根据数据自动做出决策,为用户提供更便捷、高效的服务。

(2)增强数据安全性和隐私保护。通过区块链的加密技术和去中心化特性,可以有效保护用户的隐私和数据安全,防止数据泄露和滥用。

(3)促进物联网产业的创新和发展。区块链技术的引入将为物联网产业带来新的商业模式和创新机会,推动整个行业的持续发展。

未来展望:

随着物联网技术的不断发展和普及,越来越多的设备和传感器将接入网络,产生海量的数据。区块链技术将在此过程中发挥越来越重要的作用,为物联网产业的发展提供有力支持。我们可以预见,在未来,区块链与物联网的结合将为人们的生活和工作带来更加智能、便捷和安全的服务。

10.2.5 电力交易

IBM 在澳大利亚推出了一项创新的区块链性质的电力交易平台,该平台结合了联机电力市场(OMF)。这个平台的目标是改变传统的电力交易模式,通过技术手段提供更好的能源数据透明度、更低的交易成本和更快的交易速度,从而实现更高效的供需匹配。

平台的优势与特点:

(1)数据透明度。区块链技术的核心特性之一是数据的不可篡改性。通过区块链,各参与方可以实时查看交易数据、能源供需情况等信息,确保数据的真实性和透明度,减少了信息不对称的问题。

(2)降低交易成本。传统的电力交易过程往往涉及多个中介环节,增加了交易成本。而区块链平台去除了这些中介环节,使得交易更为直接和高效,从而降低了交易成本。

(3)提高交易速度。在区块链技术的支持下,交易过程得以自动化和快速化。这不仅提高了交易的效率,还有助于及时满足能源需求。

(4)供需匹配。平台能够实时匹配能源的供应与需求,确保资源的合理配置。这有助于减少能源浪费,提高能源利用效率。

对行业的影响:

(1)优化能源市场结构。通过引入区块链技术,澳大利亚的能源市场得以进一步优化,提高了市场的运行效率和透明度。

(2)促进可再生能源的发展。区块链平台有助于更好地管理和调配可再生能源的供应,推动可再生能源的进一步普及和应用。

(3)增强消费者权益。消费者可以更加方便地了解能源的供需情况,更好地选择适合自己的能源产品和服务。

未来展望:

随着技术的不断进步和市场的日益成熟,区块链在能源领域的应用将进一步深化。除了电力交易,未来还可能出现更多基于区块链技术的能源管理、监控和优化系统,推动能源行业的持续创新和发展。

总体来说,IBM 一直在通过区块链技术,为企业和组织提供创新解决方案,实现更安全、高效和透明的业务运营。

10.3 区块链在美国物流业应用的案例

区块链技术在美国物流业中的应用是一个持续发展的过程。以下是这个过程的主要步骤：

10.3.1 识别商业痛点

物流业涉及很多环节，包括运输、仓储、运营和管理等方面。在这个复杂的过程中，可能会出现很多问题，如交货延误、交付错误和信息泄漏等。为了识别这些商业痛点，物流公司需要对自己的业务进行全面分析和评估。

在物流业中，各个环节之间的交互和协作是至关重要的。任何一个环节的失误都可能对整个物流过程产生负面影响，导致各种商业痛点的出现。这些痛点不仅会影响物流公司的运营效率，还会对客户满意度产生负面影响。

（1）交货延误。物流过程中，运输和仓储环节的任何延误都可能导致交货时间的延迟。这可能是由于运输工具延误、天气原因、交通堵塞、仓库货物积压等原因造成的。交货延误可能导致客户的不满，进而影响公司的声誉和业务。

（2）交付错误。在物流过程中，货物可能会被错误地交付给错误的收货人或错误的地址。这可能是由于信息录入错误、标签损坏或物流人员疏忽等原因造成的。交付错误不仅会导致客户的不满，还可能引发退货和退款等额外成本。

（3）信息泄漏。物流过程中涉及大量的客户和供应商信息，这些信息可能包含敏感的个人信息或商业机密。如果这些信息被不当泄露，可能会导致客户隐私侵犯、商机泄露等风险。

为了解决这些商业痛点，物流公司需要进行全面的业务分析和评估。首先，公司需要对自身的业务流程进行详细的梳理，识别出各个环节中可能存在的问题和风险。接着，公司需要分析这些问题和风险出现的原因，如人员操作失误、设备故障、流程不规范等。在此基础上，公司可以制定相应的改进措施，如加强员工培训、优化流程、引入先进技术等。此外，建立有效的信息管理和隐私保护机制也是防止信息泄漏的重要手段。

通过这样的分析和评估，物流公司可以更好地了解自身的业务状况，发现并解决存在的问题，从而提高运营效率、减少风险、提升客户满意度。这对于物流公司来说是至关重要的，因为只有解决了这些商业痛点，才能在激烈的市场竞争中获得优势。

10.3.2　针对痛点提出解决方案

通过使用区块链技术,物流公司可以实现货物的透明化和追踪,建立一种去中心化的可靠性。同时,区块链技术可以自动化处理物流交易和支付,减少交易成本和减少人为错误。

区块链技术为物流业带来了许多潜在的解决方案,可以针对之前提到的商业痛点提供有效的解决方式。

(1)解决交货延误问题。区块链技术可以实现货物的透明化和追踪。通过区块链,物流公司可以实时监控货物的状态和位置,从始发地到目的地的每一个环节都清晰可见。这不仅让公司能够及时发现并解决运输和仓储过程中的问题,还可以提前预测可能的延误,并采取相应的措施来减少或避免延误。

(2)减少交付错误。区块链技术的去中心化特性可以建立一个可靠的物流记录系统。每个货物都有一个与之对应的区块链记录,包含了货物的所有相关信息,如产地、目的地、运输状态等。由于这个记录是公开的、不可篡改的,因此可以大大降低信息录入错误和标签损坏等问题的发生。

(3)防止信息泄漏。区块链技术通过加密算法和分布式存储确保了数据的安全性。物流过程中涉及的所有敏感信息,如客户地址、货物价值等,都可以存储在区块链上,并且只有经过授权的人员才能访问。这大大降低了信息泄漏的风险。

(4)自动化处理物流交易和支付。区块链技术可以自动化处理物流交易和支付,这可以大大减少人工干预,从而减少人为错误,提高处理速度。同时,通过智能合约,物流公司和客户可以在无须第三方介入的情况下完成自动支付,进一步简化了交易流程,降低了交易成本。

总的来说,区块链技术为物流业带来了许多创新的可能性。然而,尽管区块链技术具有许多优点,但在实际应用中仍需考虑其可能带来的新的问题和挑战,如数据安全、隐私保护、技术实施成本等。因此,物流公司在决定是否采用区块链技术时,需要全面考虑这些因素。

10.3.3　选择合适的平台

针对不同的商业需求,物流公司需要选择和使用不同的区块链平台。例如,一些平台强调货物的追踪和透明化,而另一些则重点关注物流交易和支付的自动化处理。

选择合适的区块链平台对于物流公司来说是一个重要的决策,因为不同的平台具有不同的特点和优势,能够满足不同的商业需求。

首先,考虑货物的追踪和透明化需求,物流公司可以选择那些强调这一点的区块链平台。这类平台通常提供实时追踪和可视化工具,使公司能够实时了解货物的状态和位置。通过使用这类平台,物流公司可以大大提高运营效率和客户满意度。

其次,对于物流交易和支付的自动化处理需求,物流公司可以选择那些专注于这一领域的区块链平台。这些平台通常提供智能合约功能,允许自动执行交易和支付操作。通过自动化处理,物流公司可以减少人为错误、加快交易速度并降低成本。

除了以上两点,物流公司在选择区块链平台时还需考虑其他因素,如平台的可扩展性、安全性、可靠性和易用性。可扩展性是指平台能够处理大量数据和交易的能力;安全性涉及数据加密和保护措施;可靠性是平台在各种情况下都能稳定运行的能力;易用性则关系到平台的操作界面和使用体验。

此外,物流公司还需要考虑平台的成本效益。虽然一些高级平台提供了许多先进的功能,但它们也可能需要更高的投资成本。在做出决策时,物流公司需要权衡功能需求与成本之间的关系,以确保选择的平台既能够满足业务需求,又具有合理的成本效益。

综上所述,物流公司在选择区块链平台时需要根据自己的商业需求进行权衡和评估。通过仔细考虑各种因素,并选择最适合自己的平台,物流公司可以充分发挥区块链技术的优势,提高运营效率、客户满意度和竞争力。

10.3.4　实践与推广

经过有计划的试验和测试,物流公司需要将区块链技术应用于实际的运作中。如果成功,他们可以开始推广自己的解决方案,并与其他物流公司进行合作,建立一个更加智能化、高效和安全的物流生态系统。

实践与推广是物流公司将区块链技术应用于实际运作的关键步骤。在试验和测试阶段,物流公司需要确保所选的区块链平台能够满足其业务需求,并解决实际运营中的痛点。这通常涉及对平台进行功能测试、性能测试和安全测试等。通过这一阶段的验证,物流公司可以确信所选平台的有效性和可靠性,为后续的推广奠定基础。

一旦试验和测试阶段取得成功,物流公司就可以开始将区块链技术应用于实际的运作中。这一阶段通常包括部署区块链网络、配置智能合约、集成现有系统和数据等任务。在这一过程中,物流公司需要确保技术实施的顺利进行,并及时解决可能遇到的问题。

一旦实际应用取得积极成果,物流公司可以开始推广自己的解决方案。推广策略可以根据具体情况制定,包括与潜在客户分享成功案例、参加行业会议和展览、合作开展市场活动等。通过这些方式,物流公司可以吸引其他公司的关注,并展示区块链技术在物流领域的潜力和价值。

与其他物流公司进行合作是推广过程中至关重要的一步。通过与其他公司合作,物流公司可以共同构建一个更加智能化、高效和安全的物流生态系统。合作形式可以多种多样,例如建立行业联盟、共同研发解决方案、共享资源和信息等。通过合作,物流公司可以共同应对行业挑战,提高整个行业的竞争力。

需要注意的是,实践与推广是一个持续的过程。随着区块链技术的发展和市场的变化,物流公司需要不断调整和优化其解决方案,以适应不断变化的商业环境。此外,与其他公司的合作也需要长期的沟通和协调,以保持合作的顺利进行。

综上所述,实践与推广是物流公司将区块链技术应用于实际运作的关键步骤。通过试验和测试、实际应用、推广和合作,物流公司可以充分发挥区块链技术的优势,推动整个行业的发展和进步。

总之,区块链技术在美国物流业中的应用需要考虑到商业需求和技术可能的局限,需要有长期规划和正确的实施步骤,以实现更好的业务效益。区块链技术是一种新型的去中心化数字账本技术,它可以用来记录和管理资产和交易,在许多行业都有广泛的应用。在美国物流业,区块链技术也得到了广泛的应用。本节将介绍一些区块链在美国物流业应用的案例。

首先,区块链技术可以用来管理和跟踪货物的运输过程。这对于物流公司、货运代理以及运输公司等行业来说非常有用。一家名为 ShipChain 的公司,使用了区块链技术来实现全球物流网络的透明化。他们使用了自己的货运追踪系统,将数据存储在区块链上,从而使得每个人都可以追踪货物的运输情况,从起点到终点都可以进行实时追踪。这种透明化的物流网络可以让所有的参与者都更加放心,因为他们可以随时查看货物的状态,而且即使在整个过程中出现了任何问题,也可以追溯到问题的源头,并进行及时解决。

其次,区块链技术可以用来实现物流交易和支付的自动化处理。这对于许多物流公司来说非常有用,因为它可以节约大量的时间和人力成本。一家名为 Modum 的瑞士公司,开发了一种基于区块链技术的物流传感器,可以追踪物品的温度和湿度等信息。该公司使用了智能合约和区块链技术,来自动化物流交易和支付的处理,并且只有在货物到达目的地后才会自动执行支付。这种自动化处理可以减少人为错误和诈骗,使交易更加安全可靠。

在美国物流业中还有一些其他的区块链应用案例。比如,IBM 公司和 Maersk

公司合作开发了一个名为 TradeLens 的区块链平台,用于优化货物的可追溯性和跨境贸易。另外,Lufthansa 集团也使用了区块链技术来追踪其飞机零部件的供应链管理。

总之,区块链技术在美国物流业中的应用非常多样化,它可以使整个行业更加高效、安全和可信。未来随着区块链技术的不断发展,我们相信会有更多令人瞩目的物流应用出现。

结　　论

在本章中,介绍了三个国外智慧物流区块链应用案例,包括亚马逊的智慧物流技术、IBM 的区块链应用实践以及区块链在美国物流业应用的案例。这些案例展示了区块链技术在物流领域的广泛应用和潜力。

首先,亚马逊作为全球电商巨头,在智慧物流方面进行了大量投入和探索。通过利用区块链技术,亚马逊可以实现商品追溯、供应链管理、物流信息透明化等功能,从而提高物流效率和客户满意度。同时,区块链技术还可以帮助亚马逊解决物流过程中出现的纠纷和争议,降低风险。

其次,IBM 作为全球知名的科技公司,也在区块链技术方面进行了积极的探索和实践。IBM 的区块链应用实践展示了区块链技术在物流领域的多种应用场景,例如智能合约、供应链管理、物流信息追溯等。通过与各类企业合作,IBM 成功地将区块链技术应用于实际的物流场景中,取得了良好的效果和反馈。

最后,区块链在美国物流业应用的案例表明,区块链技术在美国物流领域也得到了广泛的应用和认可。通过利用区块链技术,美国物流企业可以实现货物的全程追溯、信息透明化、智能化管理等目标,从而提高物流效率和安全性。同时,区块链技术还可以帮助美国物流企业建立更加可靠的供应链体系,降低运营风险。

综上所述,国外智慧物流区块链应用案例展示了区块链技术在物流领域的广泛应用和潜力。通过利用区块链技术,企业可以实现商品追溯、供应链管理、物流信息透明化等多种功能,从而提高物流效率和客户满意度。未来,随着技术的不断进步和应用场景的不断拓展,区块链技术将在物流领域发挥更加重要的作用和影响。

第 11 章　国内区块链+智慧物流应用案例

国内智慧物流区块链应用是一个广泛的领域,许多公司如京东、阿里巴巴、顺丰等也在积极探索应用此技术。这些应用主要包括货物追踪和透明度、自动化处理、智能合约和数据共享。区块链技术可以为物流企业提供高效、透明、安全和可靠的服务,从而大大提高整个物流系统的运作效率和可持续发展能力。这些应用已经在全球范围内得到广泛应用和推广,为智慧物流行业带来了创新和改变。接下来,我们将介绍国内主要智慧物流应用的具体情况。

11.1　京东智慧物流案例

京东智慧物流是指京东在物流领域应用大数据、云计算、物联网、人工智能等新一代信息技术,实现全流程智能化、数据化、精细化和协同化的物流体系。下面将结合实际案例说明京东智慧物流的运用过程。

京东智能仓储管理平台是在京东智慧物流框架下打造的一个高效、智能、精细、安全、稳定的智能仓储系统。该系统采用云计算、物联网、人工智能等技术,实现对物流全生命周期的数据在线监控和智能指挥,从而提高了仓储效率、降低了成本、提高了质量和安全性。

该系统的运作过程如下:

11.1.1　预测需求

通过数据挖掘和分析,预测未来一段时间的销售量和商品种类,从而提前安排货物存储位置和仓储需求。

京东,作为中国电商的另一巨头,不仅在电商领域表现出色,其智能仓储管理平台也展现出强大的预测和管理能力。在这个平台中,预测需求是核心功能之一,它通过数据挖掘和分析技术,对未来一段时间的销售量和商品种类进行预测。

这一功能的实现主要基于对历史销售数据的深入分析和机器学习的应用。通过收集过去一段时间的销售数据,系统可以识别出季节性需求、节假日效应以及其他可能影响销售的因素。基于这些数据,系统能够预测未来的销售趋势,从而提前安排货物的存储位置和仓储需求。

这种预测需求的能力,对于物流和仓储管理至关重要。它不仅可以减少仓储成本,还能提高货物流转速度和订单处理效率。比如,通过对某一商品的预测,系统可以自动调整该商品的存储位置,使其更靠近拣选区或出货口,从而加快订单处理速度。

此外,预测需求还能帮助企业进行库存优化。通过预测未来一段时间的需求,企业可以合理安排库存量,避免库存积压或缺货的情况。这不仅能减少库存成本,还能提高客户满意度。

京东智能仓储管理平台的预测需求功能,充分体现了数据驱动决策的优势。通过数据挖掘和分析,企业能够更好地理解市场需求和消费者行为,从而做出更明智的决策。这一功能不仅提高了京东自身的运营效率,也为整个物流和仓储行业树立了新的标杆。

11.1.2 智能分配

根据预测的需求和存储位置,智能分配各个仓库的存储空间,保证仓库的高效利用和合理规划。

京东智能仓储管理平台在智能分配仓库存储空间方面展现了卓越的效能。这一功能的核心是根据预测的需求和存储位置,为各个仓库进行智能化的存储空间分配。其目标是确保仓库的高效利用和合理规划。

首先,这一功能依赖于强大的数据分析能力。系统通过收集和分析历史销售数据、商品特性、物流需求等信息,对每个仓库的存储需求进行精准预测。这不仅考虑了商品的销售量,还考虑了商品的物理属性、季节性需求、运输成本等因素。

其次,智能分配功能的核心在于自动化和智能化。系统能够根据预测的需求自动调整仓库的存储布局,以满足未来的存储需求。例如,对于销售量较高的商品,系统会将其存储在更容易被拣选的区域,而对于大型或重型商品,则会将其存储在更稳固的地面上。

再次,智能分配还考虑了仓库的运营效率和成本。系统会自动计算不同存储方案的效率和成本,并为仓库管理者提供最佳的存储方案建议。这不仅有助于提高仓库的运营效率,还能帮助企业节约成本。

最后,智能分配功能也考虑了仓库的安全和合规性。系统会根据商品的特点和法规要求,为每个商品分配适当的存储条件,确保商品的质量和安全。

京东智能仓储管理平台的智能分配功能,将数据分析、自动化和智能化技术完美结合,实现了仓库存储空间的合理规划和高效利用。这不仅提高了京东的仓储运营效率,也为整个物流行业树立了新的标杆。

11.1.3　智能检索

通过 RFID 等技术,实现对货物的实时检索、监测和追踪,保证货物的安全和可靠性。

京东智能仓储管理平台在智能检索功能上展现了其卓越的技术实力。这一功能主要依赖于 RFID 等技术,实现了对货物的实时检索、监测和追踪。目标是确保货物的安全和可靠性。

首先,RFID 技术为智能检索提供了强大的支持。通过在每个货物上粘贴 RFID 标签,系统可以实时追踪货物的位置和状态。无论是入库、出库还是库存转移,每一个动作都会被系统自动记录,大大提高了库存管理的透明度和准确性。

其次,智能检索功能对于货物的安全和可靠性提供了坚实的保障。系统能够实时监测货物的温度、湿度等环境因素,确保存储条件符合商品的要求。一旦出现异常,系统会立即发出警报,提醒仓库管理者及时处理。此外,通过实时追踪货物,可以快速定位丢失或损坏的货物,大大提高了解决问题的效率。

再次,智能检索功能也提高了仓库的运营效率。由于系统能够实时掌握货物的位置和状态,仓库管理者可以更加快速地进行拣选和发货,减少了人工查找和核实的时间。这不仅提高了工作效率,也减少了人为错误的可能性。

最后,京东智能仓储管理平台的智能检索功能还考虑了与外部系统的集成。通过与京东的物流配送系统、销售系统等其他系统的对接,实现了信息的实时共享和协同工作。这不仅增强了整个供应链的透明度,也为消费者提供了更加快捷、可靠的购物体验。

综上所述,京东智能仓储管理平台的智能检索功能通过 RFID 等技术,实现了对货物的实时检索、监测和追踪,确保了货物的安全和可靠性。这一功能的实施不仅提高了仓库的运营效率,也为消费者提供了更加优质的服务。

11.1.4　智能装卸

通过机器人和自动化设备,实现货物的快速、准确、安全地装卸和存储,保证仓库的生产效率和质量。

京东智能仓储管理平台在智能装卸方面的设计,展现了其对现代物流技术的深度理解和应用。通过机器人和自动化设备,智能装卸实现了货物的快速、准确、安全地装卸和存储,从而保证了仓库的生产效率和质量。

首先,智能装卸通过自动化设备,如升降机、传送带等,实现了货物在仓库内的快速移动。这些设备能够在短时间内处理大量货物,大大提高了仓库的吞吐量。与传统的人工搬运相比,自动化设备不仅速度快,而且减少了人为错误和延误的可能性。

其次,智能装卸还通过机器人技术,实现了货物的精准定位和搬运。机器人能够自动识别货物的位置和数量,并精确地将货物搬运到指定位置。这种精准性不仅保证了货物的安全,也使得仓库的布局更加合理,提高了空间利用率。

此外,智能装卸还强调了安全性。在装卸过程中,系统会实时监测货物的状态和位置,确保货物不会因为操作不当而受损。同时,自动化设备和机器人都配备了安全防护措施,减少了人员受伤的风险。

最后,智能装卸还通过与智能检索、智能调度等功能的集成,实现了整个仓库的高效协同工作。这种一体化管理不仅简化了操作流程,也提高了仓库的整体运营效率。

综上所述,京东智能仓储管理平台的智能装卸功能通过自动化设备和机器人技术,实现了货物的快速、准确、安全地装卸和存储。这一功能不仅提高了仓库的生产效率和质量,也增强了整个物流链条的可靠性和效率。作为现代物流技术的典范,京东智能仓储管理平台值得其他企业学习和借鉴。

11.1.5 智能发货

通过物联网和人工智能等技术,实现即时的配送调度、物流跟踪和快速配送,保证货物的及时送达和客户的满意度。

京东智能仓储管理平台在智能发货方面的创新,再次证明了其在物流科技领域的领先地位。通过物联网和人工智能等先进技术,智能发货实现了即时的配送调度、物流跟踪和快速配送,从而确保了货物的及时送达,并提高了客户的满意度。

物联网技术在此起到了关键作用。通过为仓库和配送车辆安装各种传感器,平台能够实时收集货物和车辆的位置、状态等信息。这种实时的数据流使得系统能够进行精确的调度,确保货物能够按照最优路径及时送达。

人工智能技术在智能发货中也发挥着核心作用。AI算法可以对收集到的数据进行深度分析,预测未来的物流需求和配送路线。这使得系统能够在货物到达之前就进行高效的调度,确保每个订单都能准时送达。

物流跟踪功能也是智能发货的一大亮点。客户可以通过手机或电脑随时查看货物的实时位置和预计送达时间。这种透明化的信息流增加了客户的信任感,也提高了平台的运营效率。

快速配送是智能发货的另一大优势。通过高效的调度和路线规划,配送人员能够在最短的时间内完成送货任务。这不仅为客户节省了等待时间,还提高了货物的配送速度,从而提高了整个物流系统的效率。

最后,智能发货还注重提高客户的满意度。除了保证货物的及时送达,系统还会根据客户的反馈进行持续优化,改进服务质量和客户体验。

综上所述,京东智能仓储管理平台的智能发货功能凭借物联网和人工智能等技术,实现了即时的配送调度、物流跟踪和快速配送。这一创新不仅提高了物流效率,还确保了货物的及时送达和客户的满意度。作为现代物流管理的典范,京东智能仓储管理平台值得其他企业学习和借鉴。

总之,京东智慧物流通过应用高新技术,实现了物流全流程的智慧化、数据化、精细化和协同化,大大提高了物流系统的效率和质量,为京东乃至整个物流行业带来了创新和变革。

11.2 阿里巴巴智慧物流案例

阿里巴巴智慧物流是指阿里巴巴集团在物流领域应用云计算、大数据、物联网、人工智能等技术,构建起全流程智慧化的物流体系。借助智慧物流体系,阿里巴巴将物流、仓储、分销、供应链等全流程数据在线化、可视化和智能化,从仓库管理、配送路线规划到货物跟踪,提高物流效率和质量,满足消费者集约化、个性化、快递化的需求。

11.2.1 阿里巴巴智慧物流的主要特点

阿里巴巴智慧物流的主要特点包括数据化、智能化、网络化、协同化。其中,数据化是阿里巴巴智慧物流的核心特点之一。

在阿里巴巴的智慧物流体系中,数据被视为是最有价值的资源。通过对海量数据的采集、分析和利用,阿里巴巴可以实现物流过程的全程透明化和可追溯,从而确保货物的安全和准确交付。同时,通过对数据的挖掘和分析,阿里巴巴还可以优化物流运作流程,提高效率和服务质量。

具体来说,阿里巴巴智慧物流的数据化特点体现在以下几个方面:

(1)数据采集。阿里巴巴的智慧物流系统可以实时采集货物的各种数据,包括货物的基本信息、运输轨迹、仓储情况等。这些数据通过传感器、GPS 定位、图像识别等技术手段进行采集,并传输到数据中心进行处理。

(2)数据处理。阿里巴巴拥有强大的数据处理能力,可以对采集到的数据进行快速、准确的分析和处理。这包括对数据的清洗、分类、归纳、预测等操作,以提取出有价值的信息。

(3)数据应用。数据处理后的结果可以直接应用于物流运作的各个环节。例如,通过对运输轨迹的分析,可以优化运输路线,提高运输效率;通过对仓储数据的分析,可以合理规划仓储布局,提高库存周转率。此外,数据还可以用于预测市场需求、制定采购策略等方面。

(4)数据共享。在阿里巴巴的智慧物流体系中,数据的共享也是非常重要的。通过数据共享,可以实现各环节之间的信息互通和协同作业,提高整个物流体系的运作效率。同时,数据共享还可以为客户提供更加全面、准确的物流信息,提高客户满意度。

总之,数据化是阿里巴巴智慧物流的核心特点之一,通过对数据的采集、处理和应用,可以实现物流过程的全程透明化和可追溯,提高效率和服务质量。同时,数据共享还可以促进各环节之间的协同作业,推动整个物流体系的持续优化和发展。

11.2.2 阿里巴巴智慧物流的主要特点之一是可视化

通过运用物联网技术,阿里巴巴的智慧物流平台可以实现对物流全过程的实时监控和跟踪,从而使得物流过程更加透明化和可追溯。

具体来说,阿里巴巴智慧物流的可视化特点体现在以下几个方面:

(1)实时监控。通过物联网技术和传感器等设备,阿里巴巴的智慧物流平台可以实时监控货物的状态和位置。在运输过程中,传感器可以监测货物的温度、湿度等指标,确保货物安全;在仓储过程中,通过安装摄像头等设备,可以实时监控货物的存储情况和安全状况。

(2)全程追踪。通过 GPS 定位、RFID 等技术手段,阿里巴巴的智慧物流平台可以实现货物的全程追踪。消费者可以通过智慧物流平台查询货物的实时位置和预计送达时间,从而提高购物体验。商家也可以通过智慧物流平台对货物的运输过程进行监控和管理,确保货物能够按时、安全地到达目的地。

(3)数据可视化。阿里巴巴的智慧物流平台可以将海量的物流数据通过数据可视化技术呈现出来,从而帮助企业和消费者更好地了解物流过程的情况。例如,可以通过图表、图像等方式展示货物的运输轨迹、仓储情况等数据,使得企业和消费者更加直观地了解物流过程。

总之,可视化是阿里巴巴智慧物流的主要特点之一,通过实时监控和全程追踪等技术手段,实现物流全过程的透明化和可追溯,提高物流过程的效率和安全性。同时,数据可视化技术也可以帮助企业和消费者更好地了解物流过程的情况,从而更好地管理和决策物流活动。

11.2.3　阿里巴巴智慧物流的主要特点之一是智能化

智能化主要体现在以下几个方面:

(1)自动化设备。阿里巴巴智慧物流平台采用了各种自动化设备,如智能叉车、自动分拣机、无人搬运车等,这些设备可以自动化完成货物的装卸、分拣、搬运等任务,大大提高了物流效率。

(2)人工智能优化。阿里巴巴智慧物流平台利用人工智能技术对物流系统进行数据分析和优化,例如利用机器学习算法对运输路线进行优化,减少运输时间和成本。此外,人工智能还可以对仓储管理、库存管理等进行优化,提高库存周转率和订单处理效率。

(3)智能化决策。通过大数据分析和人工智能技术,阿里巴巴智慧物流平台可以智能化地分析订单数据、库存数据、运输数据等,为商家提供更加精准的决策支持。例如,根据历史销售数据和预测数据,平台可以自动生成补货计划、发货计划等,提高商家的运营效率。

(4)智能化客户服务。阿里巴巴智慧物流平台还提供了智能化客户服务功能,例如通过智能客服自动回答客户问题、提供订单查询服务等。此外,平台还可以通过智能化设备为客户提供更加个性化的服务,例如为特殊需求的客户提供专门的配送服务等。

总之,智能化是阿里巴巴智慧物流的主要特点之一,通过自动化设备、人工智能优化、智能化决策和智能化客户服务等功能,实现物流过程的自动化和智能化,提高物流效率和客户满意度。同时,智能化技术还可以帮助企业更好地了解客户需求和市场变化,为企业提供更加精准的决策支持。

11.2.4　阿里巴巴智慧物流的主要特点之一是协同化

协同化主要体现在以下几个方面:

(1)物流要素协同。阿里巴巴智慧物流平台实现了物流要素的全面协同,包括运输、仓储、配送、包装等环节。通过智能化调度和优化,各个物流要素可以无缝衔接,协同完成整个物流过程,提高效率和服务质量。

(2)企业协同。阿里巴巴智慧物流平台与企业内部其他业务系统实现了协同,例如 ERP、CRM、SCM 等。通过数据共享和流程对接,物流部门可以与其他部门实现信息共享和协同作业,提高企业内部整体运营效率。

(3)供应链协同。阿里巴巴智慧物流平台通过与供应商、制造商等上下游企业实现协同,构建了整个供应链的智能化管理。通过数据共享和信息互通,实现供应链各环节的协同作业和优化,提高整体供应链的效率和响应速度。

(4)社会资源协同。阿里巴巴智慧物流平台利用互联网技术和共享经济理念,整合社会闲置资源,实现社会资源的最大化利用。例如,通过平台可以调用社会闲置车辆、仓库等资源,提高物流效率和降低成本。

协同化是阿里巴巴智慧物流的主要特点之一,通过物流要素协同、企业协同、供应链协同和社会资源协同等方式,实现整个物流过程的全面协同和优化,提高效率和服务质量,同时降低成本和减少资源浪费。

总之,阿里巴巴智慧物流是阿里巴巴集团在物流领域深入推进的一项重要战略,借助新一代信息技术,提高物流效率和质量,推动线上线下的融合,不断提升客户满意度和品牌价值。

随着人们生活水平的提高,对于物流配送要求也越来越高。为了更好地满足消费者个性化、快递化需求,阿里巴巴集团不断深化智慧物流战略,全流程智慧化的物流体系更加成熟。下面将对阿里巴巴智慧物流进行案例分析。

在中国手机市场上,有不少厂商接受阿里巴巴生态体系的支持,借助阿里巴巴智慧物流提高物流效率和质量。例如,华为公司是中国市场份额最大的手机厂商之一。阿里巴巴智慧物流帮助华为构建了一个高效、高品质、高成本效益的新型物流配送机制,从而为消费者提供更良好的用户体验。

以华为 Mate Xs 手机的配送为例,阿里巴巴智慧物流可以通过智能化的调配、规划运输线路等方式,缩短手机配送的时间。在华为 Mate Xs 手机快要发售时,阿里巴巴智慧物流系统预测到销量大概会达到几十万。对于线上的订单,阿里巴巴智慧物流可以通过智能化的配送,将手机在短时间内运送到消费者手中。在华为 Mate Xs 手机正式发售后,阿里巴巴智慧物流通过规划快速路线和智能化的调配方式,可以在 24 小时内将手机送至全国各地的二级和三级城市。

阿里巴巴智慧物流还提供供应链改造和智慧仓储解决方案,构建起全流程高效、低耗能、实现可持续发展的物流体系。在华为 Mate Xs 手机的供应链上,阿里巴巴智慧物流对于物流节点进行优化和精细化监管,从而实现生产和配送过程的精益化管理,提高了物流效率和品质。

总之,阿里巴巴智慧物流在电商物流发展中起着非常重要的作用。通过借助新一代信息技术,阿里巴巴集团可以实现物流全流程的智慧化,从而提高物流效率和质量,满足消费者个性化、快递化的需求。随着智能化、人工智能等技术的不断提升,阿里巴巴智慧物流有望取得更加出色的发展成果。

11.3　顺丰智慧物流案例

顺丰在智慧物流方面表现出了许多亮点和突出的优势。

11.3.1　数据化运营管理

顺丰将数据化运营管理作为核心竞争力之一,不断加强信息化建设,推动物流信息化,建立完善的数据平台和监管体系,实现全方位的数据共享和信息透明,提高效率和服务质量。通过数据分析,顺丰可以快速响应和满足客户需求,优化运输路线和配送方式,提高运输效率和成本效益。

顺丰在智慧物流:数据化运营管理方面有着深入的实践和经验。他们主要从以下几个方面进行:

(1)智能化运营。顺丰科技利用人工智能、物联网等技术,实现了智能派单、智能调度、可视化跟踪等数字化能力。这些能力使得顺丰的运营更加智能化,提高了运营效率,降低了运营成本。

(2)数据驱动决策。顺丰科技通过大数据分析,为各行业企业提供专业的数据分析和预测服务。这使得企业能够更好地了解市场和消费者需求,为产品研发、市场营销等提供有力的数据支持。

(3)数字化底盘。顺丰科技以智慧供应链为"基石",通过打造智慧化供应链结构,以科技赋能全流程的智慧化经营管理。这使得企业能够更好地整合内外部资源,提高供应链的透明度和协同效率。

(4)全面优化。顺丰科技通过全面剖析、解决供应链各环节问题,深度挖掘数据价值,助力企业实现降本增效。他们不仅关注物流环节的优化,还注重整个供应链的协同和优化。

总的来说,顺丰在智慧物流:数据化运营管理方面,通过智能化运营、数据驱动决策、数字化底盘和全面优化等措施,实现了物流行业的数字化转型和升级。这不仅提高了企业的运营效率和服务质量,也为整个行业的发展提供了新的思路和方法。

11. 3. 2　应用物联网技术

顺丰积极应用物联网技术,通过 RFID 标签、传感器等技术手段实现对货物的实时监控和追踪,以及对物流运输场景的智能感知和控制,实现可视化的物流管理和精细化的运营管理。

(1)物联网技术的应用。顺丰在物流运输过程中应用了物联网技术,通过 RFID 标签、传感器等设备,实现对货物的实时监控和追踪。这些设备可以自动识别和记录货物的信息,如货物名称、数量、重量、尺寸等,以及货物的运输状态和位置等信息。这些信息可以通过网络传输到后台管理系统,实现实时的数据更新和监控。

(2)智能感知和控制。顺丰在物流运输场景中应用了物联网技术,通过传感器等设备实现对运输场景的智能感知和控制。例如,通过温度传感器可以实时监测货物的温度变化,通过压力传感器可以监测货物的堆叠情况等。这些设备可以及时发现和处理问题,保证货物的安全和稳定运输。

(3)可视化的物流管理。通过物联网技术,顺丰可以实现物流管理的可视化。客户可以通过网络实时查看货物的状态和位置信息,以及运输过程中的其他相关信息。这不仅可以提高客户对货物的掌控度,还可以帮助顺丰更好地了解客户需求和运输情况,提高服务质量。

(4)精细化的运营管理。通过物联网技术,顺丰可以实现运营管理的精细化和智能化。例如,通过 RFID 标签和传感器等设备,可以实现对货物的自动化分拣、跟踪和配送等操作。这不仅可以提高运营效率,还可以减少人为错误和提高服务质量。

总的来说,顺丰积极应用物联网技术,不仅提高了企业的运营效率和服务质量,也为整个行业的发展提供了新的思路和方法。

11. 3. 3　研发智慧物流解决方案

顺丰研发了一系列的智慧物流解决方案,如 WMS 智能仓储管理系统、TMS 智能运输管理系统、O2O 城市配送系统、逆向物流系统等等,为客户提供全方位的物流服务。这些解决方案基于顺丰的物流信息平台,将物流各环节进行数据化和标准化管理,提高物流运输效率和安全性。

顺丰是一家知名的物流公司,致力于为客户提供高效、安全、可靠的物流服务。为了满足客户的需求,顺丰不断研发和推出了一系列智慧物流解决方案,如 WMS 智能仓储管理系统、TMS 智能运输管理系统、O2O 城市配送系统、逆向物流系统等等,为客户提供全方位的物流服务。

(1) WMS 智能仓储管理系统。该系统基于物联网技术和大数据分析,对仓库的货物进行智能化管理。通过 RFID 标签和传感器等设备,可以实现对货物的自动化分拣、库存管理和实时监控等操作。这可以帮助客户提高仓储效率和准确性,减少库存成本和损失。

(2)TMS 智能运输管理系统。该系统对物流运输过程进行全面管理,包括订单处理、车辆调度、路线规划、货物跟踪等环节。通过物联网技术和大数据分析,可以实现对运输过程的实时监控和优化,提高运输效率和质量。

(3)O2O 城市配送系统。该系统基于互联网技术和智能终端设备,为城市内的快递、生鲜、商超等客户提供快速、便捷的配送服务。通过智能终端设备,可以实现对订单的快速处理、货物的实时跟踪和配送员的智能化管理。这可以帮助客户提高配送效率和客户满意度。

(4)逆向物流系统。该系统对退货和回收等逆向物流过程进行全面管理,包括订单处理、物品检测、库存管理、运输调度等环节。通过物联网技术和大数据分析,可以实现对逆向物流过程的优化和监控,提高退货处理效率和回收物品的质量。

这些智慧物流解决方案基于顺丰的物流信息平台,将物流各环节进行数据化和标准化管理,实现物流运输的全程监控和优化。通过物联网技术和大数据分析的应用,可以帮助客户提高物流运输的效率和质量,减少物流成本和损失,同时提高客户满意度和服务质量。

11.3.4　推广人工智能应用

顺丰积极推广人工智能的应用,以此来协助客户进行数据分析、物流规划和决策,从而提高物流效率和服务水平。通过 AI 技术的优化和升级,顺丰可以更好地提供快递定价、客户服务、满足特殊定制化需求等服务,提高客户满意度。

总体而言,顺丰在智慧物流方面的表现非常突出,其采用信息化技术和物联网技术能够更好地实现对物流运输环节的可视化、透明化和智能化,以此来提高客户服务满意度,打造一个更加高效、智能化的物流运输网络。

以下是顺丰在智慧物流运用方面的具体案例:

1. 智慧仓储管理

顺丰通过自主研发的 WMS 智能仓储管理系统,集成了 RFID、扫描枪、称重等技术手段,实现对货物进出库、仓储定位和库存管理的实时监控和管理。该系统支持语音、RFID、条形码等多种方式的商品采集和管理,为顺丰提供了高效、准确的管理手段。

2. 智慧运输管理

顺丰采用 TMS 智能运输管理系统,将运输交通和物流信息流资源的优化、实时控制与 C2B 运输服务融为一体,最大限度地减少滞留时间和成本。该系统具有集成化管理能力,具有极高的安全性和监管能力。

3. 城市配送系统

顺丰 O2O 城市配送系统是一种基于移动互联网的城市配送管理系统,覆盖了全国 1000 多个城市和地区。该系统通过定位、规划、调度、监控和评估五合一的配送流程,提高配送效率和精准度,最大限度地满足客户的需求。

4. 燃气罐智能管理

顺丰与国内一家燃气罐生产企业合作,开展基于物联网技术的智能燃气罐管理项目。该项技术在燃气罐表面安装非接触式 RFID 标签,采用无线通信技术实现燃气罐位置和状态的实时监控。该方案可以自动检测燃气罐的用量,减少订单延误,提高配送效率。

11.3.5 物联网逆向物流

顺丰借助物联网技术,开发了一项名为"顺返"的逆向物流服务,该服务涵盖快递、电商、回收、物资采购、旅游等多个领域。通过线上预约、扫码、上门回收等多种形式,客户可以方便快捷地实现逆向物流的快速返程,节省了时间和精力。

"顺返"服务利用顺丰的物流网络和逆向物流优势,为客户提供了一站式解决方案。客户可以通过官网、App、微信等渠道进行预约和操作,顺丰会根据客户需求提供上门取件、快递寄送、物流跟踪等服务。同时,顺丰还提供了 24 小时客服支持,随时解答客户的问题和解决投诉。

"顺返"服务的优势在于其快速、便捷、安全和可靠。借助物联网技术和大数据分析,顺丰可以对逆向物流过程进行全程监控和优化,确保物品能够快速、安全地返回给客户。同时,"顺返"服务还提供了多种支付方式和物流信息查询功能,方便客户进行费用支付和物品跟踪。

"顺返"服务的成功推出,不仅拓展了顺丰的业务领域,也为客户提供了更加高效、可靠的逆向物流服务。未来,顺丰将继续借助物联网技术和大数据分析等先进技术手段,不断优化和拓展"顺返"服务,为更多的客户和行业提供优质的逆向物流解决方案。

综上,顺丰在智慧物流运用方面的案例非常丰富,从仓储管理、城市配送、物联网逆向物流等多个维度,通过智能化和信息化技术手段实现效率提升、极限控制及服务质量提升。

11.4　其他国内智慧物流案例

除了京东、阿里巴巴和顺丰之外,国内还有很多其他企业也在积极探索和应用智慧物流技术。以下是其中的几个案例:

11.4.1　国内智慧物流——中通快递

中通快递利用区块链技术建立了智慧物流平台,可以实现货物追踪、快递包裹透明度、数据共享等功能,并且可以根据需求自动化处理。中通快递作为国内主要的快递公司之一,积极探索区块链技术在物流行业的应用,并建立了基于区块链技术的智慧物流平台。以下是中通快递如何利用区块链技术建立智慧物流平台的详细介绍:

(1)确定平台目标和功能。中通快递首先明确平台的目标和功能,包括提高物流信息的安全性和可信度、实现物流过程的透明化和可追溯、优化物流资源配置和提高运营效率等。

(2)选择技术方案。中通快递选择了基于区块链技术的智慧物流平台,采用了联盟链技术,并开发了自主专利技术 ZPoS 共识算法,提高了算法效率和 QPS。同时,中通快递还搭建了 ZBaaS 云原生区块链平台,以实现私链、联盟链,支持多场景的区块链应用。

(3)设计平台架构。中通快递在平台架构设计上,采用了分布式记账、信用约束、密钥思维等区块链核心技术,并整合了现有的物流信息系统和业务流程,实现了跨部门、跨企业、跨地域的数据共享和业务协同。

(4)开发平台。中通快递在平台开发过程中,注重代码的可读性、可维护性和可扩展性,遵循接口规范,确保平台的稳定性和易用性。同时,开发了多种智能化应用模块,包括智能追踪、智能预测、智能调度等,以提升平台智能化水平。

(5)集成数据源。中通快递通过开发数据接口和数据交换标准,实现了与相关物流企业、仓储企业等的数据集成,并进行了数据清洗和整合,确保数据的准确性和一致性。

(6)测试与优化。中通快递在平台开发完成后,进行了全面的测试和优化工作,包括功能测试、性能测试、安全测试等。并根据测试结果和用户反馈,不断改进和优化平台的功能和服务。

(7)上线运行。经过充分的测试和优化后,中通快递将平台正式上线运行。在运行过程中,定期进行系统维护和升级工作,确保平台的稳定性和安全性。同时,关注用户反馈和市场变化,不断改进和优化平台的功能和服务。

(8)推广与合作。中通快递通过多种渠道积极推广智慧物流平台的应用和发展。与物流企业、电商平台、供应链相关企业等进行合作,共同推广区块链+智慧物流生态体系的应用和发展。同时,通过参加行业会议、举办培训活动等方式,提高平台的知名度和影响力。

(9)持续改进和创新。随着技术的不断发展和用户需求的变化,中通快递将持续改进和创新智慧物流平台。关注行业动态和技术发展趋势,进行平台升级和功能优化工作,以满足用户的需求并保持竞争优势。同时积极探索新的应用场景和技术合作伙伴拓展平台业务范围和市场空间。

总之,中通快递利用区块链技术建立的智慧物流平台提高了物流信息的安全性和可信度实现了物流过程的透明化和可追溯优化了物流资源配置提高了运营效率等为公司的可持续发展奠定了坚实基础也为整个物流行业的技术创新和业务模式创新提供了有益的参考和借鉴。

11.4.2　国内智慧物流——圆通速递

圆通速递利用区块链技术设计了智慧监管系统,可以对快递物流过程进行监管和追溯,提高了物流安全性和透明度。

圆通速递利用区块链技术设计的智慧监管系统,旨在提高物流安全性和透明度,对快递物流过程进行全面监管和追溯。以下是该系统的详细介绍:

(1)系统架构设计。圆通速递的智慧监管系统采用了区块链技术的分布式账本特性,确保数据的安全性和可信度。系统包括数据采集层、区块链应用层和智能合约层三个主要组成部分。数据采集层负责收集物流过程中的各类数据,包括运输轨迹、温度、湿度等;区块链应用层基于区块链技术实现数据的存储和共享,保证数据的不可篡改性和可追溯性;智能合约层则负责执行预设的规则和条件,实现对物流过程的自动化监管和追溯。

(2)数据采集与处理。在智慧监管系统中,数据采集是关键的一环。圆通速递在快递物流的各个环节部署了传感器和监控设备,如运输车辆上的 GPS 装置、仓库内的温湿度传感器等,能够实时收集物流过程中的各类数据。同时,通过与合作伙伴的数据接口对接,实现数据的共享和整合,确保数据的全面性和准确性。

(3)区块链应用与智能合约。圆通速递利用区块链技术将收集到的物流数据上链存储,并利用智能合约实现数据的自动化监管和追溯。智能合约根据预设的条件和规则,对物流过程中的数据进行自动判断和处理,如温度超过设定范围则触发警报,或根据运输里程自动更新运输状态等。通过智能合约的应用,有效提高了物流过程的安全性和透明度。

(4)系统功能与优势。圆通速递的智慧监管系统实现了对快递物流过程的全面监管和追溯,具有以下主要功能和优势:

①数据共享与透明:通过区块链技术的去中心化特性,实现物流数据的共享和透明化,提高数据的可信度和安全性。

②自动化监管:通过智能合约的应用,实现对物流过程的自动化监管,降低人为干预和错误的可能性。

③可追溯性:系统能够完整记录物流过程中的每一个环节,包括运输轨迹、温度、湿度等数据,为质量追溯提供可靠依据。

④提高效率:通过自动化监管和智能合约的执行,提高物流过程的效率和质量。

⑤降低成本:通过减少人工干预和错误的可能性,降低物流成本和风险。

(5)未来发展与扩展:圆通速递的智慧监管系统在未来将进一步扩展应用范围和功能。随着技术的不断进步和业务需求的增长,系统将支持更多的物流环节和数据类型采集,并提高数据分析和处理的效率。同时,将与更多的合作伙伴实现数据接口对接,实现更广泛的数据共享和应用拓展。

总结而言,圆通速递利用区块链技术设计的智慧监管系统实现了对快递物流过程的全面监管和追溯,提高了物流安全性和透明度。该系统的成功应用将为整个物流行业的技术创新和业务模式创新提供有益的参考和借鉴。

11.4.3　国内智慧物流——百世快递

百世快递推出了"智慧物流大脑"系统,该系统旨在通过整合数据和应用 AI 等技术,提高物流效率和运作透明度,并且可以智能化处理面单信息、商品信息等。以下是该系统的详细介绍。

(1)系统架构与功能。百世快递的"智慧物流大脑"系统基于云计算和大数据技术构建,主要包括数据整合、AI 应用和智能处理三个部分。数据整合部分负责收集物流过程中的各类数据,包括订单信息、运输轨迹、仓库管理等;AI 应用部分基于机器学习和深度学习算法,对收集到的数据进行处理和分析,提供智能化的决策支持;智能处理部分则根据 AI 分析结果,自动化的处理面单信息、商品信息等,提高物流效率和准确性。

(2)数据整合与应用 AI。百世快递的"智慧物流大脑"系统在数据整合和 AI 应用方面具有以下特点。

①数据全面性:系统能够全面收集物流过程中的各类数据,包括订单信息、运输轨迹、仓库管理等,确保数据的完整性和准确性。

②数据标准化:系统采用统一的数据标准,实现数据的标准化和规范化,提高数据的质量和可操作性。

③AI 算法优化:系统基于先进的机器学习和深度学习算法,对收集到的数据进行处理和分析,提供智能化的决策支持,如路径优化、预测分析等。

(3)智能处理与自动化操作。百世快递的"智慧物流大脑"系统通过智能处理部分,可以实现以下自动化操作和功能:

①自动化面单信息处理:系统可以根据 AI 分析结果,自动化的识别和提取面单信息,如收件人姓名、电话、地址等,提高物流效率和准确性。

②自动化商品信息处理:系统可以自动化的识别和提取商品信息,如商品名称、规格、数量等,减少人为错误和提高效率。

③路径优化:系统可以根据 AI 算法分析出的最优路径,自动化的调整运输计划和路线安排,提高运输效率和准确性。

(4)系统优势与效益。百世快递的"智慧物流大脑"系统具有以下主要优势和效益:

- 提高物流效率:通过自动化处理和智能优化,系统能够显著提高物流效率和运作透明度。

- 降低成本:通过减少人工干预和错误的可能性,系统能够有效降低物流成本和风险。

- 提高客户满意度:通过自动化的面单和商品信息处理,系统能够提高物流信息的准确性和完整性,从而提高客户满意度。

(5)未来发展与扩展。百世快递的"智慧物流大脑"系统在未来将进一步扩展应用范围和功能。随着技术的不断进步和业务需求的增长,系统将支持更多的物流环节和数据类型采集,并提高数据分析和处理的效率。同时,将与更多的合作伙伴实现数据接口对接,实现更广泛的数据共享和应用拓展。

总结而言,百世快递推出的"智慧物流大脑"系统通过整合数据、应用 AI 等技术,显著提高了物流效率和运作透明度,并且可以智能化处理面单信息、商品信息等。该系统的成功应用将为整个物流行业的技术创新和业务模式创新提供有益的参考和借鉴。

11.4.4　国内智慧物流——德邦物流

德邦物流与华为合作,建立了基于物联网和区块链技术的智慧物流平台,可以实现货物追踪、智能路线规划、安全风险管理等多个功能。

德邦物流与华为合作,建立了基于物联网和区块链技术的智慧物流平台。该平台可以实现货物追踪、智能路线规划、安全风险管理等多个功能,旨在提高物流效率和安全性,优化客户体验,增强企业竞争力。

1. 物联网技术应用

德邦物流与华为合作,通过物联网技术,实现货物追踪和智能路线规划。

(1)货物追踪:通过物联网技术,为每一件货物安装追踪设备,实时监测货物的位置和状态。客户可以通过手机 App 或网站查询货物的实时轨迹,提高货物透明度和可追溯性。

(2)智能路线规划:物联网技术可以实时监测货车的行驶位置和交通路况,根据实际情况动态调整行驶路线,有效避开拥堵路段,提高运输效率。

2. 区块链技术应用

德邦物流与华为合作,通过区块链技术,实现安全风险管理和信息共享。

(1)安全风险管理:区块链技术可以记录货物的来源、运输过程和目的地等信息,确保货物的真实性和合法性。同时,区块链技术还可以记录运输过程中的安全事件,提供安全风险预警和管理。

(2)信息共享:区块链技术可以实现物流信息的共享和协同,提高各环节的协同效率。例如,供应商可以通过区块链技术实时共享货物的生产、库存等信息,客户可以通过区块链技术实时查询货物的运输状态和交付状态等信息。

3. 平台架构和功能

德邦物流与华为合作建立的智慧物流平台基于云计算和大数据技术,可以实现以下功能。

(1)数据采集与整合:平台可以采集货物的来源、运输过程、目的地等信息,以及车辆的行驶轨迹、交通路况等信息,实现数据的全面采集和整合。

(2)数据处理与分析:平台可以对采集的数据进行处理和分析,提取有价值的信息,例如货物的实时位置、运输效率、安全风险等。

(3)业务协同与优化:平台可以实现各环节的业务协同和优化,例如供应商、德邦物流、客户等各方的信息共享和协同作业。

（4）应用服务与扩展：平台可以提供各类应用服务，例如货物追踪、智能路线规划、安全风险管理等，并根据需求进行扩展和优化。

4.合作成果与影响

德邦物流与华为的合作成果显著，主要表现在以下几个方面：

（1）提高物流效率：通过物联网和区块链技术的应用，德邦物流实现了货物追踪和智能路线规划，提高了运输效率。同时，信息共享和业务协同也优化了各环节的操作流程，减少了不必要的等待和浪费。

（2）增强安全性：通过区块链技术，德邦物流实现了对货物的来源、运输过程和目的地等信息的记录和验证，提高了货物的真实性和安全性。同时，安全风险管理功能也有效降低了运输过程中的安全风险。

（3）优化客户体验：通过智慧物流平台，德邦物流提供了货物追踪、智能路线规划、安全风险管理等应用服务，客户可以随时了解货物的实时位置和状态，提高了客户体验和服务质量。

（4）推动行业创新：德邦物流与华为的合作推动了物流行业的创新和发展。通过引入物联网和区块链等先进技术，智慧物流平台为行业树立了新的标杆，也为其他企业提供了参考和借鉴。

总之，德邦物流与华为的合作是基于物联网和区块链技术的智慧物流平台的成功应用案例。这种合作模式不仅提高了物流效率和安全性，优化了客户体验，还推动了行业的创新和发展。

11.4.5　国内智慧物流——申通快递

申通快递也在积极探索智慧物流技术应用，推行区块链技术可以提高物流过程的精细化和智能化，从而提高运营效率、降低成本。

申通快递作为中国知名的快递企业之一，也在积极探索智慧物流技术应用。其中，推行区块链技术是申通快递提高物流过程精细化和智能化的重要举措之一。

区块链技术是一种去中心化的分布式账本技术，可以记录和验证数据，确保数据的真实性和不可篡改性。在物流领域，区块链技术可以应用于货物追踪、安全风险管理、信息共享等方面，从而提高运营效率、降低成本。

（1）区块链技术可以提高货物追踪的精细度和实时性。通过在每个货物上绑定区块链芯片，记录货物的来源、运输过程和目的地等信息，可以实现货物的全程追踪。同时，通过实时更新数据，可以确保货物信息的准确性和及时性，提高客户对货物的掌控度。

（2）区块链技术可以提高安全风险管理的效率和准确性。在物流运输过程中,存在多种安全风险因素,如盗窃、损坏等。通过区块链技术记录货物的运输过程和安全事件,可以及时发现和解决安全问题,并追溯责任方。同时,区块链技术可以提供安全风险预警和管理,有效降低安全风险。

(3)区块链技术可以实现信息共享和业务协同。在物流领域,涉及多个环节和参与方,如供应商、运输公司、仓储公司等。通过区块链技术实现信息共享和业务协同,可以优化各环节的操作流程,提高协同效率。同时,可以避免信息孤岛和重复操作等问题,降低成本和提高服务质量。

申通快递推行区块链技术的实践表明,智慧物流技术可以提高物流过程的精细化和智能化,从而提高运营效率、降低成本。同时,这种技术的应用也为快递行业树立了新的标杆,为其他企业提供了参考和借鉴。

总之,智慧物流技术的应用已经逐渐成为国内快递业的发展趋势,各大企业应该积极探索应用,以提高自身的整体运作效率和服务质量。

结　　论

在本章中,介绍了四个国内智慧物流区块链应用案例,包括京东智慧物流、阿里巴巴智慧物流、顺丰智慧物流以及其他国内智慧物流案例。这些案例展示了国内企业在物流领域应用区块链技术的创新和实践。

首先,京东智慧物流案例展示了京东如何利用区块链技术实现商品追溯、物流信息透明化和智能化管理等功能。通过与多个合作伙伴共同打造区块链生态圈,京东成功地将区块链技术应用于实际的物流场景中,提高了物流效率和客户满意度。

其次,阿里巴巴智慧物流案例介绍了阿里巴巴如何利用区块链技术优化供应链管理和物流信息追溯。通过与各类企业合作,阿里巴巴成功地将区块链技术应用于实际的物流场景中,提高了供应链的可靠性和物流效率。

再次,顺丰智慧物流案例展示了顺丰速运如何利用区块链技术实现高效、准时的快递服务。顺丰以"时间是金"的理念,专注于提供高效、准时的快递服务,并利用区块链技术优化了内部管理流程和客户服务体验。

最后,其他国内智慧物流案例介绍了其他国内企业在物流领域应用区块链技术的探索和实践。这些企业通过不断创新和实践,推动了区块链技术在物流领域的应用和发展。

综上所述,国内智慧物流区块链应用案例展示了国内企业在物流领域应用区块链技术的创新和实践。通过不断探索和实践,国内企业成功地将区块链技术应用于实际的物流场景中,提高了物流效率和客户满意度。未来,随着技术的不断进步和应用场景的不断拓展,区块链技术在国内物流领域将发挥更加重要的作用和影响。

第12章 区块链+智慧物流平台构建

区块链+智慧物流生态体系的构建需要经过多个步骤,从目标确定、技术选择、架构设计到上线运行、推广合作和持续改进等环节都需要进行充分的规划和实施。同时,要注重平台的可扩展性、安全性和灵活性,以便适应不断变化的市场环境和用户需求。

12.1 区块链+智慧物流生态体系的构建需要经过的阶段和步骤

区块链+智慧物流生态体系的构建需要经过以下几个关键阶段和步骤:

12.1.1 需求分析

首先,需要对区块链+智慧物流生态体系的需求进行深入分析。这一阶段的目标是明确平台的目标和定位,了解物流行业中的痛点和用户需求。通过需求分析,可以确定平台应具备的功能、性能和安全要求,为后续的设计和开发提供依据。

12.1.2 系统设计

在需求分析的基础上,进行区块链+智慧物流生态体系的系统设计。这包括平台的整体架构设计、功能模块设计、数据库设计等。整体架构设计需要确定平台的层次结构、组件关系和数据流;功能模块设计则需要将平台功能拆分为不同的模块,确保每个模块的功能明确、可维护;数据库设计则需要根据业务需求,设计合理的数据库结构,确保数据的存储和访问效率。

12.1.3 区块链平台搭建

接下来,需要搭建一个基于区块链的智慧物流平台。这一步骤包括选择合适的区块链技术(如以太坊、Hyperledger Fabric 等),进行区块链网络的配置和部署。

同时,还需要设计并实现智能合约,智能合约是区块链平台的核心组成部分,可以定义物流运输的规则和条件,并自动执行和监控运输过程。智能合约的设计需要确保其与物流信息的绑定,实现信息的自动验证和记录。

12.1.4　平台开发

在区块链平台搭建完成后,开始进行平台的开发工作。这包括前端开发、后端开发、移动端开发等。前端开发负责构建用户界面,提供用户与平台交互的入口;后端开发则负责实现平台的业务逻辑,处理用户请求和数据操作;移动端开发则需要考虑移动设备的特性和用户习惯,提供便捷的移动应用体验。

12.1.5　测试和优化

完成平台的开发后,需要进行测试和优化工作。测试阶段需要对平台的功能、性能、安全等方面进行全面测试,确保平台的质量和稳定性。优化阶段则需要根据测试结果和用户反馈,对平台进行性能优化、用户体验优化等,提升平台的整体表现。

12.1.6　举例分析

以某大型物流公司为例,该公司为了提升物流效率和透明度,决定构建一个基于区块链的智慧物流平台。首先,该公司对物流行业的需求进行了深入分析,发现货物运输过程中的追踪和验证是一个重要需求。然后,该公司设计了一个包含智能合约的区块链平台,智能合约可以自动记录货物的运输状态,确保信息的真实性和不可篡改性。在平台开发阶段,该公司采用了前后端分离的开发模式,前端提供简洁明了的用户界面,后端则实现了复杂的业务逻辑。最后,在测试和优化阶段,该公司对平台进行了全面的测试,并根据用户反馈进行了优化,提升了平台的用户体验和性能。

通过构建基于区块链的智慧物流平台,该公司不仅提升了物流效率,还增强了货物运输的透明度和可信度,为物流行业的发展提供了新的解决方案。

12.2　区块链+智慧物流生态体系的构建需要考虑的方面

构建区块链+智慧物流生态体系时,需要考虑以下多个方面:

12.2.1　技术架构选择

1. 讲解

技术架构是平台构建的基础。在选择技术架构时,需要考虑区块链技术的类型(如公有链、联盟链或私有链)、共识机制、智能合约的开发语言等。此外,还需要考虑与现有物流系统的集成方式。

2. 举例分析

某物流公司选择 Hyperledger Fabric 作为区块链平台的基础,因为它提供了灵活的权限管理和强大的隐私保护功能,适合企业间的联盟链场景。

12.2.2　数据管理和安全

1. 讲解

在区块链平台上,数据的安全性和隐私保护至关重要。需要设计合理的数据管理机制,确保数据的完整性和可信度。同时,还需要考虑如何防止数据泄露和非法访问。

2. 举例分析

为了确保数据的安全,某区块链+智慧物流生态体系采用了加密存储和传输技术,对敏感数据进行加密处理,并在访问时进行身份验证和权限控制。

12.2.3　物流信息管理

1. 讲解

物流信息是区块链+智慧物流生态体系的核心内容。需要设计合理的物流信息管理机制,包括订单管理、货物追踪、运输路线规划等,以确保物流信息的实时性和准确性。

2. 举例分析

某平台通过智能合约实现了货物的自动追踪和验证。当货物状态发生变化时,智能合约会自动更新物流信息,并通知相关方。这大大提高了物流信息的透明度和可信度。

12.2.4 仓储管理

1.讲解

仓储管理是物流过程中不可或缺的一环。在区块链+智慧物流生态体系上,需要设计合理的仓储管理机制,包括仓库布局规划、货物存储管理、库存盘点等,以提高仓储运作的效率和准确性。

2.举例分析

某平台通过区块链技术实现了仓库内货物的实时追踪和监控。当货物入库或出库时,相关信息会被自动记录到区块链上,确保库存数据的实时性和准确性。

12.2.5 网络化服务

1.讲解

区块链+智慧物流生态体系需要与供应商、客户等外部实体进行交互。因此,需要设计合理的网络化服务机制,包括接口对接、在线交易、在线查询等,以提供便捷的物流服务。

2.举例分析

某平台提供了 API 接口供外部实体调用,实现了与供应商和客户的无缝对接。同时,还提供了在线交易和查询功能,使客户可以方便地查看物流信息、下单和支付。

12.2.6 平台性能和稳定性

1.讲解

平台的性能和稳定性对于用户体验和业务运营至关重要。需要进行充分的性能测试和稳定性评估,确保平台在高并发、大数据量等场景下能够稳定运行。

2.举例分析

为了确保平台的性能和稳定性,某区块链+智慧物流生态体系采用了分布式架构和负载均衡技术,有效应对了高并发访问和数据处理压力。

综上所述,构建区块链+智慧物流生态体系需要考虑技术架构选择、数据管理和安全、物流信息管理、仓储管理、网络化服务以及平台性能和稳定性等多个方面。通过综合考虑这些因素并采取相应的措施,可以构建出一个高效、可靠、安全的区块链+智慧物流生态体系。

12.3　智慧物流区块链生态体系构建

12.3.1　智慧物流区块链生态体系构建的参与方

智慧物流区块链生态体系构建是由多方共同参与和协作形成的,以下是其中的几个主要参与方。

(1)物流企业。物流企业是智慧物流区块链生态体系的核心参与方,他们可以利用区块链技术优化运输透明度、提高操作效率、降低成本。

(2)货主。货主是智慧物流区块链生态体系重要的参与方,可以通过物流区块链实现货物追溯、货物信息共享、运输进度跟踪等多项功能。

(3)政府部门。政府部门可以参与智慧物流区块链生态体系的建设、监管和维护。政府部门可以掌握物流数据信息,协助监管物流市场的运作,并保证物流市场的公平竞争。

(4)行业组织。行业组织是智慧物流区块链生态体系的重要参与方之一,可以通过整合行业资源,推进智慧物流技术应用与推广,并引领行业向更高水平的智慧物流转型发展。

(5)区块链技术供应商。区块链技术供应商可以提供区块链技术相关的硬件和软件服务,帮助建立智慧物流区块链生态体系。

12.3.2　智慧物流区块链生态体系构建的数据

智慧物流区块链生态体系构建的数据可以包括以下内容:

(1)物流运输数据。包括运输过程中各个环节的货物信息、交通工具信息、人员信息、物流单据等数据,这些数据将直接影响到物流运输的效率和安全。

(2)市场监管数据。包括市场各主要参与方的经营数据、物流企业的营收数据、政府部门的监管数据、行业组织的调研数据等,这些数据是指导市场监管和促进物流市场公平竞争的重要依据。

(3)智能合约数据。智能合约是区块链技术的核心功能之一,智能合约数据包括智能合约的编写与执行数据、智能合约的应用场景与效果数据等。

(4)物联网数据。与智慧物流相关的物联网数据包括各类设备的传感数据、仓库与物流设施的自动化管理数据,通过将物联网技术与区块链技术结合,可以打开更多的智慧物流应用场景。

以上数据将有助于智慧物流区块链生态体系的实现,更好地促进物流信息共享、提升物流质量与效率、增强市场监管等作用。

12.3.3 智慧物流区块链生态体系构建的服务

智慧物流区块链生态体系构建的服务可以包括以下内容。

(1)区块链技术咨询服务。为企业提供智慧物流区块链生态体系构建的技术咨询服务,包括区块链技术的应用场景、技术实现方案等。

(2)智慧物流信息平台搭建服务。针对企业需求,提供智慧物流信息平台定制化搭建服务,包括信息平台架构设计、应用程序开发、系统集成和测试等。

(3)数据安全风险评估服务。为企业提供智慧物流区块链生态体系数据安全风险评估服务,评估企业可能面临的安全威胁和风险,并提供相应的解决方案。

(4)智能合约编写服务。为企业编写和执行智能合约程序,包括智能合约的功能需求分析、代码编写、测试与调试等服务。

(5)物联网设备集成服务。为企业提供智慧物流区块链生态体系物联网设备集成服务,包括设备选型、设备配置、信令传输和数据解析等业务。

以上服务将有助于企业构建智慧物流区块链生态体系,提升物流效率和质量,同时增强数据安全和交易透明性。

12.3.4 智慧物流区块链生态体系构建的规则

智慧物流区块链生态体系构建需要遵守以下规则:

(1)数据安全原则。保障智慧物流区块链生态体系数据的隐私和安全是非常重要的。企业需要确保只有经过许可的人才能访问和操作数据,并建立完善的数据安全防范机制。

(2)透明和可追溯原则。智慧物流区块链生态体系需要建立起透明和可追溯的业务流程。这样可以使得交易信息更加准确和可靠,同时也可以有效防范欺诈和虚假交易。

(3)智能合约原则。智慧物流区块链生态体系需要建立智能合约规则,可以自动执行复杂的交易和合约,提高交易效率,降低成本,同时也将减少人员操作错误带来的损失。

(4)应用场景与业务规则原则。智慧物流区块链生态体系需要在实际应用场景中建立业务规则。这样可以更好地满足企业实际需求,同时也能有效降低出现错误和问题的概率。

(5)合规原则。智慧物流区块链生态体系也需要遵守当地的法律法规。企业需要确保自身的业务合规,并严格遵守法规和标准,以保障交易的合法和安全。

以上规则将有助于企业在构建智慧物流区块链生态体系过程中避免风险,提高效率,同时也将更好地为企业和用户服务。

12.4　区块链+智慧物流生态体系整体架构及实施策略

区块链+智慧物流生态体系的整体架构包括底层基础设施层、区块链技术层、应用层和用户层。底层基础设施层包括云计算、计算机网络、物联网、存储技术、加密算法等基础设施。区块链技术层搭建区块链节点、区块链数据结构和共识算法,实现去中心化的数据存储与交易确认。应用层整合与智慧物流相关的应用,包括物流跟踪、交易结算、风险评估等。用户层包括企业、客户、物流服务提供商、监管机构等,可以直接使用应用层提供的服务。

区块链+智慧物流生态体系的实施策略可以从开放性、安全性、服务性、可扩展性和运营性等方面考虑。开放性是指平台需要具备与其他系统无缝连接的能力,以方便数据交互和集成。安全性则需要采用加密算法和数字签名等技术来保障物流和资金交易等敏感信息的安全性。服务性方面需要平台提供优质服务,包括快速响应、高效便捷、精准可靠、灵活可定制等。可扩展性则需要平台能够满足企业不断增长的业务规模和向其他物流领域的拓展。最后,运营性方面需要平台注重用户服务体系、灵活的业务模式和动态的风险控制等,以保证平台的运营和管理的能力。通过以上实施策略和整体架构,区块链+智慧物流生态体系可以提升物流效率、降低成本、实现信息透明和价值共享,为企业和用户带来更便捷、高效、安全的物流服务。

12.4.1　区块链+智慧物流生态体系整体技术架构

区块链+智慧物流生态体系的整体技术架构包括以下模块:

(1)底层区块链技术层。包括公链、联盟链或私有链等不同类型的区块链技术基础设施,提供分布式数据存储和加密算法等核心功能。

(2)智能合约层。基于 Solidity、Vyper 等语言编写支持物流业务流程的智能合约,实现物流信息的安全存储和自动化执行。

(3)身份认证层。基于数字身份认证技术,采用区块链的不可篡改特性实现用户身份的可信认证,并建立信任机制保障数据的真实性和合法性。

（4）数据处理与分析层。实现物流信息的采集、处理、分析和展示等功能，并结合人工智能技术构建预测模型和优化算法，提升物流效率和资源利用率。

（5）用户体验层。提供友好的用户界面和 API 接口，方便用户进行业务操作和数据查询，支持多语言和多终端访问。

（6）安全保障层。实现物流数据的加密传输和存储、身份认证和授权管理、业务安全风险控制等多层次的全方位安全保障。

（7）监管合规层。针对物流行业政策法规和标准，建立合规审计机制和监管监察系统，保障平台的合规运营和数据安全。

整体技术架构的设计要考虑各个模块之间的协同和集成，保证整个平台的稳定性、可扩展性和安全性。同时，需要注意平台的可维护性和可升级性，以适应物流业务的快速发展和技术更新的需求。

12.4.2　区块链+智慧物流生态体系整体业务架构

区块链+智慧物流生态体系的整体业务架构主要分为以下几个方面：

（1）应用场景确定。区块链+智慧物流生态体系针对物流行业的需求，确定自己的应用场景，如物流信息追溯、交易结算等。

（2）平台搭建。平台搭建主要包括区块链技术的选型、平台架构的设计、智能合约的编写等，需要遵循基础设施统一标准、智能合约编写规范等方面的要求。

（3）数据管理。平台需要对各节点上的物流数据进行管理，确保数据的真实性和合规性，并实现数据共享及交互等功能。

（4）流程管理。平台需要设定各种物流业务流程，如物流信息收集、处理、存储、查询等，建立起良好的物流企业和客户之间的业务流程和合作机制。

（5）监管合规。平台需要遵循各国家和地区的物流行业政策法规和标准，建立监管审计机制，确保平台合规运营和数据安全。

（6）用户管理。平台需要建立用户管理体系，包括身份认证、权限管理等方面，以保证平台业务和数据的安全。

综上所述，区块链+智慧物流生态体系整体业务架构的设计需要围绕以上方面进行研究，遵循物流行业的规范和最佳实践，不断提升平台的技术能力和服务质量，以满足用户需求。

对于区块链+智慧物流生态体系整体业务架构的优化设计，可以采取以下改进方案：

（1）引入人工智能技术，增强平台的智能化和自动化，在物流过程中自动识别物流货物的信息、跟踪物流货物的位置、预测物流货物的到达时间等，提高物流运作的效率。

(2)拓展区块链平台的位置信息,通过接入市场内的地理信息系统,获取天气、交通情况等数据,提前预判瓶颈、路径选择等问题,全面优化配送路线,加速物流时效。

(3)与传统物流行业企业合作,整合传统物流企业在物流管理、物流场景、物流资源方面的优势资源,提升平台服务的完整性和全覆盖性。

(4)引入多方面数据共享机制,开放数据接口,允许第三方开发者接入平台,实现更多的技术和业务的融合创新。

(5)增强平台上的智能合约机制,增加自适应机制,实现更加精确的数据交互和智能自动化的执行机制,提高合约的安全性和稳定性。

(6)引入去中心化的技术,实现平台的弹性扩展和多区域部署,解决区块链平台可扩展性和稳定性问题。

(7)引入区块链加密技术,提高平台的数据安全性,并针对不同业务的场景,采用不同的加密方案,确保平台的安全性和合规性。

综上所述,以上改进方案可在现有区块链+智慧物流生态体系业务架构的基础上,增强平台的智能化和自动化,提高物流运行效率和数据安全性,完善平台的服务体系,进一步满足用户需求。

12.4.3 区块链+智慧物流生态体系整体实施策略

区块链+智慧物流生态体系是将物流和区块链技术相结合的一种全新的物流服务平台。它可以提高物流的透明度、安全性和效率,并可推动整个物流行业的数字化和智能化。国内外现有区块链+智慧物流生态体系整体实施情况如下:

(1)国内方面,阿里巴巴等大型电商和物流企业已经相继推出了区块链+智慧物流生态体系,以提高物流业务的效率和品质。例如,阿里巴巴推出了阿里物联智慧物流平台,该平台可以实现物流场景的数字化、无人驾驶等功能。顺丰速运和京东物流等物流企业也推出了智慧物流平台,通过区块链技术提供安全可靠的物流服务。

(2)国外方面,欧美地区的区块链+智慧物流生态体系也逐渐兴起。美国的Walmart、英国的 DP World 和比利时的 Port of Antwerp 等企业也在积极探索区块链在物流行业中的应用。此外,国际物流巨头德国的 DHL 和瑞士的军舰货航运公司也在运用区块链技术打造智慧物流解决方案,提升物流效率和透明度,降低成本和风险。

当前国内外的区块链+智慧物流生态体系仍处于初级阶段,平台的安全性和可行性等问题仍然需要进一步探索和验证。但随着技术不断发展和应用场景的扩展,区块链+智慧物流生态体系有望成为未来物流业的发展趋势。

12.4.4 现行国内区块链+智慧物流生态体系整体实施策略改进建议

现行国内区块链+智慧物流生态体系整体实施策略存在一些局限性,如数据孤岛、标准不统一、治理模式不完善等问题,需要进行改进。以下是一些改进建议:

(1)数据共享平台建设。建立多方参与的数据共享平台,将数据从数据孤岛中解放出来,使得各参与方都能同时看到所有物流路径和交易记录,从而提高物流透明度和效率。

(2)标准化建设。建立统一的标准,使得不同的物流企业、系统和应用能够互相通信,实现数据的共享和集成,从而提高系统之间的互操作性和互换性。

(3)治理模式完善。建立一个完善的治理模式和机制,包括监管与指导、技术研发、标准设置、质量保障、风险防范和信用评价等方面的制度安排,以确保平台健康稳定的运行。

(4)与实际情况相结合。区块链+智慧物流生态体系的实施应该根据物流环节的具体情况,分阶段、分步骤、逐步推进,避免一次性投入大量资金和资源导致过度扩张,造成浪费和资源浪费。

(5)引入新技术。在现有技术的基础上,通过引入新技术,如人工智能、大数据、物联网和云计算等,进一步提高平台的效率和智能化程度,打造更加优质的智慧物流服务体系。

总的来说,改进国内区块链+智慧物流生态体系整体实施策略应该坚持将技术与实际应用相结合,以市场需求为导向,不断提高平台的可操作性、标准化程度和服务质量,从而推动智慧物流行业的数字化和智能化发展。

结　　论

在第本章中,介绍了区块链+智慧物流生态体系的构建过程、需要考虑的方面、生态体系构建以及整体架构和实施策略。这些内容为读者提供了构建区块链+智慧物流生态体系的全貌和实施细节。

首先,构建区块链+智慧物流生态体系需要经过多个阶段和步骤。这些阶段包括需求分析、平台设计、技术选型、开发实施、测试部署和运维优化等。在每个阶段,都需要充分考虑业务需求、技术能力和资源投入等因素,以确保平台构建的可行性和有效性。

其次,构建区块链+智慧物流生态体系需要考虑多个方面。这些方面包括平台的可扩展性、安全性、可靠性和互操作性等。在可扩展性方面,需要考虑平台的伸缩性和灵活性,以满足不断增长的业务需求。在安全性方面,需要采取有效的加密技术和安全措施,确保平台的数据安全和交易隐私。在可靠性方面,需要保证平台的稳定性和可用性,确保物流信息的准确性和及时性。在互操作性方面,需要考虑平台与其他系统的兼容性和互联互通性,实现信息共享和互操作。

再次,智慧物流区块链生态体系的构建是实现智慧物流的重要支撑。这个生态体系需要包括多个参与方,如物流企业、电商平台、金融机构、政府监管机构等。通过建立有效的合作机制和共享平台,这些参与方可以实现信息共享、协同作业和互利共赢,推动智慧物流的发展和创新。

最后,区块链+智慧物流生态体系的整体架构及实施策略是构建成功的关键。平台的整体架构需要清晰合理,能够支持多种应用场景和业务需求。在实施策略上,需要结合实际情况制定可行的计划和步骤,确保平台的顺利建设和高效运营。同时,还需要充分考虑技术的不断演进和创新,持续优化和完善平台的功能和性能。

综上所述,本章详细介绍了区块链+智慧物流生态体系的构建过程、考虑因素、生态体系和整体架构及实施策略。通过深入分析和总结这些内容,读者可以更好地理解区块链+智慧物流生态体系的构建思路和实践方法,为实际应用提供有益的参考和借鉴。

第 13 章　区块链+智慧物流应用方案

区块链+智慧物流应用是指将区块链技术应用于物流行业,从而实现贸易流程的透明化、信息的共享和安全,并提高业务效率。

13.1　业务链融合

业务链融合是指将不同的业务链进行整合,打通各业务系统之间的孤岛,使它们能够无缝地协同工作和互操作,从而提高企业的业务效率和响应速度。通常情况下,企业运营过程中会有多条业务链,例如市场销售、生产制造、供应链管理、财务结算等。这些业务链之间存在信息壁垒,导致数据不同步、信息不准确、流程不畅通等问题。通过业务链融合,可以实现跨链合作,有效整合企业各项业务资源,促进业务协同,提高企业整体效率。

13.1.1　业务链概述

业务链是指公司在从生产、销售、营销到客户服务等全过程中所涉及的所有环节组成的一条完整的、连续的、有序的业务流程。通俗来讲,业务链是企业从采购原材料开始到最终客户使用产品的全过程,其中包括了物流、生产、销售、售后服务等多个环节。不同的业务链之间相互依存,同时也存在着关联和影响。因此,对于企业而言,通过对业务链的深入理解,可以更好地了解和把握企业的运营模式,优化企业的业务流程,提高业务效率和质量,从而获得更高的竞争力和市场份额。

13.1.2　业务链融合的意义

业务链融合是指将传统的业务链通过技术和平台的应用进行互联和创新,实现不同业务之间的协同和信息共享,以达到提高企业整体效率、降低成本、优化用户体验等目的。

业务链融合的意义主要体现在以下几个方面:

假设一个零售企业想要实现业务链融合,将线上线下的销售渠道进行互联和协同。具体体现在以下几个方面:

(1)提高企业效率。通过业务链融合,不同的销售渠道可以相互连接和协同,实现商品信息的共享和流通。当有新的商品上架时,线上线下销售渠道可以同时更新数据,有效提高整体效率。

(2)降低成本。采用业务链融合技术可以降低企业的运营成本和生产成本。比方说,线上销售可以降低开店成本,线下销售可以降低物流配送成本。同时实现资源的共享,提高资源的利用率。

(3)优化用户体验。业务链融合可以提高用户体验,使得用户在购买商品时可以更加便捷、高效,从而提高用户满意度。比如,用户可以在线网站上购买商品,当商品缺货时,用户可以在线预订。当商品到货后,用户可以通过线下门店进行取货。

(4)提高企业创新能力。通过业务链融合,不同的销售渠道可以相互连接和创新,实现新的销售模式和流程,从而促进企业的创新能力。比如,在线下门店中可以设置虚拟现实售货,增加消费者购买的体验感。

(5)加强业务安全性。业务链融合可以实现销售信息的安全性和可靠性,保护企业的核心业务、用户隐私和商业机密。对于结算信息和用户隐私等方面,可以通过技术手段加密保护。

13.1.3　业务链融合的应用实践

以京东、阿里巴巴和顺丰为例,它们在业务链融合的应用实践方面有以下举措:

(1)京东。京东在业务链融合方面始终保持领先地位。在物流供应链管理方面,京东构建了业界最完整的物流网络,包括全球海外仓、自营物流和第三方物流三端,实现端到端的供应链可视化管理。同时,京东还将线上和线下的交易集于一身,发展了京东到家、京东数科、京东健康等线上线下一体化业务,这些业务基本实现了业务链融合的目标。

(2)阿里巴巴。阿里巴巴通过旗下的线上零售平台淘宝、天猫、菜鸟、盒马鲜生等,把线上线下的业务打通,实现了完整的业务链融合。比如,用户在淘宝能够购买盒马鲜生的商品,而盒马鲜生则可以为用户提供菜鸟物流的服务。同时,阿里巴巴在物联网、人工智能等新技术的应用上,也在不断推进业务链融合。

(3)顺丰。顺丰在业务链融合方面推出了一系列新的业务,比如"千城一面""千人千面"等,实现了从快递到物流、从特快到普货、从生鲜到时尚等全方位的升级打造。同时,顺丰也在数字化转型方面做了大量工作,比如通过建立数智化平台,对物流供应链、货物、司机等信息进行实时追踪管理,以保障物流质量与效率。

综上所述,京东、阿里巴巴和顺丰都在不同程度上实践了业务链融合。从各自的具体举措来看,它们通过统一数据,整合供应链、物流和营销,实现了线上线下数据的互通和协作,进一步提高了企业的效率和用户体验。

13.2 供应链融合

供应链融合指的是企业通过整合自身与合作伙伴之间的供应链管理、生产流程、营销策略、物流运输等各个环节,达到更高效地协同作业、降低成本、提高客户满意度的目的。它是一种协同作业的管理方式,通过整合供应商,生产商,经销商,零售商等,在整个业务生命周期中实现数据的分享和分析,以优化流程并使其更高效、更具竞争力。对企业而言,供应链融合的目标是最大化效益,降低成本,提高客户满意度。而对消费者而言,供应链融合能够提供更快速,更便捷,服务更周到的购物体验。

13.2.1 供应链概述

供应链是指一种由多个企业、组织和个人共同协作、协调的过程,用于从原材料到最终消费者手中的产品或服务的交付。该过程涉及包括采购、生产、物流、库存管理、销售和客户服务在内的一系列活动。

供应链的实现需要多个环节的整合,包括供应商、制造商、批发商、零售商和物流公司等。整个过程需要适时的协作和协调,以达到最大的效益和最小的成本。当所有环节的数据都能够实时共享,不断优化和改进的时候,供应链就可以得到完美的实现。

供应链管理是为了管理这些环节而开发出的一些工具和技术,以帮助企业更好地规划、运作和控制其供应链。供应链管理的目标是最大化效率、降低成本、提高客户满意度,并增强企业与合作伙伴之间的合作和协调。

13.2.2 供应链融合的意义

供应链系统是实现供应链融合的关键工具之一。下面以京东、阿里巴巴和顺丰为例,具体说明供应链融合的意义。

1.京东(JD)供应链系统

京东利用供应链系统,实现了从产品设计、生产、采购、物流到销售全链条闭环协作,在提升供应链效率和降低成本的同时,提高了产品质量和客户满意度。例如,通过智能化的仓储管理和物流配送,京东能够实现快速的订单处理和送货,给客户带来极佳的购物体验。同时,京东的供应链平台还为供应商和物流服务商提供了一种合作机制,实现了供应链各环节之间的平等合作和信息共享,实现了供应链的融合。

2.阿里巴巴供应链系统

阿里巴巴的供应链系统旨在实现企业与企业之间、企业与消费者之间的智能化互联。通过供应链系统,阿里巴巴提供了从产品设计、采购、仓储、物流到售后服务的一揽子解决方案。例如,阿里巴巴的"供应链金融"服务可以帮助供应商快速获得融资,并利用供应链上的资源进行资金流通,提高了市场的流通速度和流动性。同时,阿里巴巴还通过大数据分析和人工智能技术,提高了供应链的可视化程度和智能化水平,进一步实现了供应链融合。

3.顺丰供应链系统

顺丰通过供应链系统,构建了从物流到金融的综合服务链条。例如,顺丰的智能物流系统可以为客户提供实时的物流追踪和信息查询服务,让客户能够更好地管理自己的供应链资源。同时,顺丰还开发了上下游产业链融资产品,为供应链上的中小企业提供快速有效的融资服务,进一步实现了供应链的融合。

综上所述,通过京东、阿里巴巴和顺丰的供应链系统实践,我们可以看到供应链融合的重要意义。供应链系统能够在不同环节之间建立联系和协作,提升整个供应链的参与者的效率和效益,并进一步提高产品质量和客户满意度。同时,供应链系统还可以基于大数据和人工智能等技术的应用,进一步实现供应链的可视化和智能化,让供应链实现最大的效益和最小的成本。

13.2.3　供应链融合的应用实践

(1)京东商城在供应链融合中采取了多项措施,并取得了实质性的成效。以下是京东在供应链融合方面的一个真实案例。

京东在生鲜商品领域中,采用了自营的仓储物流模式,建设了覆盖全国的生鲜仓储物流中心。2016年4月,京东开设了全国首家生鲜仓配中心,实现了生鲜商品到达消费者手中的闭环管理,从而提高供应链的效率和效益。

此项目主要采用智能化的管理系统,实现了生鲜商品的保鲜、混装、快速拣货和分拣等功能。同时,京东还组建了专业化的生鲜物流团队,积极与生产商和配送企业合作,加强对供应链各环节的把控,强化货物质量和安全的管理。

京东自营生鲜仓储物流项目的运营成效显著。通过自营管理模式,京东实现了品类丰富化、服务升级和配送效率提升,进一步加强了与上下游企业的合作,形成了一条高效、绿色、可持续的生鲜食品供应链闭环。

京东的自营生鲜仓储物流项目成功实践展示了企业在供应链融合中推进智能化、专业化和协同化的管理模式的重要性,提升了供应链服务水平和企业市场竞争力。天猫超市智能供应链项目的成功则彰显了企业对于智能化、数据化和个性化管理的重要性,不仅提升了供应链服务水平和企业市场竞争力,同时也为行业内其他企业提供了借鉴和启示。而 IBM Supply Chain Business Network 项目的成功结合了区块链技术与供应链融合,为企业提供了更高效、更安全和更可靠的交互方式,帮助企业更好地掌握供应链的运行情况和管理方法,并推动区块链技术在供应链领域的深入应用和推广。总之,供应链融合的成功实践充分证明了智能化、数据化和专业化管理模式的重要性,是提升供应链服务水平和企业竞争力的关键措施。

(2)阿里巴巴在供应链融合中也采取了多项措施,并取得了实质性的成效。以下是阿里巴巴在供应链融合方面的一个真实案例。

阿里巴巴旗下的天猫超市在智能供应链方面做了大量的探索和尝试。通过跟供应商和物流企业合作,建立完整的供应链体系,从原材料到最终消费品的一站式服务,满足消费者对于商品品质、安全和配送速度的需求。

通过物联网技术,天猫超市将对物品流转的实时监控和对数据进行分析,提高了整体供应链的可视化和效率。同时,天猫超市还借助人工智能和云计算技术,对消费者的购买需求进行深入分析,实现了个性化服务和供应链配对的精准化管理。

此项目的应用使得天猫超市可以在商品价格上具备更大的竞争优势,同时也使得消费者对于商品价格和质量有了更多的掌控力,进一步加强了消费者与品牌间的互动和信任。同时,这种智能化供应链体系对于品牌和物流企业来说也同样具备价值,可以为他们提供更多的市场机会和合作空间。

(3)IBM 在供应链融合中同样采取了多项措施,并取得了实质性的成效。以下是 IBM 在供应链融合方面的一个真实案例。

IBM 的 Supply Chain Business Network 是一项基于区块链技术的供应链融合项目。该项目旨在将物流、贸易金融、管理和广泛的供应链合作伙伴连接起来,为其提供更高效、更安全的交互方式。

通过使用 IBM 的区块链技术,消除了常见的媒介,例如需要人工调整和沟通的电子表格和电子邮件。区块链技术的分布式账本和智能合约可以确保数据的一致性和可靠性,并帮助企业自动执行合同条款。

供应商可以通过网络进行业务交互,例如采购订单、发货通知和发票,这一切都可以透明可视,以便每个合作伙伴都可以在实时的情况下掌握和处理自己的业务。

在供应链风险方面,IBM Supply Chain Business Network 可以提供更全面的监控和预警,以保障供应链的安全和完整性,有效降低企业的供应链风险。

13.3　产业链融合

产业链融合是指不同行业或者不同领域的企业、产业和技术之间的整合,通过横向的合作和纵向的整合,实现资源共享、优势互补、协同发展的目标。产业链的融合可以使企业或行业之间形成更紧密和更高效的协作,促进产业结构的升级和转型升级,提升企业或行业的竞争力和服务水平,同时也有助于推动产业的可持续稳定发展。

13.3.1　产业链概述

产业链是指一个完整的生产制造过程,包括从原材料采购、生产加工、产品配送到销售的整个流程。它通常由一系列同质或相互关联的企业组成,每个企业都在这个过程的某个环节中扮演了不同的角色,并且它们之间存在着不同程度的协调和协作。

产业链可以分为上游、中游和下游三个环节。上游是指原材料采购、加工和生产等环节;中游是指零部件和组件的生产和加工环节;下游是指产品的销售和配送等环节。这些环节相互依存,一个环节的优质生产能够为下游环节提供高品质的原材料或产品,同时下游公司的市场反馈和需求也会影响上游和中游企业的生产制造。

随着科技、信息化的发展和全球化的加速,企业之间通过产业链的合作和融合,实现资源共享、需求分工、风险共担,进一步推动了产业结构的升级和转型升级,促进了产业的可持续稳定发展。

13.3.2　产业链融合的意义

产业链融合是指在产业链的不同环节中,企业之间实现融合和合作,实现资源共享和优势互补,创造出更高价值的产品或服务。其意义包括:

(1)优化资源配置。不同环节的企业之间通过融合合作,可以实现优势互补、资源共享,避免重复投入和浪费,达到优化资源配置的目的。

(2)提升产业链整体效益。产业链融合可以实现效率提升、成本降低,提升产业链整体效益,增加企业的利润和竞争力。

(3)推动产业升级。通过产业链融合,企业可以拥有更多的技术及资源优势,加快产业升级和技术创新的步伐,实现产品或服务的升级换代,提高市场竞争力。

(4)鼓励分工协作。不同环节的企业之间可以各司其职,实现更专业的分工协作,提高产品或服务的质量和效益。

(5)促进经济发展。产业链融合可以刺激市场需求,加强产业协同效应,推动更高层次的经济发展,实现经济高质量发展的目标。

13.3.3 产业链融合的应用实践

下面是京东、阿里巴巴和 IBM 产业链融合的应用实践案例:

(1)京东。京东通过深度融合自身物流、商城、金融、云计算以及大数据等业务,构建了一个"智能供应链"。该供应链能够实现货源预测、优化配送路径、精准定价、自动化仓储、安全、可追溯等一系列功能,提高了商品的质量和效率,提升了客户体验。

京东的智能供应链:京东通过深度融合自身物流、商城、金融、云计算以及大数据等业务,构建了一个"智能供应链"。该供应链能够实现货源预测、优化配送路径、精准定价、自动化仓储、安全、可追溯等一系列功能,提高了商品的质量和效率,提升了客户体验。但是,京东的智能供应链依赖于其自身的资源和技术,对于其他企业来说,要实现同样的效果需要投入大量的资金和技术。

(2)阿里巴巴。阿里巴巴倡导的"新制造"理念,通过产业链融合,将生产制造、供应链管理、云计算、物联网等技术有机结合,推动数字化、智能化生产,提高了生产效率和产品质量,促进了制造业的升级和转型。

阿里巴巴的新制造:阿里巴巴倡导的"新制造"理念,通过产业链融合,将生产制造、供应链管理、云计算、物联网等技术有机结合,推动数字化、智能化生产,提高了生产效率和产品质量,促进了制造业的升级和转型。但是,阿里巴巴的新制造需要企业具备较高的数字化转型能力和创新能力,对于一些中小企业来说,难度较大。

(3)IBM。IBM 和其合作伙伴在制药、医疗等行业中实现了产业链融合。比如,IBM 在和梅奥诊所的合作中利用区块链技术来追溯药品来源、确保药品安全和真实性,提高了药品质量和安全性;在和华盛顿大学医学院的合作中,IBM 利用人工智能技术提供更加个性化、准确的治疗方案,提高了医疗效率和质量。这些实践表明,产业链融合可以帮助企业加强资源整合、深化技术创新,推动行业升级和转型。

　　IBM 的产业链融合在医疗行业的应用:IBM 和其合作伙伴在制药、医疗等行业中实现了产业链融合。比如,IBM 在和梅奥诊所的合作中利用区块链技术来追溯药品来源、确保药品安全和真实性,提高了药品质量和安全性;在和华盛顿大学医学院的合作中,IBM 利用人工智能技术提供更加个性化、准确的治疗方案,提高了医疗效率和质量。但是,实现产业链融合需要搭建完整的生态系统,包括合作伙伴、技术、数据等多方面的资源,这对于单纯的技术公司来说具有一定的局限性。

　　总体来说,产业链融合虽然可以帮助企业深化技术创新、提高生产效率和产品质量,但是需要企业具备一定的技术、资源和创新能力,在实际应用中仍面临一些局限性,需要持续探索和改进。企业可以加强合作伙伴的建设,主动与其他企业和研发机构合作,共同打造更加完整的生态系统;同时,还要加强对于新技术的研究和应用,提升技术和创新能力。

结　　论

　　在第本章中,介绍了智慧物流区块链应用方案的多个方面,包括业务链融合、供应链融合和产业链融合等。这些应用方案为读者提供了将区块链技术应用于智慧物流的具体实施方法和案例。

　　首先,业务链融合是智慧物流区块链应用方案的一个重要方面。通过将业务链中的各个环节进行整合和优化,可以实现信息共享、流程自动化和协同作业。例如,将物流、信息流、资金流和商流等环节进行整合,利用区块链技术实现透明化、安全性和可追溯性,从而提高整体业务效率和可靠性。

　　其次,供应链融合是另一个重要的应用方案。在供应链中,各个环节的参与者需要相互信任和协作,以确保货物的安全和及时送达。通过区块链技术,可以实现供应链的透明化和可追溯性,加强参与者之间的信任和协作。同时,区块链技术还可以解决供应链中的纠纷和欺诈问题,提高整体效率和可靠性。

　　最后,产业链融合也是智慧物流区块链应用方案的一个重要方向。产业链中的各个环节需要相互配合和协作,以实现整体效益的最大化。通过区块链技术,可以实现产业链各环节的透明化和可追溯性,加强参与者的协作和互信。同时,区块链技术还可以解决产业链中的信息不对称和利益分配不均等问题,促进产业的可持续发展。

综上所述,本章详细介绍了智慧物流区块链应用方案的多个方面,包括业务链融合、供应链融合和产业链融合等。通过这些应用方案的具体实施方法和案例,读者可以更好地了解区块链技术在智慧物流领域的应用前景和实践方法。

第14章 区块链+智慧物流应用趋势

智慧物流区块链应用趋势主要包括四个方面:区块链技术应用的拓展、智能合约在物流中的应用、物联网技术的应用以及供应链金融的整合和创新。随着物流行业的发展和市场需求的不断提高,区块链技术在智慧物流领域将得到越来越广泛的应用,对行业的升级和推动将起到至关重要的作用。本文将以京东智慧物流区块链应用作为案例,以介绍区块链应用在智慧物流领域的发展趋势。

14.1 电商物流高效流通融合

本节将以京东商城为例,通过对其物流高效流通整合方面的分析,使我们更加直观地了解电商物流的运行机制。京东商城是中国最大的综合性网络零售商之一,其物流配送系统是其核心竞争力之一。京东通过在物流上的高效流通与融合,不断提升电商物流的服务品质,包括优化配送网络、提高配送速度和可靠性、引入智能化设备等方面,打造了业界领先的物流配送体系。京东物流还通过大数据分析和物流算法优化,引入了人工智能和物联网技术,以提升仓储和配送效率,为消费者提供更快捷、更可靠、更愉悦的购物体验。通过电商物流高效流通融合,京东不断优化了物流服务,推动了中国电商物流行业的快速发展。下面是具体的分析京东商城在物流高效流通整合方面是如何运行的。

14.1.1 电商物流高效流通的概念

电商物流高效流通是指通过对物流网络、仓储及配送等环节的优化,实现物流效率的最大化,提高物流系统的服务水平和运营利润。随着电商行业的快速发展,物流高效流通整合已经成了电商企业取得竞争优势的关键因素之一。

电商物流高效流通的核心目标是在保证物流效率的同时,提供高质量的物流服务,以满足消费者对订单快速配送的需求。同时,电商物流高效流通整合还需考虑商品保护、准时送达、运输成本控制等多个环节,确保全链条的物流服务质量。

在电商物流高效流通整合中,企业需要进行物流网络优化、仓储设施升级、配送方式创新等一系列措施,实现流通效率的最大化和服务水平的不断提高。此外,企业还需要关注物流数据的分析、智能物流设备的引进、物流管理系统的搭建等技术手段,以实现物流效率和质量的双重提升。

总之,电商物流高效流通整合是一项关键的业务环节,可以帮助电商企业提高运营效率、降低运营成本、提高客户满意度,从而获得更高的市场份额和企业利润。

14.1.2　京东的电商物流高效流通实践经验

京东作为国内最具规模的电商平台之一,对于电商物流高效流通的实践经验非常值得借鉴。以下是京东在电商物流高效流通方面的实践经验:

(1)仓储设施的优化。京东采取"自营+合作"的模式,不断增加自营仓库和合作仓库,以更好地满足不同产品的仓储需求。同时,京东在自营仓库中采用物流科技和智能化设备,实现仓储自动化、智能化,提高仓库管理效率和仓储能力。

(2)配送模式的创新。京东在配送服务上不断创新和优化,推出基于"云配送"的新模式,将同城或邻近区域内的配送单批量运输到区域中心,再由主仓库进行分拣和配送。这种新模式不仅提高了配送效率,也降低了配送成本。

(3)物流数据实时监控。京东在物流管理、配送服务方面实现了实时数据监控,对订单、仓储、配送等环节进行实时监管,能够对模式、流程和效率进行及时调整和优化,提高物流服务质量。

(4)智能化配送机器人应用。京东在配送服务上引进智能化配送机器人,在小区、商场以及校园等场景中配送货物。通过智能化设备和物流科技,能够提高配送效率和质量,同时节约人力成本。

总之,京东电商物流高效流通实践经验丰富,同时京东也在不断创新和提高物流服务质量。这为其他电商企业提供了借鉴和参考的宝贵经验。

14.1.3　电商物流高效流通的未来发展趋势

电商物流是电商企业的重要组成部分,其高效流通是保障电商业务顺利开展的重要条件。目前电商物流高效流通的现状主要表现为以下几个方面:

(1)速度提升。随着快递企业扩大运力、研发配送技术,电商物流的速度不断提升,一些城市的即日达、次日达配送已经成为常态。

(2)质量和服务升级。电商平台为保证用户体验和满意度,逐渐提高对物流服务质量的要求,并不断探索及优化订单配送、退货和物流信息等环节的服务。

(3)智能化配送。电商物流各个环节都应用智能化技术,如以 AI 技术为基础的自动化配送机器人、无人机配送、智能仓储等技术应用,提高了物流效率和服务质量。

(4)费用上涨。随着各种运营成本不断攀升,电商企业和快递企业不断调整代价分担比例,导致物流费用上涨。

总体来看,电商物流高效流通的现状在市场竞争中呈现出高速发展的态势,不断地以更高速度、更优质的服务来满足消费者需求,而同时也面临着多方面的挑战,比如技术上的成熟度、成本控制、人才合规等问题亟待解决。

未来,电商物流高效流通将呈现以下趋势:

(1)区块链技术的应用。区块链技术将为电商物流提供更安全、透明的交易和物流信息跟踪,提高数据共享、交换和可追溯性。

(2)物流仓储智能化升级。未来,物流仓储将更多地应用自动化和机器人技术,智能化手段将加速仓储流程的优化和效率提升。

(3)精细化管理和定制化服务。电商企业将通过对消费者运输需求的精准把握,为其提供等到时间更具有预测性、更灵活的配送选项,提供个性化的服务方案,以提高用户体验。

(4)绿色环保与低碳物流。随着环保和可持续发展意识的不断增强,电商物流将更加注重绿色物流和低碳物流,在降低碳排放和节能环保方面不断创新探索。

(5)多元化发展。电商企业将加快多元化物流服务的发展,如生鲜配送、大件物品配送、O2O 配送等,在满足不同消费需求的同时提高物流效率。

总之,未来电商物流发展将迎来更多数字化、智能化、绿色化、定制化和多元化的新商业模式和新服务,这也将进一步推动电商业务高效流通,促进电商产业发展。

14.2　瓶　颈　突　破

本章要讲解和分析的问题主要包括电商物流发展中存在的瓶颈问题,以及如何突破这些瓶颈问题以实现电商物流的高效发展。具体来说,本章将介绍电商物流中的主要瓶颈、解释突破瓶颈的重要性,同时提供一些针对这些瓶颈问题的具体策略,包括加强物流基础设施建设、推动物流创新发展、提高物流行业的培训和技能水平等。通过本章的内容,读者将更好地了解电商物流瓶颈问题以及相关的解决策略,有助于推动电商物流的健康发展。

14.2.1 瓶颈概述

电商物流中的瓶颈是指影响电商物流高效运转和发展的各种障碍和限制。这些瓶颈可能来自物流基础设施、物流技术、物流管理等多个方面。其中较为常见的瓶颈问题包括。

（1）物流网络建设不足。物流网络是电商物流体系中至关重要的环节，缺乏有效的物流网络会严重影响物流效率和服务质量。

（2）物流信息化不完善。目前大部分电商物流企业信息化水平仍有待提升，物流信息实时性和准确性不足成为影响物流效率和客户体验的瓶颈。

（3）物流成本较高。高昂的物流成本一直是电商商家和消费者共同面临的问题，物流成本高不仅影响了电商商家的盈利能力，也限制了消费者的购买意愿。

（4）物流服务不稳定。物流服务不稳定可能导致货物损坏、丢失、延误等问题，进而影响电商企业的声誉和客户留存率。

这些瓶颈问题都给电商物流行业的发展带来了一定的挑战，但也为行业发展带来了一些机遇。只有通过切实有效地解决这些瓶颈问题，才能推动电商物流高效健康地发展。

14.2.2 瓶颈突破的意义

瓶颈突破指的是解决电商物流中存在的瓶颈问题，以提高物流效率和服务质量。瓶颈突破的意义可以从以下几个方面来阐述：

（1）提高物流效率。通过解决物流网络建设不足、物流信息化不完善、物流成本较高等瓶颈问题可以提高物流效率，实现快速配送、准时送达的目标。这可以提升消费者的购物体验，增加消费者对电商企业的信任和忠诚度。

（2）降低物流成本。解决物流成本较高的问题，有助于降低电商企业的运营成本，提高企业的盈利能力。此外，通过优化物流配送方案和提高运营效率，可以节省人工成本和运营成本，降低整个物流体系的成本。

（3）提升物流服务质量。优化物流网络、完善物流信息化、改善物流服务质量可以提升物流服务质量，提高物流企业的形象和信誉。这不仅有利于提高消费者对电商企业的信任度，也能为电商企业赢得更多的消费者。

（4）促进物流行业健康发展。随着电商的迅猛发展，物流行业的发展也面临着新的机遇和挑战。解决电商物流中存在的瓶颈问题，有助于推动电商物流行业的健康有序发展，加速行业的转型升级。

总之，瓶颈突破对于电商物流行业来说非常重要，它不仅有助于提高物流效率和服务质量,降低物流成本,还能为行业的健康有序发展提供更好的保障。

14.2.3　瓶颈突破的策略

瓶颈突破的策略主要包括以下几个方面:

(1)优化物流网络。建立完善的物流网络,包括通过合理的物流分站布局、物流中转点的设置和车辆调度等方式,优化物流路线和配送方案,以达到更高效、更便捷、更快速的物流配送服务。

(2)完善物流信息化。通过物流信息化建设,使物流节点信息实时掌握,从而提高物流企业的运营效率和服务品质。物流信息化可以包括建设物流信息平台、物流追踪系统、物流预警系统等,从而优化物流配送的效率和服务质量。

(3)提高物流服务质量。通过建立一套有效的物流服务质量管理体系,完善物流服务质量监管机制、优化配送服务流程、提高物流配送时效和准确性等方式,以提升消费者的购物体验和满意度,提高物流企业的形象和信誉。

具体实施方案:

(1)运用智能化技术提升配送效率。物流企业可以引入物流智能化设备和技术,如无人机、机器人、物联网等,提高物流配送效率和服务质量,同时降低人工成本。

(2)合理拓展物流分站布局。物流企业可以根据地域不同、物流需求变化等因素,通过科学合理的物流分站布局,实现物流运输体系的优化和物流服务的提高。

(3)建立完善的物流信息化系统。物流企业可以建立一套完善的物流信息管理系统,可以采用物流大数据、人工智能等技术手段以实现信息化,提高物流服务的精准度和效率。

(4)建立健全的物流服务质量管理机制。物流企业可以建立完善的物流服务质量管理体系,加强对物流服务质量的监管和控制,提高物流配送时效、配送准确性以及售后服务等方面的任务和要求。

总之,瓶颈突破需要从多个方面入手,包括优化物流网络、完善物流信息化、提高物流服务质量等,具体实施方案需要对企业的实际情况进行有针对性的分析和设计。

14.3 未来应用趋势

14.3.1 物流行业的未来应用趋势

物流行业的未来应用趋势主要涉及以下几个方面：

（1）无人化物流配送。预计未来会有更多的物流企业将探索无人化物流配送技术，例如采用无人机、自动驾驶车辆等技术手段，提高物流配送效率，减少配送成本，同时降低数量众多的配送员产生的安全风险。

（2）客户化物流服务。物流企业将根据客户需求提供个性化、定制化物流配送服务，实现从单一配送到多样化配送模式的转型，以满足不同客户的特定需求。

（3）物流信息化管理。物流企业将通过物流信息化手段，例如物流大数据、人工智能等技术，收集、整理、分析物流信息，并应用于物流管理优化、服务质量提升和成本控制等各个方面，以帮助企业降低运营成本和提高服务质量。

（4）跨境物流服务。未来将进一步提高跨境物流服务的能力，例如通过数字化手段和多元化机制，实现全球化的跨境物流服务，以加强物流服务在跨国范围内的覆盖和管理。

14.3.2 未来物流行业目标场景

未来物流行业实现这些应用趋势，可能实现以下目标场景：

（1）通过物流无人化配送技术，实现统一配送服务平台，提高配送效率、降低成本。

（2）综合运用人工智能、大数据等技术手段，建立物流信息化系统，实时掌握物流信息，实现物流服务全流程的数字化、智能化管理。

（3）将智能物流设备和跨境物流服务结合，实现全球范围内的物流配送服务，让企业在国际上拓展更广阔的市场。

总之，未来物流行业的应用趋势和目标场景，将使物流行业迈向数字化、智能化和个性化物流服务的发展方向，为提升物流配送效率、降低成本和满足客户需求提供更加完善的解决方案。

14.3.3 智慧物流发展的趋势

智慧物流是指运用信息化、互联网、物联网等新技术手段，通过数据采集、分析和处理等方式,对物流过程进行优化和智能化,提高物流运作效率和服务质量的一种物流模式。未来智慧物流的发展趋势主要有以下几个方向:

(1)智能化。智慧物流将进一步智能化和自动化,推进各个环节的数字化、智能化,并采用自动化装备实现智能化分拣、仓储、配送和服务等功能,提升物流运作效率和服务水平。

(2)生态化。智慧物流将逐步形成一个生态化的物流服务体系,包括快递、仓储、末端配送、售后服务等多种物流服务方式,在服务场景、资源配置和服务质量等方面实现全方位覆盖。

(3)个性化。智慧物流将更加注重个性化服务,根据不同用户的需求提供个性化的物流服务,例如定制化、可追踪、时效性强的物流服务,实现客户需求与物流供应链的有效对接。

(4)绿色化。智慧物流将进一步推广绿色物流理念,通过搭建智能物流设备和经验共享平台,协同推动生态物流建设,实现绿色物流的管理和控制。

总之,智慧物流发展的趋势是智能化、生态化、个性化和绿色化,并通过智能装备、数字化技术和数据分析等手段,实现物流服务的全方位升级,为用户提供更优质、高效的物流运作服务。

14.3.4　区块链技术的未来应用方向

区块链技术是一种去中心化的分布式数据库,具有去信任、去中心化、自治等特点,未来应用方向主要有以下几个方面:

(1)数字货币和交易。区块链技术已经被广泛运用于加密数字货币领域,未来仍将成为数字货币和交易的重要技术。

(2)智能合约。区块链技术可以用于智能合约的开发和执行,如自动化合同、数字资产交易、货币发行等领域。

(3)物联网。区块链技术可以将物联网设备和传感器连接起来,实现设备之间的信任和安全传输,并对物联网设备数据进行管理和分析。

(4)医疗和健康。区块链技术有望在医疗健康领域发挥作用,如实现医疗数据隐私保护、医疗记录存储和共享等。

(5)版权和知识产权。区块链技术可以通过数字版权和知识产权管理系统来保护版权和知识产权,确保知识产权的真实性和保护原创作者的权益。

(6)身份认证和安全。区块链技术可以用于身份认证和安全系统,确保个人信息和资产的安全性和隐私性。

(7)金融领域。区块链技术已被证实在金融领域中发挥重要作用,未来,区块链技术将继续应用于金融领域,如供应链金融、数字证券、信贷评估等领域。

总之,未来区块链技术的应用方向十分广泛,除了上述几个方面,还有更多的领域将会借助区块链技术实现安全、可信、高效的信息和价值传输。

14.3.5　智慧物流区块链的未来趋势

智慧物流区块链是区块链技术在物流行业中的应用。未来,智慧物流区块链的发展趋势主要有以下几个方向:

(1)数据共享和透明度。智慧物流区块链可以实现物流信息的共享和透明,进一步优化供应链的各个环节,提高运输效率和安全性。

(2)物流资产的数字化。通过智慧物流区块链技术,物流资产可以实现数字化和可追溯,包括货物、车辆、设备等,从而提高物流行业的效率和服务水平。

(3)智能合约的应用。智慧物流区块链可以应用智能合约自动化处理物流过程,从而减少人力和时间成本,增强合同执行透明度和可信度。

(4)物联网技术与区块链的深度融合。智慧物流区块链可以与物联网技术深度融合,更好地实现物流设备和传感器之间的信任和安全传输,并对物联网设备数据进行管理和分析。

(5)标准化和规范化。智慧物流区块链的应用需要建立完善的标准和规范来保证整个物流供应链的安全和稳定性。

总之,智慧物流区块链的未来发展将会更加智能、安全、高效、透明,实现物流行业的数字化、智能化和价值提升。

结　　论

在本章中,介绍了智慧物流区块链应用趋势的多个方面,包括电商物流高效流通融合、瓶颈突破和未来应用趋势等。这些趋势为读者提供了对智慧物流区块链应用未来的展望和预测。

首先,电商物流高效流通融合是智慧物流区块链应用的一个重要趋势。随着电商行业的快速发展,对物流效率的要求也越来越高。通过区块链技术,可以实现电商物流的高效流通和融合,提高物流效率和客户满意度。例如,利用区块链技术实现订单的智能匹配、运输路线的优化和信息的共享,从而提高物流效率和降低成本。

其次,瓶颈突破也是智慧物流区块链应用的一个重要趋势。在传统的物流行业中,存在着许多瓶颈和痛点,如信息不对称、信任缺失和效率低下等。通过区块链技术,可以实现这些瓶颈的突破和解决,提高整体效率和可靠性。例如,利用区块链技术实现物流信息的透明化和可追溯性,解决信息不对称问题;利用智能合约实现自动化的物流操作,提高效率和降低成本。

最后,未来应用趋势是智慧物流区块链应用的另一个重要方向。随着技术的不断发展和创新,未来智慧物流区块链应用将会更加广泛和深入。例如,利用区块链技术实现物联网设备的安全连接和管理;利用智能合约实现自动化的物流操作和服务;利用区块链技术实现供应链金融的创新和发展等。

综上所述,本章详细介绍了智慧物流区块链应用趋势的多个方面,包括电商物流高效流通融合、瓶颈突破和未来应用趋势等。通过这些趋势的具体分析和预测,读者可以更好地了解智慧物流区块链应用的未来发展方向和实践前景。

总　　结

本书的研究重点是区块链技术和智慧物流等领域,通过深入的探讨和分析,呈现了以下内容:

第 1 章介绍了本书的研究背景和方法,为后续章节的深入探讨奠定坚实的基础。

第 2 章介绍了智慧物流的概念和特点,讲述了传统物流和智慧物流的区别。智慧物流的出现为企业带来了更高效的物流管理和更大的降低成本的机会。

第 3 章主要探讨了智慧物流的技术和演变过程,包括物联网技术、云计算技术以及数据挖掘等技术不断推动着智慧物流的发展。智慧物流随着技术的演变和应用也愈成熟。

第 4 章重点介绍了区块链的概念、基本原理和特点,以及区块链应用场景。区块链通过分散式的数据存储和保证数据不可篡改性,提高了数据的安全性和可靠性,为智慧物流建立了数字化环境。

第 5 章主要对区块链技术进行了深入的解读,包括区块链技术的框架类型、层次等方面。这些基本设计原理,为读者解开区块链技术的重要性和特有性。

第 6 章主要介绍区块链的演变历程,包括比特币以及以太坊等不同阶段的区块链发展过程。随着区块链技术在不断透明化、智能化、安全化等方面的不断成熟,其在智慧物流中的应用也得到了不断拓展。

第 7、8、9 章深入探讨了区块链数字化技术的应用以及区块链、智慧物流之间的联系。智慧物流作为一个流通体系的具体表现,构建于区块链技术之上,而智慧物流的服务模式也涉及了很多的应用场合。这些理论的阐述,将帮助读者更好地了解智慧物流和区块链技术之间的互动关系。

第 10、11 章主要分别介绍了国外和国内的智慧物流区块链应用案例,并通过案例深入探讨了智慧物流和区块链在实际应用中遇到的种种困难和问题,以及如何解决这些问题。

第 12 章重点探讨区块链+智慧物流生态体系的构建和设计,包括区块链+智慧物流生态体系的功能模块设计、技术选择和应用场景等方面,从技术、业务模式和运营等多方面探讨了构建的基本步骤。

第 13 章主要提供智慧物流区块链应用方案的实现方法和步骤,帮助读者更好地了解智慧物流区块链的具体实现落地过程以及解决方案,通过案例帮助读者更好地选择和应用智慧物流区块链技术。

第 14 章概括总结了智慧物流区块链应用趋势,预测未来智慧物流区块链技术的发展趋势、应用趋势和可能带来的影响。这些总结将帮助读者掌握未来发展的趋势和思路。

总而言之,本书系统地介绍了区块链技术和智慧物流的各种关键技术以及应用场景,并通过大量的案例深入探讨了实践中的问题和解决方案,旨在为研究智慧物流和区块链技术的读者提供准确、全面、实用和可靠的信息和指南。

参 考 文 献

[1] 万璇.区块链技术在物流产业发展中的应用:评《区块链与智慧物流》[J].科技管理研究,2021,41(12):1.

[2] 林威.智慧物流背景下区块链技术的特点与应用探索[J].科学咨询,2023(15):125-127.

[3] 李宁宁.新型物流服务供应链模式下的产品服务商选择[D].太原:太原理工大学,2015.

[4] 李永芃,张明.区块链赋能智慧物流生态体系升级研究[J].企业经济,2021,40(12):144-151.

[5] 茹新宇,江玉婷,张婷.基于区块链的智慧物流系统运行机制研究[J].江苏航运职业技术学院学报,2023,22(1):100-104.

[6] 赵甜,孙小越,邱平文,等.基于区块链的智慧物流模式的优化研究[J].信息安全与技术,2020,11(9):78-83.

[7] 秦东.生态型物流信息平台利益渠道与分配机制研究[D].成都:西南交通大学,2018.

[8] 杨华.区块链技术的特点以及应用方法分析[J].中国科技投资,2017(17):321.

[9] 石洁,穆杰.区块链技术在现代治理中的运用方式解析[J].领导科学,2020(8):3.

[10] 郝滨,卢传博,郭玟志.管理信息系统中分布式数据库的应用[J].中国新通信,2019,21(24):1.

[11] 别海龙.分布式集群数据的可靠性分析[D].吉林:延边大学,2016.

[12] 李想.分布式数据库数据分配策略研究[D].大连:大连理工大学,2010.

[13] 刘万星.基于去中心化网络的数据存在性证明系统的设计与实现[D].桂林:桂林理工大学,2016.

[14] 姚前.基于智能合约的证券交易与中央对手方清算[J].清华金融评论,2021(11):6.

[15] 程晓华,宋桂红.论计划在制造业物流管理中的核心作用[J].物流技术与应用, 2006, 11(1):80-82.

[16] 刘晓芳.基于"智慧物流"的高职物流管理专业核心课程教学改革研究[J].时代汽车,2021(4):66-67.

[17] 吕红伟.采购物流管理及成本控制方法探讨[J].中国高新区,2017(19):1.

[18] 李子豪.智慧物流平台:公路运输管理系统的设计与实现[D].北京:北京交通大学,2011.

[19] 谈杰.基于 storm 的实时物流数据查询系统设计与实现[D].南京:南京邮电大学,2016.

[20] 曾文杰,马士华,ZENG Wenjie,等.制造行业供应链合作关系对协同及运作绩效影响的实证研究[J].管理学报, 2010, 7(8):1221.

[21] 王东生.封闭供应链运作模式下农业物流生态圈协同机制建设[J].商业经济研究, 2022(1):4.

[22] 李凤廷,侯云先,胡会琴.粮食生产核心区建设中的粮食物流运作模型:基于供需双重驱动的视角[J].中国流通经济编辑部, 2013(5):35-41.

[23] 李晓利.基于物联网的智能汽车供应链物流集成平台研究[D].武汉:武汉理工大学,2024.

[24] 赵胤棨.智慧物流发展中的问题与对策[J].中国航务周刊, 2023(52):57-59.

[25] 姜新荣.物联网下第三方物流资源优化配置理论及应用研究[D].长沙:湖南大学,2016.

[26] 马永红.智慧物流背景下物流人才培养路径研究[J].中国物流与采购, 2021(13):38-39.

[27] 李珊珊.基于物联网与大数据分析的农产品智慧物流平台及关键技术研究[J].数字通信世界, 2018(7):95-96.

[28] 吴瑞.服务器虚拟化系统 Web 管理平台的设计与实现[D].济南:山东大学,2020.

[29] 宋翔.多核虚拟环境的性能及可伸缩性研究[D].上海:复旦大学,2016.

[30] 林善威.聚类算法在电信客户分类中的研究与应用[D].福州:福州大学,2017.

［31］周创.大数据在电信行业市场客户营销和管理的应用［J］.商业故事,2018（6）:1.

［32］黄剑.大数据技术及其在电信运营中的应用研究［J］.科学与信息化,2023（7）:23-25.

［33］葛华江.工业机器人在自动化控制中的应用［J］.电子技术与软件工程,2020（7）:2.